六堆客家與
清代屏東平原

臺灣史與海洋史

07

林正慧◆著

財團法人曹永和文教基金會◆策劃

遠流出版公司◆出版

【臺灣史與海洋史】系列叢書緣起

財團法人曹永和文教基金會

　　財團法人曹永和文教基金會成立於一九九九年七月，其宗旨主要在與相關學術機關或文教單位合作，提倡並促進臺灣史與海洋史相關之學術研究，並且將研究成果推廣、普及。因此，有關臺灣史或海洋史之學術著作、國際著作的譯述及史料編纂等相關書籍的出版，皆是本基金會的重要業務。

　　曹永和文教基金會成立以來，本於前述宗旨，多次補助出版與臺灣史或海洋史相關的學術著作、史料的編纂或外文學術著作的翻譯。接受補助出版或由基金會出版的書籍，有不少作品已廣為學術界引用。諸如，二〇〇〇年起多次補助「東臺灣研究會文化藝術基金會」出版《東臺灣叢刊》，二〇〇〇年補助播種者文化有限公司出版《臺灣重層近代化論文集》，二〇〇四年再度補助出版《臺灣重層近代化論文集》之續集《跨界的臺灣史研究——與東亞史的交錯》；二〇〇一年補助樂學書局出版《曹永和先生八十壽慶論文集》，二〇〇二年起補助出版荷蘭萊登大學與中國廈門大學合作編輯之海外華人檔案資料《公案簿》第一輯、第二輯與第四輯；二〇〇三年補助南天書局出版荷蘭萊登大學包樂史教授（Leonard Blussé）主編之《Around and about Formosa》，二〇〇四年補助南天書局出版韓家寶先生（Pol

Heyns）與鄭維中先生之《荷蘭時代臺灣相關史料──告令集、婚姻與洗禮登錄簿》。本會也贊助相關的學會活動、邀請外國著名學者作系列演講，提供研究者交流的場域。諸如，一九九九年十一月與中央研究院合辦「東亞海洋史與臺灣島史座談會」，二〇〇〇年三月於臺灣大學舉辦日本東京大學東洋文化研究所濱下武志教授演講「談論從海洋與陸地看亞洲」，二〇〇〇年十月與中央研究院與行政院文建會合辦「近代早期東亞史與臺灣島史國際學術研討會」。此外，為了培養臺灣史及海洋史研究的人才，本會與中央研究院臺灣史研究所合辦「臺灣總督府公文類纂研讀班」之推廣活動。

為了使相關學術論述能更為普及，以便能有更多讀者分享臺灣史和海洋史的研究成果，本基金會決定借重遠流出版公司專業的編輯、發行能力，雙方共同合作，出版【臺灣史與海洋史】系列書籍。每年度暫訂出版符合基金會宗旨之著作二至三冊。本系列書籍以新竹師範學院社會科教育系助理教授許佩賢女士之《殖民地臺灣的近代學校》，與中央研究院歷史語言研究所研究員陳國棟教授之《臺灣的山海經驗》、《東亞海域一千年》為首；之後除了國內的學術研究成果之外，也計劃翻譯出版外文學術著作或相關史料，例如由 Emory 大學歷史系教授歐陽泰所著的《福爾摩沙如何變成臺灣府？》，就是本基金會所支持翻譯出版的外文學術著作。

冀盼【臺灣史與海洋史】系列書籍之出版，得以促使臺灣史與海洋史的研究更加蓬勃發展，並能借重遠流出版公司將此類研究成果推廣普及，豐富大眾的歷史認識。

序

黃富三

　　「六堆」是臺灣極為獨特的地方，很多人對它非常好奇。這個地名怎麼來的？那是甚麼樣的地方？有甚麼樣的社會組織？在臺灣史上又扮演甚麼樣的角色？這些都是饒富趣味的問題。

　　林正慧小姐於 1994 年進入臺大歷史研究所碩士班時，選擇「六堆」做為論文題目，本人極表贊同。歷史研究不僅是知識遊戲，也是一種感官的體會，最好能回歸歷史的情境、能感同身受，因此題目與自身的生活經驗越接近越好。林小姐是屏東六堆客家人，土生土長，又通客語，在先天上具有優越條件，如結合良好的學術訓練，研究成果是可預期的。果然，經數年之努力，於 1997 年完成一篇出色的碩士論文〈清代客家人之拓墾屏東平原與六堆客庄之演變〉。當時，本人即曾鼓勵她略事修改後予以出版，但她因謙虛，加上就業等因素，耽擱了。如今，很慶幸經曹永和基金會審查通過出版，這不僅是她的榮幸，而且是讀者之福，有助於對臺灣客家歷史的深入瞭解。

　　林小姐的研究在當時是有創新意義的，因為這是第一篇以嚴謹歷史學方法有系統探討六堆歷史的作品，也因而發現或解答了一些謎題。在開發史方面，客家人大多在山區拓墾，唯獨六堆的客家人在平原耕種水田，並以嘗會組織為中心形成租佃體系，與其他地方閩人的

大小租制相當不同。在社會史方面，屏東平原的客家人以語群為認同標準，而非省籍，如福建「汀人附粵」、廣東「潮人附閩」；並由此在六堆組織下形成嚴謹的自治組織，彼此互助，甚具特色。在政治史方面，形成義民組織之戰鬥團體，保衛鄉土與效命清廷，並發展出合作與衝突的官民關係，這也是他地少見的。對於這些問題，當時一般人多一知半解，本書做了細緻的考證與釐清，貢獻不小。

本人在 2006 年出版一書《臺灣水田化運動先驅：施世榜家族史》，即曾參考本論文，並發現施世榜在 1709 年北上彰化平原築八保圳之前，已經在六堆地區拓墾。本人以為施世榜是先有六堆水田地區之發展經驗，方敢於投入大量資金、耗費十年時間，而不屈不撓地興築水圳。因此，六堆可能是臺灣大規模水田化運動前夕的試驗地，其歷史地位更高，也推翻「閩人耕田，客人種山」的刻板記憶，顯現臺灣拓墾史的多樣性。

近年「六堆」研究日增，內容更趨豐富，但本書開路之功功不可沒，且其內容之充實與論述之嚴謹、系統化，是不可取代的。忝為其師，樂見學生之佳作能付梓，嘉惠學界，僅誌數語為賀。林小姐目前是臺大歷史所博士生，期望她更上一層樓，取得更好的研究成果。

中研院臺史所研究員／臺大歷史系教授

2008 年 8 月 20 日　於南港臺史所

自序

林正慧

　　本書的主要架構是筆者 1997 年的碩士論文〈清代客家人之拓墾屏東平原與六堆客庄之演變〉，事隔十餘年，經參諸這些年來新發現的史料及新的研究成果增補而成。撰寫碩論當時，客家運動雖已風起雲湧，客家族群認同的課題亦方興未艾，但客家相關的歷史研究卻仍尚在起步，與今日被視爲顯學之勢不可同日而語。

　　然而，即使是客家研究蓬勃發展的今日，或許受限於資料之不足，臺灣南部客家與北部客家，在研究課題與研究成果上，仍然存在明顯落差。或許這也意味著，臺灣南部客家，仍有相當多待開發的研究課題，值得有興趣的學者繼續努力。

　　碩士論文交出後，隔了好幾年，才又開始進行臺灣客家的相關研究，但也只是寫就了二篇論文，即〈閩粵？福客？清代臺灣漢人族群關係新探——以屏東平原爲起點〉（《國史館學術集刊》，第 6 期）、〈從客家族群之形塑看清代臺灣史志中之「客」——「客」之書寫與「客家」關係初探〉（《國史館學術集刊》，第 10 期）。之後又開始游走於其他研究領域。紛紛雜雜的生活中，不知何時才有餘裕或動力再作客家研究。但我想那是遲早的，因爲那是我始終關懷的課題，也覺得歷史上的客家還有許多環節與問題尚待釐清。

　　十幾年的光陰何其漫長，但又似眨眼即逝。本書之得以出版，非常感謝曹永和文教基金會之肯定，也希望對如今似已蔚為顯學的客家研究有所助益。學校畢業後，歷經就業、結婚、生子，以及重返校園。至洽談出版事宜時，已是 2006 年 3 月，就在那之後兩個月，父親過世。論文的修訂因為種種因素延宕下來，修訂稿遲至 2008 年 5 月坐月子期間才交出。就在女兒彤彤出生前兩天，我人還在故宮抄寫部院檔，以補充清代屏東平原非民變性質之分類械鬥資料。誌出此段緣由，只是想紀念這段時間的人生體驗與心路歷程，也藉此對進度之遲滯向曹永和文教基金會及遠流出版公司致上真誠的歉意。最末，要感謝遠流出版公司和益青的協助，以及揚琦被迫趕出來的圖，當然還有家人一路以來的支持與陪伴。

目錄

緒 論

一、研究動機與目的

　　本書的主要架構是筆者 1997 年的碩士論文〈清代客家人之拓墾屏東平原與六堆之演變〉，撰寫論文當時，臺灣史的區域研究，甚或是客家拓墾史及族群關係的研究之重北輕南現象，時至今日，似仍存在。當時筆者在碩論的序章中也曾提到，研究成果的嚴重不足，實與相關資料的缺乏密切相關。而這些年來，許多令人耳目一新之屏東平原客家族群的相關研究，多數亦係建立在新發現的契約文書中。此外，當地學者積極走訪田野，從伯公信仰、祠堂、夥房等各個層面，多方位地補足六堆歷史的各個區塊，亦是令人欣見的研究範疇。但由於不似北臺灣留存有《淡新檔案》、《岸裡文書》、《土地申告書》等相關檔案文獻，所以南部客家的相關研究在廣度與深度上，終究難與北部客家相比擬。

　　臺灣的客家，由於分處不同的地理與族群環境，故而形成南北分殊、東西互異的在地化現象。而有組織相互聯結的屏東平原的客家人，在清代臺灣史上有其顯見且特殊的重要性。屏東平原客家人的六堆組織，在朱一貴事件後形成，逐漸成為當地客家人自治與自我認同的標誌，所以，即使聚落散處，且與閩籍及平埔族群錯落，卻仍能藉土地關係、社會關係等層面密切結合。六堆的鄉團組織，可說是臺灣

史上第一次出現的義民團體，❶而該組織的持續存在，更是臺灣史上少見之例。誠如戴炎輝所言，臺灣史上除下淡水溪南粵民的六堆略具規模外，各籍分類少有周密組織；❷陳其南亦言，除南臺灣粵人的例子以外，幾乎沒有較永久性的組織來做為分類人群的團結中心。❸可見下淡水地區客家移民的六堆組織，在清代臺灣史上的獨特性。

是以本書希望藉由相關文獻及既有研究成果的爬梳，試圖了解清代客家移民在屏東平原的墾拓背景、過程、組織、成果，與六堆組織形成的原因及其演變，以及當地客家人與官方及其他族群的關係。希望能對清代屏東平原的客家移民，作一全面性的概觀與了解，稍微填補臺灣史上南部客家移民研究的不足。

二、研究成果的回顧

由於六堆組織的特殊性，日治初期即有部分學者對此感到興趣，並進行論述，最早的記載應為明治三十二年（1899）出版的《臺南縣誌》。❹書中對下淡水客庄的墾拓歷史、六堆源起與組織內容作了粗略的描述。日後伊能嘉矩於《大日本地名辭書臺灣の部》、《臺灣文化志》，❺及村上玉吉編著的《南部臺灣誌》❻等書的記載，多以此

---

❶ 劉妮玲，〈清代臺灣民變事件中的義民問題〉，《臺灣風物》，第 32 卷第 3 期（1982 年 9 月），頁 4。

❷ 戴炎輝，〈鄉莊之社會考察〉，《清代臺灣之鄉治》（臺北：聯經，1979 年），頁 309。

❸ 陳其南，〈宗族的形成與土著社會〉，《臺灣的傳統中國社會》（臺北：允晨文化，1992 年），頁 140。

❹ 臺南縣誌編纂委員會，《臺南縣誌》，第四編沿革之二（1899 年），頁 19-27。

❺ 伊能嘉矩對六堆組織的相關研究散見於《大日本地名辭書臺灣の部》及《臺灣文化志》二書當中。

❻ 村上玉吉編，《南部臺灣誌》（臺南：臺南州共榮會，1934 年），頁 22-25。

爲本，內容上少有補充加強。至昭和十年（1935），由松崎仁三郎所撰之《嗚呼忠義亭》❼，可算是第一部詳細且全面探討清代六堆組織的著作。雖然在客家移民的墾拓歷史方面仍襲前人，僅以幾句帶過，且其中許多內容與清代文獻記載有所出入，但對清代六堆組織的內容，及歷次「出堆」的情形有十分詳盡的描述。❽另外，該書亦附上一些當時作者實地田野考察的資料，對於後人研究六堆組織無疑是十分重要的參考文獻。

戰後，對屏東平原客家人的研究以鍾壬壽所著之《六堆客家鄉土志》❾爲集大成者。雖然在六堆組織及歷次出堆行動的內容多脫胎於《嗚呼忠義亭》，但書中論及下淡水客庄的墾拓歷史、社會關係，並對當時各族系進行的調查訪問，堪稱爲研究相關歷史的開路先鋒。日後的相關研究多不超出此，如曾秀氣《六堆英華》❿、周榮杰〈臺灣客家六堆〉⓫、鍾肇政〈六堆地方的開墾〉⓬、鍾孝上〈六堆的開拓與歷史〉⓭、劉正一〈臺灣南部六堆客家發展史〉。⓮此外，石萬壽所著之〈乾隆以前臺灣南部客家人的墾殖〉⓯，由於加上田野訪查之功，對下淡水地區客家人的墾拓過程有更進一步詳實的記載；林會承、邱

---

❼ 松崎仁三郎，《嗚呼忠義亭》（臺北：盛文社，1935 年）。

❽ 出堆係指六堆組織設堆後的軍事行動，此用語疑爲松崎仁三郎始用。以下有關六堆相關的軍事行動，即以出堆名之。

❾ 鍾壬壽，《六堆客家鄉土志》（屏東：常青出版社，1974 年）。

❿ 曾秀氣，《六堆英華》（屏東：美和出版社，1978 年）。

⓫ 周榮杰，〈臺灣客家六堆〉，《史聯雜誌》，第 11 期（1987 年 12 月），頁 4-10。

⓬ 鍾肇政，〈六堆地方的開墾〉，《客家雜誌》，1990 年第 6 期，頁 84-86。

⓭ 鍾孝上，〈六堆的開拓與歷史——太武山下的故事〉，《客家風雲》，第 12 期（1988 年 10 月），頁 49-52。

⓮ 劉正一，〈臺灣南部六堆客家發展史〉，收入徐正光、彭欽清、羅肇錦合編，《客家文化研討會論文集》（臺北：行政院文化建設委員會，1994 年），頁 437-469。

⓯ 石萬壽，〈乾隆以前臺灣南部客家人的墾殖〉，《臺灣文獻》，第 37 卷第 4 期（1986 年 12 月），頁 69-85。

永章合著之〈五溝水實質環境之形成與結構〉**⑯**，更是結合族譜及田野，將五溝水的墾拓歷史與組織型態做更精緻的探討。

相關的學位論文則有李允斐之〈清末至日治時期美濃聚落人爲環境之研究〉，及鄭旭宏之〈屏東縣佳冬鄉閩客的文化互動〉。前者研究重點在清末至日治時期美濃地區人爲環境的空間結構，認爲美濃地區的客家人自清代以後，在六堆組織的架構下，藉著團練及嘗會維繫個人及群體的關係，故無村廟及角頭廟的建立；表現在民居方面，則有對外防禦、對內開放，及對祖宗的崇敬等特色。後者則是以問卷、田野、文獻相結合的方式，探討佳冬地區閩客群族間文化互動的情形。作者認爲自 1953 到 1993 年間，閩客族群的社會組織少有相互影響，通婚互動則有逐漸增強的趨勢，語言方面則由於客籍較處弱勢，故多有受到閩人語言的影響，各層面的相互影響似乎並不明顯。此外還有如黃瓊慧〈屏北地區的聚落型態、維生活動與社會組織〉、江金瑞〈清代臺灣義民爺信仰與下淡水六堆移墾活動〉、賴旭貞〈佳冬村之宗族與祭祀——臺灣客家社會個案研究〉、潘孟鈴〈屏東萬巒開發的研究〉、羅娟芝〈清代屏東內埔地區社會經濟的發展與變遷〉、張添雄〈高屏六堆客家的歷史文化與民情風俗〉、黃建德〈萬巒鄉客家聚落嘗會之研究〉、蕭盛和〈一個客家聚落區的形成及其發展：以高雄縣美濃鎮爲例〉等（請參見書末之參考資料）。

此外，施添福於 2001 年發表之〈國家與地域社會——以清代臺灣屏東平原爲例〉**⑰**，以及陳秋坤近年來利用許多古文書資料，所陸續發表之〈清初屏東平原土地佔墾、租佃關係與聚落社會秩序，

---

⑯ 林會承、邱永章，〈五溝水實質環境之形成與結構〉，《臺灣史研究學術研討會論文集》（臺北：中華民國臺灣史蹟研究中心，1989 年），頁 127-175。

⑰ 施添福，〈國家與地域社會——以清代臺灣屏東平原爲例〉，收入詹素娟、潘英海編，《平埔族群與臺灣歷史文化論文集》（臺北：中央研究院臺灣史研究所籌備處），頁 33-112。

1690-1770——以施世榜家族爲中心〉（2001）、〈清代塔樓社人社餉負擔與產權變遷（1710-1890）〉（2002）、〈清代臺灣地權分配與客家產權——以屏東平原爲例（1700-1900）〉（2004）、〈土著地權、族群關係與客家公產：以屏東平原爲中心，1700-1900〉（2007）等，皆爲屏東平原族群與土地關係做了非常清晰且理論化的釐清。

　　除上述的研究成果外，人類學者對屏東平原客家聚落的家庭與宗族組織的發展亦十分熱衷，主要的研究成果有美國學者 Burton Pastenrak 撰 之 *Kinship & Community in two Chinese Villages*，[18] 及 Myron Cohen 之 *House United, House Diveded: The Chinese Family in Taiwan*（《臺灣的中國家庭制度》）。[19] Burton Pastenak 於 1964-1965 年間，於屏東縣新埤鄉打鐵村就當地客家人宗族組織的發展進行調查研究，並發表數篇相關論文，[20] 1968-1969 年復至嘉南平原的閩籍聚落中社從事田野訪察，1972 年將兩地研究成果集結成書。他以打鐵村的研究結果，對英國學者 Maurice Freedman 的漢人宗族發展理論提出修正。Freedman 強調促成漢人宗族發展的重要因素爲水利灌溉系統、水稻種植及邊疆社會等，Pastenak 則認爲此說並不適用於打鐵地區宗族發展的情形。打鐵地區的特殊性在於雖然以上三種因素均存在，打鐵地區卻以超村際的結合爲主，宗族組織未見發達，只有到了後來，社會動亂及族群衝突壓力降低之後，宗族組織才獲得進一步之發展。Pastenak 的研究，在方法論上值得借鏡的是，一、雖以人類學家的小

---

[18] Pasternak Burton, *Kinship and Community in Two Chinese Villages* (Stanford University Press, 1972).

[19] Myron Cohen, *House United, House Diveded:The Chinese Family in Taiwan*（《臺灣的中國家庭制度》) (Columbia University Press, 1975).

[20] Pasternak 於打鐵進行田野訪察後，發表的論文有 "Agnatic Atrophy in a Formosan Village", *American Anthropologist* 30 (1968), pp. 93-96；及 "Atrophy of Patrillineal Bonds in a Chinese Village in Historical Perspective", *Ethnohistory* 15 (1968), pp. 293-327.

社區作田野研究對象，卻能跳脫社區性的限制，以較大的空間區域觀照小社區的社會系統；二、Pastenak 採用比較研究的策略，檢視不同族群的社會發展模式。[21] Myron Cohen（孔邁榮）則分別於 1964-1965、1971-1972 年間兩度來臺，於高雄縣美濃鎮內一處名爲河邊寮的聚落（文中稱之爲「Yen-liao」，菸樓之意），就當地客家人的家庭制度做田野訪察。孔邁榮原本希望以臺灣鄉村的人口結構與變遷進一步討論學界對於中國家庭規模與結構的爭論，經田野走訪後，研究主題改爲菸作經濟與家庭結構之間的關係。1990 年代起，根據長期收集之碑文、契字、賬冊及戶口普查資料，孔邁榮更進一步以六堆的空間架構觀照美濃的社會發展，藉此勾勒出六堆社會係透過嘗會、祭祀公業、文教組織及社會互助組織而形成一個密切結合的客家社會。[22]

　　綜上可知，已有的研究成果，對於清代屏東地區客家人的拓墾歷史、鄉團組織及向外的族群關係，少有全面的論述與分析，以致於所獲致的印象呈現片段零碎。職是之故，如何建構客家移民的拓墾歷史，了解其鄉團組織的演變與影響，及與其他族群的關係，均是本書所欲探討的重點，以求更全面地了解清代客家人於屏東平原的活動情形。

---

[21] 徐正光，〈六堆作為一個研究課題：由三種研究取徑談起〉，發表於行政院客家委員會主辦、屏東科技大學客家文化產業研究所協辦，「六堆歷史文化與前瞻學術討論會」，2007 年 9 月 20-21 日，頁 3。

[22] 徐正光，〈六堆作為一個研究課題：由三種研究取徑談起〉，頁 4。

三、資料來源與研究架構

本書所參考的資料，除上述之研究成果外，希望能由已知的文獻中爬梳，藉由資料的整理、聯結，來建構歷史的原貌，釐清可能的錯誤印象。主要參考的資料以臺灣銀行出版的文獻叢刊爲主，另外，閩粵二省的方志對於了解客家移民來臺之背景及相關路線是十分重要的參考資料。由於屏東平原客家移民的義民角色，使其在部分民變事件中有一定的重要性，因此，《宮中檔》、《軍機檔》、《外紀檔》等相關奏摺檔案，對於還原客家人於清代的歷史活動是不可或缺的重要史料。此外，《臺灣總督府公文類纂》內與六堆相關之檔冊文書、日治時期相關的調查資料及研究、王世慶先生所輯之《臺灣公私藏古文書影本》、各公私營機關所典藏之古文書，及猶他學會所收集的臺灣族譜資料等等，均是本書重要的史料來源。

在研究架構方面，由於企圖全面概觀清代客家人在屏東平原活動的各個面向，故於第一部，首先就客家人離鄉渡臺的背景及其可能的渡臺路線加以說明。屏東平原客家移民的原籍地爲何，其於清領臺之初大量渡臺的可能原因有哪些，是第一章所要探討的重點；此外，當時客家移民渡臺的方式係採合法官渡的路線，抑是偷渡方式，其原因爲何；以及由於客家移民的原籍地多位於群山環抱的山間谷地，在交通不便的清代，其係循哪些路線放洋渡臺，則爲第二章所要討論的重點。

第二部主要在了解客家移民在屏東平原形成聚落的過程與特色。論述的重點有三，其中第三章的內容，主要在分析屏東平原的地理環境及客家移民入墾前的人文景觀；第四章則對當時客家移民墾殖的方向與範圍做一介紹，進一步了解當時各族群聚落的分布狀態；第五章的重點在客家移民墾殖的組織特色及水田化的成果。藉由客家移民墾

拓的過程，了解當時客家移民在土地、社會關係間的聯結程度、墾殖的成果，及族群聚落的分布情形，以爲了解日後六堆組織形成及族群關係演變的背景。

第三部則試圖建構客家移民的鄉團組織——六堆，其中第六章的內容爲分析六堆形成的可能原因。第七章的重點在於釐清六堆戰時組織之內容，及平時自治之情形，進一步了解屏東平原的客家人如何形成以語群爲認同標準的自治組織，及其在六堆組織的架構下彼此聯合互助的情形。

此外，屏東平原客家人在臺灣史上的特殊性，在於其爲首見的義民團體，及第一次分類械鬥事件的參與者。自朱一貴事件之後，當地的客家人就很難與民變事件及分類械鬥脫離關係，故本書將於第四、五兩部，分別藉由客家人與官府及其他漢人族群關係的討論，了解客家人於當時的活動情形。

第四部的重點在討論清代屏東平原的客家人與官方關係的演變情形，自此了解客家人如何藉由六堆組織，與官府建立良好的互動關係；道光之後，又爲何時演成與官府對立交鋒，時起衝突，且進一步分析二者關係惡化的可能因素。

第五部主要在探討清代屏東平原閩粵二籍移民的關係，藉由分類械鬥個案的呈現，分析當時人群結合的標準及歷次衝突的情形。最後，則就上述的討論做一總結。

第一部
客家人來臺之背景與路線

　　客家移民為何於清朝統治臺灣初期紛紛渡臺墾殖，他們循何種方式及途徑渡臺，乃本部所欲探討的重點。第一章就清初入墾下淡水地區的客家人原籍地做一說明，並就其來臺的背景進行了解。第二章主要在了解清代客家移民依循何種路線，自僻處內地的原籍地至沿海一帶放洋渡臺。最後，則略述清代客家移民抵臺之範圍。

第一章　客家人來臺之背景

　　清初客家人所以大量渡臺耕墾，與其原鄉的生活環境有關，本節將先探討移墾臺灣南路下淡水地區（今屏東平原）的客家移民之原籍為何？然後再討論其原鄉環境及其渡臺墾殖的原因。

一、下淡水客家移民的原鄉

　　根據日人在昭和元年（1926）所完成的臺灣漢移民的鄉貫調查結果（見表 1-1），可知下淡水地區客家移民的原籍以廣東省嘉應州為主，其中又以嘉應州附廓及鎮平縣二地為最多。❶嘉應州地除附廓（程鄉）外，另轄平遠、鎮平、興寧、長樂等四縣，在雍正十一年（1733）之前，尚分屬於廣東省潮州、惠州二府。雍正十年（1732），廣東總督鄂彌達以潮州府屬之程鄉、平遠、鎮平三縣，俱在蓬辣灘以北，距府城遙遠；惠州府屬之興寧、長樂二縣，又在藍關以東，亦距府遙遠，故奏請將此五縣另置為一州，以便治理，且以地理位置適中的程鄉為州治所在，易名為嘉應州。❷

---

❶ 鍾壬壽，〈六堆先人之來臺與初期開拓史〉，《六堆鄉土志》（屏東：常青出版社，1973 年），頁 69。

❷ 〈廣東總督鄂彌達為改請州縣轄屬以便吏治民生〉，收入周碩勳重修，《潮州府志》（高雄：高雄市潮汕同鄉會，1968 年；1760 年原刊），頁 997。

表 1-1　1926 年下淡水地區客家人街庄移民籍貫人口表 <small>(單位：百人)</small>

	街、庄	泉州府	漳州府	汀州府	潮州府	嘉應州	惠州府	其他	合計	嘉應州移民所占比例（%）
旗山郡	美濃庄	0	2	0	6	171	0	1	180	95
屏東郡	長興庄	0	24	0	0	96	0	1	121	79.3
	高樹庄	14	7	0	7	127	0	30	185	68.6
潮州郡	萬巒庄	11	6	0	11	66	0	0	94	70.2
	內埔庄	6	30	0	0	144	0	0	180	80
	竹田庄	16	0	0	0	59	0	0	75	78.6
	新埤庄	0	0	0	5	35	0	0	40	87.5
東港郡	佳冬庄	30	2	0	3	58	0	1	94	61.7
總計		77	71	0	32	756	0	33	969	78

資料來源：陳漢光，〈日據時期臺灣漢族祖籍調查〉，《臺灣文獻》，第 23 卷第 1 期（1972 年 3 月），頁 85-104。

　　嘉慶十二年（1807），總督熊光奏准升嘉應州為嘉應府，復設程鄉縣，當時府治統轄程鄉、鎮平等五縣。嘉慶十七年（1812），總督松筠奏請恢復嘉應直隸州，撤銷程鄉縣，仍歸州治，嘉應州又恢復州領四縣的轄治。❸民國元年（1912），國民政府將嘉應州改為梅州，三年（1914），復易名為梅縣，❹儘管名稱屢經易動，其基本轄區則少有更易。除程鄉之屢經易名外，鎮平縣亦於民國三年（1914），因河南省有同名之縣而更易為蕉嶺縣。❺同年，長樂亦因全國有三縣同名而易名為五華縣。❻

---

❸ 李柏林編著，《梅州史蹟縱覽》（廣州：廣東人民出版社，1989 年），頁 50。

❹ 1988 年，中共復將梅縣改為梅州市，見李柏林編著，《梅州史蹟縱覽》，頁 41。

❺ 取名蕉嶺的原因，係「城跨蕉嶺之上，縣以嶺名」，即以原城北的小山蕉嶺為命名的依據。見蕉嶺縣地方志編纂委員會，《蕉嶺縣志》（興寧：廣東人民出版社，1992 年），頁 48。

❻ 五華縣地方志編纂委員會，《五華縣志》（五華：廣東人民出版社，1991 年），頁 53。

　　日治時期的調查資料中，屏東平原的客家聚落，除少數閩屬漳、泉及潮州府移民外，主要以嘉應州所轄各縣移民為主。然而，值得注意的是，康熙年間入墾此地的客家移民，除程鄉、鎮平等縣外，另有福建省屬汀州府各縣及潮州府的大埔縣等地的客家人。此可自康熙末年閩浙總督覺羅滿保的觀察中了解：

> ……糾集十三大莊、六十四小莊，合鎮平、程鄉、平遠、永定、武平、大埔、上杭各縣之人，共一萬二千餘名於萬丹社。❼

其中，鎮平、程鄉、平遠、大埔時屬廣東省潮州府，永定、武平、上杭則為福建省汀州府。綜上可知，屏東平原客家人的原鄉，主要以粵屬嘉應州、潮州府，及閩屬汀州府所轄各縣的移民為主。至於為何清末乃至於日治時期，汀州府客家移民在當地聚落中所占的比例幾乎微乎其微，則是另一個值得深入了解的課題。

　　入墾屏東平原的客家移民之原籍地，如汀州府永定、武平、上杭各縣、潮州府大埔及嘉應五屬等州縣，均為羅香林調查所言的純客住縣。❽ 汀州府是客家人南移的據點之一，亦為福建省內唯一以客家人為主的府治。當地的客家人於唐宋以前自北方南移定居，❾ 元末明初期間，部分客家移民自汀州府（尤以寧化為主）及江西省向南遷移，至廣東省境墾殖定居。❿

---

❼ 覺羅滿保，〈題義民效力議敘疏〉，《重修鳳山縣志》（臺北：臺灣銀行經濟研究室，文叢第 146 種〔以下簡稱文叢〕，1764 年原刊），頁 343。

❽ 羅香林，〈客家的分布及其自然環境〉，《客家研究導論》（臺北：南天書局，1992 年），頁 94-95。

❾ 羅香林，〈客家的分布及其自然環境〉，《客家研究導論》，頁 94。

❿ 溫仲和，《嘉應州志》（臺北：成文出版社，1898 年原刊），頁 122。

　　客家人在廣東省境內的分布，主要集中在嘉應州及潮、惠二府各縣中，其範圍在光緒年間的《嘉應州志》中有以下的描述：

> 嘉應州及所屬興寧、長樂、平遠、鎮平四縣，并潮州府屬之大埔、豐順二縣、惠州府屬之永安、龍州、河源、連平、長寧、和平、歸善、博羅一州七縣，其土音大致可相通，然各因水土之異，聲音高下亦隨之而變，其間稱謂亦多所異同焉，廣州之人謂以上各州縣人為客家，謂其話為客話。❶❶

　　嘉應州五屬，不僅在形勢上「東控閩江，西界藍關，南阻萬山，北遏江贛，天然自一提封」，❶❷ 其語言、文化在族系混雜的廣東省境內，更是少數同質性高的行政區域，不似潮、惠二府的客家移民，因受福佬或廣府文化的影響，在語言與文化上出現混雜的現象。

　　司徒尚紀將廣東省所屬各府縣，依其語言文化劃分為四區❶❸（參見圖 1-1），其指出潮汕平原及粵東沿海，包括三陽（揭陽、潮陽、海陽）、饒平、惠來、澄海、普寧、揭西、南澳等縣，為「粵東福佬文化區」所屬之「潮汕福佬文化核心區」。此區居民主要來自福建，幾乎全部使用閩南語，故有「福佬」之稱。❶❹ 而惠州府屬的海豐、陸豐、陸河縣，及揭西、普寧、惠來的一部分，自古以來，為一群山環抱，相對獨立的地域單元，屬「粵東福佬文化區」之「汕尾福佬文化

---

❶❶ 溫仲和，《嘉應州志》，頁 121。
❶❷ 〈廣東總督鄂彌達為改請州縣轄屬以便吏治民生〉，《潮州府志》，頁 997。
❶❸ 此四區分別為「粵中廣府文化區」、「粵東福佬文化區」、「粵東北—粵北客家文化區」、「瓊雷漢黎苗文化區」，見司徒尚紀，《廣東文化地理》（廣州：廣東人民出版社，1993 年），頁 381。
❶❹ 司徒尚紀，《廣東文化地理》，頁 394。

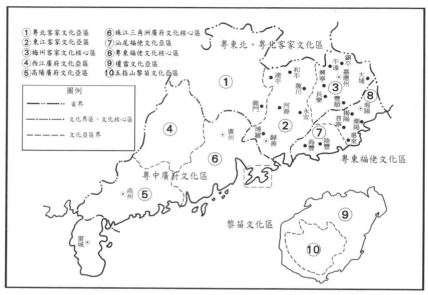

圖 1-1 廣東省文化區圖
資料來源：司徒尚紀，《廣東文化地理》（廣州：廣東人民出版社，1993年），頁430。

亞區」。此區仍以福佬文化為重，但因頗受客家文化及廣府文化的影響，已顯出文化差異的過渡性質。❶⑤

　　由此可知，清領臺之初，臺地官員對渡臺粵民，雖均以「惠、潮」民人概稱，但其中實存在語言及文化的差異。潮州府沿海各縣，因受福佬文化的長期影響，或本身自是福佬移民，表現在語言上，多較偏近閩音，如《潮州府志》中所言：

---

❶⑤ 司徒尚紀，《廣東文化地理》，頁397-398。

> 潮人言語侏傌，多與閩同，故有其音而無其字，與詣郡之語每不相
> 通，如髻曰莊、鬢曰秋……。❶

《揭陽縣志》中亦有類似記載：

> 粵東各府聲音大約相近，惟潮郡與閩之漳泉同，揭潮屬邑也，亦囿於
> 俗，往往有其音而無其字，與諸郡之語每不相通，如天曰梯，風曰
> 荒……。❶

這種語言、文化的差異，也存在於康熙年間來臺的粵籍漢人間，如閩
浙總督覺羅滿保曾言，當時下淡水地區的粵民中，潮屬之鎮平、平
遠、程鄉三縣民人與汀州府民人相互守望，而潮屬之潮陽、海陽、揭
陽、饒平數縣民人，則與漳、泉籍民聲氣相通。❶
　　另一方面，清領臺之初，官員或閩人對廣東省潮、惠二府人民，
慣稱其爲「客子」，所住聚落稱爲「客庄」。如藍鼎元所言：「……廣
東潮惠人民，在臺種地傭工，謂之客子。所居莊曰客莊。人眾不下數
十萬，皆無妻孥，時聞強悍」。❶針對以上清代臺灣史籍中「客」之
書寫，尹章義認爲，該「客子」、「客庄」應指客家人，非「客籍」之
意，❷然而文中並未提出具體事證加以說明。筆者認爲，清代的「客
子」或「客庄」之稱，應是當時官員或閩人以粵人隔省流寓，由粵至

---

❶ 周碩勳重修，《潮州府志》，頁 124。

❶ 劉業勤修，凌魚纂，《揭陽縣志》（臺北：成文出版社，1974 年），頁 885。

❶ 覺羅滿保，〈題義民效力議敘疏〉，《重修鳳山縣志》，頁 343。

❶ 藍鼎元，《平臺紀略》（文叢第 14 種），頁 63。

❷ 尹章義，〈臺灣移民開發史上與客家人相關的幾個問題〉，《中國海洋發展史論
文集》（四）（臺北：中央研究院中山人文社會科學研究所，1993 年），頁
280-281。

閩屬臺灣墾殖，故稱其爲「客」。如康熙末年黃叔璥即言「閩人呼粵人曰客仔」；[21] 乾、嘉年間，翟灝亦言「漳、泉人呼粵莊曰客莊」；[22] 道光年間，周凱言「閩呼粵人爲客」；[23] 鄒鳴鶴於〈上楊中丞書〉中，言「閩人爲主籍，粵人爲客籍」；[24] 光緒末年之《鳳山采訪冊》中，亦載「客子指粵人，以其籍隸廣東，與我閩有主客之分也」。[25] 綜上可知，當時所以稱粵省民人爲「客」，乃以省籍差異使然，未必以語言爲判定的標準。[26] 即因如此，覺羅滿保所謂與閩屬漳泉移民聲氣相通，而與粵屬客家人不相同夥的潮陽、揭陽、海陽等縣移民，藍鼎元亦一視同仁地稱爲「粵東種地傭工客民」。[27]

二、下淡水客家移民來臺的原因

清領臺之後，原居東南丘陵的閩粵移民紛紛渡臺，當時閩粵二省客家移民渡洋入墾下淡水地區，實因原籍地生計維艱，迫其向外發展。以下就地理環境、人口、天災三方面，說明康熙以降客家移民紛紛外渡墾拓的原因。

---

[21] 黃叔璥，《臺海使槎錄》（文叢第 4 種，1722 年原刊），頁 93。

[22] 翟灝，〈粵莊義民記〉，《臺陽筆記》（文叢第 20 種），頁 3。

[23] 周凱，〈記臺灣張丙之亂〉，《內自訟齋文選》（文叢第 82 種，1840 年原刊），頁 31。

[24] 鄒鳴鶴，〈上楊中丞書〉，《清經世文編選錄》（文叢第 229 種），頁 26。

[25] 盧德嘉，《鳳山縣采訪冊》（文叢第 73 種，1894 年原刊），頁 428。

[26] 關於清代史籍中所載之「客」之意涵，請參考林正慧，〈從客家族群之形塑看清代臺灣史志中之「客」——「客」之書寫與「客家」關係之探究〉，《國史館學術集刊》，第 10 期（2006 年 12 月），頁 1-61。

[27] 藍鼎元，《平臺紀略》，頁 2。

（一）地理條件不佳

　　六堆客家移民的原籍地如嘉應州、汀州府，及潮州府大埔縣等地，均位於群山環抱的東南丘陵當中，地勢由西北向東南傾斜緩降，可耕地僅限於河流兩岸的沖積谷地。汀、嘉、潮皆在韓江流域的範圍當中，汀州府境內的水系，以韓江支流汀江及閩江支流沙溪為主。其中，沙溪源流在汀州府境內形成切割高原，因此山頂多平坦，河谷下切，多急湍峽谷，少河谷平原。❷❽汀江源於閩西武夷山之南麓，河道頗直，南流越閩粵界山，至三河匯梅江，入韓江。❷❾因流域地處海拔三百至五百公尺之間，地勢較緩，故形成略為寬廣的谷地，為汀州府境內主要的耕墾地。此外，汀江不僅是長汀、上杭、永定等三個客家縣相互聯絡的要道，亦是往來潮州府境或至沿海一帶的主要交通路線（參見圖 1-2）。

　　嘉應州境以韓江上游的梅江及其支流水系為主，嘉應本州（程鄉）、鎮平、興寧、長樂等縣均位於河流的沿岸谷地。梅江源於粵贛邊界的九連山南麓，向東北流，至長樂、興寧、水口、松口等地，均有支流來會，至松口後轉為東南流，穿越蓮花山，與汀江、清遠河於大埔縣內之三河相匯，入韓江主流南流入海。梅江流域為山間縱谷，兩旁山岳約七、八百至千餘公尺不等，流域兩旁谷地頗為寬闊。❸❶嘉應所屬各州縣，及汀州府的武平縣，均可藉由梅江及其支流相互聯絡❸❶（參見圖 1-3）。大埔縣屬潮州府，位於蓮花山與閩粵境的博平嶺之

---

❷❽ 施添福，《清代在臺漢人的祖籍分布和原鄉生活方式》（臺北：國立臺灣師範大學地理學系，1987 年），頁 158。
❷❾ 饒宗頤編纂，《潮州志匯編》（香港：龍門書店，1965 年），頁 726。
❸❶ 饒宗頤編纂，《潮州志匯編》，頁 726。
❸❶ 施添福，《清代在臺漢人的祖籍分布和原鄉生活方式》，頁 160。

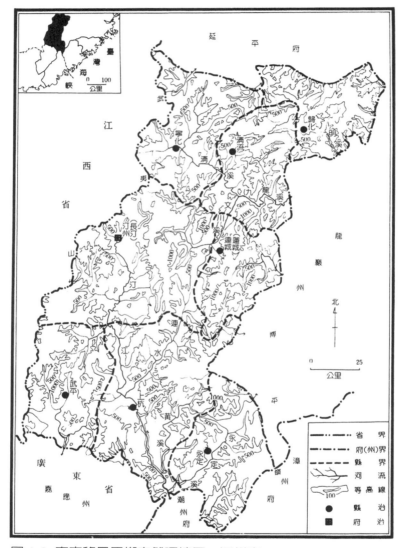

圖 1-2　客家移民原鄉自然環境圖・汀州府

資料來源：施添福，《清代在臺漢人的祖籍分布和原鄉生活方式》（臺北：國立臺灣師範大學地理
　　　　　學系，1987 年），頁 159。

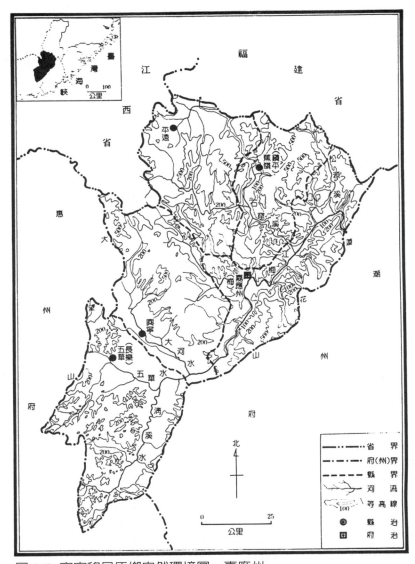

圖 1-3 客家移民原鄉自然環境圖・嘉應州

資料來源：施添福，《清代在臺漢人的祖籍分布和原鄉生活方式》，頁 161。

間，為潮州府往汀、嘉間的重要據點，亦為山間河谷，在地理環境上，與嘉、汀二府相去不遠。

由上可知，六堆客家移民的原鄉，皆位於群山之中，可耕地僅限於河流兩旁的谷地，如汀州府「踞閩上游，複嶺崇岡，山多於地，田瘠而墝水」、[32]嘉應州「無平原廣陌，其田多在山谷間」、[33]平遠「撮土皆山地，可耕者十僅一二」；[34]藍鼎元形容大埔縣「山多田寡，磽确碕嶇，名為大而實未大爾」。[35]總之，山多平地少，僻處內地及與外界聯絡困難，是客籍原鄉自然環境的共同特色。[36]即因境內山多田少，常有糧不敷食的情形發生，如嘉應州「土瘠民貧，農知務本，而合境所產穀，不敷一歲之食」[37]、平遠「土瘠而稼穡多，艱力勤而收穫常歉」。[38]山多田少的地理環境，限制了汀、嘉、潮地區的農業生產，當地人民在「不易得田」、[39]生存無依的情形下，遂紛紛向外發展。

（二）人口成長的壓力

山多田少，使原鄉墾地發展受限，而日益加重的人口壓力，使嘉應州與汀州府等地，約在明朝中、後期已呈發展飽和狀態，不僅戶口

---

[32] 劉國光、謝昌霖纂修，《長汀縣志》（臺北：成文出版社，1879年原刊），卷三十，〈風俗〉，頁3。

[33] 溫仲和，《嘉應州志》，頁66。

[34] 盧兆鰲等修，歐陽蓮等纂，《平遠縣志》（臺北：成文出版社，1820年原刊），卷一，〈田賦〉，頁23。

[35] 藍鼎元，〈大埔縣圖說〉，收入劉織超等修，溫廷敬等纂，《大埔縣志》（臺北：臺北市大埔同鄉會，1971年），卷四，〈地理志〉，頁24。

[36] 施添福，《清代在臺漢人的祖籍分布和原鄉生活方式》，頁160。

[37] 溫仲和，《嘉應州志》，頁126。

[38] 盧兆鰲等修，《平遠縣志》，卷一，〈田賦志〉，頁23。

[39] 溫仲和，《嘉應州志》，頁122。

日增，且饑荒漸有嚴重化的趨勢。❹明末清初的戰亂，雖然造成中國內部人民的大量傷亡及土地的荒蕪，但在康熙以後即有明顯的改善。全漢昇及王業鍵將清代的人口變動分為四個時期，❹其中，整個康、雍、乾是人口成長最快速的時期。自康熙執政之後，因為政治的穩定、農作物的改良與推廣，及工商業的發展等種種因素，使得人口呈現穩定而迅速的成長。自十八世紀後半起，更是以成倍的速度成長，自表 1-2 即可看出廣東及福建二省人口自康熙以後迅速成長的情形。

表 1-2 順治 18 年至乾隆 32 年（1661-1767）福建、廣東二省人丁數升降百分比

時間	福建省	廣東省
順治 18 年（1661）	100.00	100.00
康熙 24 年（1685）	95.83	110.86
雍正 2 年（1724）	98.17	130.69
乾隆 14 年（1749）	523.45	645.60
乾隆 18 年（1753）	323.55	396.64
乾隆 22 年（1757）	547.99	669.47
乾隆 27 年（1762）	554.01	681.41
乾隆 32 年（1767）	556.00	693.39

說　明：以順治 18 年作 100。

資料來源：梁方仲編著，《中國歷代戶口・田地・田賦統計》（上海：上海人民出版社，1980 年），頁 260。

　　清初客家移民的人口成長情形，自各類地方志書所歸納的數據如表 1-3、1-4、1-5。由於清初並未如明代重視人口的調查，故資料缺漏不實；加上康熙末年實施「盛世滋丁，永不加賦」的政策，降低了原

❹ 施添福，《清代在臺漢人的祖籍分布和原鄉生活方式》，頁 165。

❹ 此四期為恢復時期（十七世紀下半，約半個世紀）、人口迅速增長時期（十八世紀初至十八世紀末）、人口增加緩和時期（十八世紀末至十九世紀中，1794-1850）、停滯時期（十九世紀中至清末），參見全漢昇、王業鍵，〈清代的人口變動〉，《中央研究院歷史語言研究所集刊》，第 32 期（1961 年 7 月），頁 143-155。

來每五年一次編審丁數的重要性。因此在雍正年間實施「攤丁入畝」政策之後，丁口的編審已逐漸廢止，❷凡此均使得清代前半期的人口資料很難充分反應當時人口成長的真實情況。直至乾隆四十一年（1776）之後，清朝政府方再次進行足以與明太祖時期相提並論的人口調查及統計。❸自表 1-3 中可知，道光九年（1829）汀州府的丁口數已較清初成長五、六倍之多；嘉應州所屬各縣的人口資料儘管未盡齊備，但自表 1-4 可知，嘉應本州雖多次劃出轄境另設新縣，但道光末年的丁口數已較清初成長數十倍；表 1-5 有關大埔縣丁口數的情形，其人口成長的幅度雖未如前二者，但人口壓力亦日益加劇。

表 1-3 汀州府戶口變化表

縣名	洪武 24 年（1391）		萬曆元年（1573）		順治 9 年（1652）	道光 9 年（1829）	
	戶數	丁口數	戶數	丁口數	丁口數	戶數	丁口數
長汀	13,693	61,253	7,825	28,916	35,061	60,541	494,157
寧化	12,588	44,930	5,698	29,199	37,888	67,111	379,240
清流	12,613	51,068	6,325	27,813	27,226	19,551	93,032
歸化			5,542	31,891	26,211	29,482	115,664
連城	5,824	31,936	4,654	28,919	20,812	37,925	153,319
上杭	11,158	68,729	4,796	29,112	24,536	1,736	104,394
武平	4,157	17,278	3,321	14,089	14,071	15,577	121,679
永定			1,618	12,760	12,314	24,187	85,499
總計	60,033	275,194	39,779	202,699	198,119	256,110	1,546,984
指數		100		73.66	71.99		562.14

說　明：成化八年（1472），由寧化縣劃出部分區域，另立歸化縣；成化十八年（1482），自上杭縣劃出部分區域，另立永定縣。

資料來源：《福建通志》（1871），卷四十八〈戶口〉，頁 33-37；《汀州府志》（1752），卷九〈戶役〉，頁 5-12；《長汀縣志》（1879），卷四〈戶口〉，頁 1-6。

---

❷ 何炳棣著，葛劍雄譯，〈1741-1775 年的人口數據〉，《1368-1953 中國人口研究》（上海：上海古籍出版社，1989 年），頁 35。

❸ 何炳棣著，葛劍雄譯，〈明代人口數據的實質〉，《1368-1953 中國人口研究》，頁 1。

表 1-4 嘉應州各縣人口變化表

時間	程鄉		鎮平	平遠		興寧		長樂	
	戶數	丁口數	丁口數	戶數	丁口數	戶數	丁口數	戶數	丁口數
明洪武 24 年（1391）	1,686	6,989				723		868	3,302
明嘉靖元年（1522）	3,096	26,571						1,708	9,203
明萬曆 20-40 年	2,331	23,070		781	6,135	1,771		1,168	
清順治元 -8 年	1,814	15,764			2,291	1,813			
清順治 14 年（1657）		13,644	2,852		3,605				
清順治 17 年（1660）		15,764	2,832		3,688				
清康熙元年（1662）		10,104			2,291		1,956		
清康熙 11 年（1672）		10,130					1,962		
清康熙 25 年（1686）							2,145	1,639	6,461
清雍正 8 年（1730）		10,241	2,959		2,306				6,687
清嘉慶 24 年（1819）					7,176				
清道光 27 年（1847）	24,882	268,193							

說　　明：嘉靖元年（1522），長樂縣分出興樂都入龍川縣；隆慶六年（1572），再分出琴江一、二圖，
　　　　　設永安縣；嘉靖四十二年（1563），程鄉析出西北境之義化、長田、石窟及興寧之一部分，設
　　　　　置平遠縣；崇禎六年（1633），程鄉析松源、龜漿部分地方，加平遠縣之一部分，增設鎮平
　　　　　縣。

資料來源：《嘉應州志》（1898），卷十三〈食貨〉，頁 1-13；《長樂縣志》（1845），卷六〈經政略〉，頁
　　　　　1-3；《興寧縣志》（1856），卷二〈賦役志〉，頁 58-59；《潮州志匯編》（1965），〈戶口志〉，
　　　　　頁 3-5；《梅州史跡縱覽》（1989），頁 53；《蕉嶺縣志》（1992），頁 101-102；《五華縣志》
　　　　　（1991），頁 581。

表 1-5 大埔縣戶口變化表

時間	戶數	丁口數	丁口數指數
明嘉靖 5 年（1526）	4,721	36,785	100.00
明崇禎 5 年（1632）	5,024	41,042	111.57
清順治初年	5,024	15,012	40.81
清順治 8 年（1651）	5,024	12,550	34.12
清康熙 50 年（1711）	5,024	15,016	40.82
清嘉慶 7 年（1802）	5,024	102,197	277.82

資料來源：劉熾超等修，溫廷敬等纂，《民國大埔縣志》，〈地理志〉（臺北：臺北市大埔同鄉會，1971
　　　　　年），卷三，頁 49。

　　人口的持續成長，對當時已發展飽和的東南丘陵而言，無疑是更沈重的負擔，人民生活愈加不易。雍正年間，兩廣總督孔毓珣即言：「廣東素稱魚米之鄉，然生齒繁庶，家鮮積蓄，一歲兩次收成，僅足日食」。[44] 興寧知縣仲振履亦言：「興邑山多田少，生齒浩繁，所產之米，計口授食，多有不敷」。[45]《嘉應州志》曾載：「國朝之時已有人多田少之患，況更二百餘年以至於今」。[46] 人口成長的壓力，使得客家人在原鄉有限的墾地中生活不易，遂有大量內地人民，不畏風險渡臺，以紓解沈重的人口壓力。

（三）天災為患

　　汀、嘉、潮等地，自古以來自然災害頻繁，其中又以洪澇及旱災為主（參見表 1-6、1-7、1-8）。當地洪患頻發的原因，主要是由於氣候與地形兩個因素所致。每年四至六月期間，當地常有因鋒面而形成的暴雨產生，七至九月間常有颱風過境，故亦多雨；加上客家人所處聚落，大部分位於山間的河谷平原，各支流多短促相激，加上河身狹小，急淺多灘，故遇雨容易氾濫成災。此外，嘉、汀、潮各地亦常有春旱及秋旱之情形，[47] 嚴重影響農作物的收成。此乃因若天時不雨，則「山無泉源，河水乾涸，輒有旱魃之虞」。[48] 除洪害及旱災之外，

---

[44]〈兩廣總督孔毓珣奏為酌議沿海緊要鎮營貯積穀石以備兵食事〉，《宮中檔雍正朝奏摺》（臺北：國立故宮博物院故宮文獻編輯委員會，1977 年），第 6 輯，頁 770。

[45] 仲振履，〈禁私販碑文〉，《興寧縣志》（臺北：成文出版社，1856 年原刊），卷四〈養文志〉，頁 68。

[46] 溫仲和，《嘉應州志》，頁 125。

[47] 春旱係指上年秋末或冬季少雨，當年春雨較遲，則出現旱情，影響春播春種；秋旱則是秋季因副熱帶高氣壓的影響，降水減少，造成秋季長期晴勢的天氣，影響稻孕抽穗，及甘蔗、番薯等作物的成長。見五華縣地方志編纂委員會，《五華縣志》，頁 94。

[48] 羅香林，〈客家的分布及其自然環境〉，《客家研究導論》，頁 108。

汀、嘉、潮各客家聚落亦常於早春發生霜、雪、雹等寒害，或有螟蟲傷禾及地震等天災。

表 1-6 汀州府歷年災患饑饉表（康熙初年至咸豐初年）

時間	災患情形
康熙 02 年（1663）	大水，壞田廬橋道，是歲饑（永定）。
康熙 03 年（1664）	大旱（汀州府）。
康熙 08 年（1669）	大水，浸沒橋梁、田屋無算（清流）。
康熙 09 年（1670）	七月大雨雹（長汀）。
康熙 10 年（1671）	四月地震（上杭）；五月大水（清流）。
康熙 12 年（1673）	七月大風，坲漳南署前石坊（上杭）。
康熙 16 年（1677）	米價湧貴，每石銀二兩（長汀）。
康熙 23 年（1684）	十二月蟲蝕倉穀，石米銀兩餘（長汀）。
康熙 35 年（1696）	大旱（長汀）。
康熙 36 年（1697）	大饑（永定）。
康熙 45 年（1706）	五月大水，郡城內深丈餘；七月大雨，洪濤復作（長汀）。
康熙 57 年（1718）	五月大水，漂坲民房，臥龍橋沖廢；秋大疫，死者千餘人（永定）。
雍正元年（1723）	山水陡漲，深丈餘（長汀）。
乾隆 02 年（1737）	雨雹，大風繼作（歸化）。
乾隆 05 年（1740）	大水，壞田廬（汀州府）。
乾隆 08 年（1743）	正月大風，坲石坊，二斷安寧橋石，居民屋瓦盡飄（寧化）。
乾隆 09 年（1744）	大疫，童男女死者無算（寧化）。
乾隆 15 年（1750）	三月，大水害禾稼（長汀）；八月大水（寧化）。
乾隆 16 年（1751）	七月颶風飄瓦（長汀）；五月大水，城中水深丈餘，淹溺人畜田廬，沖塌女牆無算，橋梁盡坲（寧化）。
乾隆 29 年（1764）	四月大水（長汀）。
乾隆 34 年（1769）	大饑（永定）。
乾隆 41 年（1776）	六月大水（長汀）。
乾隆 51 年（1786）	大旱（長汀）。
乾隆 53 年（1788）	二月大雪，城厚尺餘，數日方消（長汀）。
乾隆 56 年（1791）	九月地震（長汀、永定）。
乾隆 57 年（1792）	三月地震（長汀）。
乾隆 60 年（1795）	大饑，斗米價至四千五百錢（永定）。
嘉慶 05 年（1800）	七月大水，舟從城上入縣署，漂壞官民田廬無算（長汀）；大水，城內水深丈餘，橋梁俱坲，摧陷女牆無數，淹溺人畜田廬（寧化）。
嘉慶 10 年（1805）	四月地震（長汀）。
嘉慶 12 年（1807）	五月地震（長汀）。
嘉慶 15 年（1810）	多豺傷牛（永定）。
嘉慶 17 年（1812）	泉上里雨雹大如斗，燬民房無算，麥無成（寧化）。

嘉慶 19 年（1814）	夏不雨，斗米錢五百（長汀）。
嘉慶 22 年（1817）	三月大風雨雹，折考棚旗杆，拔九龍山松樹數株（長汀）。
嘉慶 25 年（1820）	大疫（長汀）。
道光 10 年（1830）	四月大雨，溪水泛溢，漂沒附郭田園甚多，夏秋有疫氣（長汀）。
道光 12 年（1832）	大雪，厚至三尺（長汀）。
道光 14 年（1834）	大饑（長汀）。
道光 22 年（1842）	七月大水，漂沒民房，溺死甚眾（長汀）。
道光 24 年（1844）	大凍冰，折壞北山松樹無數（長汀）。
咸豐 02 年（1852）	十二月大雪，厚尺餘（長汀）。
咸豐 04 年（1854）	城鄉倉谷生蟲（長汀）。

資料來源：《汀州府志》（1752），卷四十五〈祥異〉，頁 6-8；《寧化縣志》（1869），卷七〈災異〉，頁 48-50；《福建通志》（1871），卷二七二〈國朝祥異〉，頁 1-42；《長汀縣志》（1879），卷三十二〈祥異〉，頁 5-9。

表 1-7 嘉應州轄境歷年災患饑荒表（康熙初年至光緒二十一年）

時間	災患情形
康熙 03 年（1664）	地震，冬螟傷稼，鹽貴（興）。
康熙 04 年（1665）	米貴，斗米 2 錢（興）；七月大風，倒屋拔木，吹去城垛數十丈（長）。
康熙 05 年（1666）	旱疫（本）。
康熙 11 年（1672）	水災，城牆塌 60 餘米（鎮）。
康熙 12 年（1673）	秋九月大旱（興）。
康熙 13 年（1674）	春饑（興）。
康熙 15 年（1676）	春旱，早稻全荒（興）。
康熙 16 年（1677）	大饑，時值兵燹之後，穀價騰貴（本）；春饑（興）。
康熙 18 年（1679）	夏饑，斗米 2 錢（興）。
康熙 29 年（1690）	水災（鎮）；冬十二月雪（興）。
康熙 34 年（1695）	夏四月饑（興）。
康熙 36 年（1697）	夏饑，穀一石銀 2.2 兩（長）。
康熙 44 年（1705）	夏秋旱，苗死（長）。
康熙 46 年（1707）	冬十月地震，十一月又震，有聲如淚飛（興）。
康熙 52 年（1713）	饑，穀 1 石 1 兩（興）。
康熙 56 年（1717）	早晚稻皆有蟲（長）。
康熙 57 年（1718）	夏大水，鹽價騰貴。秋大水，頹倒民房田地甚多。
康熙 60 年（1721）	春不雨，至夏乃雨，早稻荒（興）；早晚稻皆有蟲（長）。
雍正 03 年（1725）	夏秋大水，穀一石銀 2 兩，人多死，有搶穀者（長）。

雍正 04 年（1726）	春大饑；秋大水，頹倒房屋田地甚多（本）；春旱，穀貴（興）。
雍正 05 年（1727）	春大饑（本）；七月大水，九月旱。饑，穀一石銀 1.6 兩（長）。
雍正 06 年（1728）	虎患甚熾，傷人尤多（本）；夏六月旱，七月禾有蟲（長）。
雍正 12 年（1734）	地震（本、鎮）。
乾隆 02 年（1737）	夏四月大水，浸至十字街（長）。
乾隆 06 年（1741）	春夏間旱，米價騰貴（本）；夏五月旱，立秋乃雨，穀貴（長）。
乾隆 07 年（1742）	旱（本）；饑（興）；春旱，四月雨，穀貴（長）。
乾隆 08 年（1743）	夏大水（鎮）。
乾隆 12 年（1747）	七月大風雨（長）。
乾隆 13 年（1748）	旱（本）；春饑（興）。
乾隆 15 年（1750）	春三月大水，淹倒房屋田疇（本）；三月大水，浸及縣署前（長）。
乾隆 16 年（1751）	八月地震（本）。
乾隆 17 年（1752）	夏饑，穀一石價 1,890 文（長）。
乾隆 20 年（1755）	三月雨雹，大如雞子，五月大水（長）。
乾隆 21 年（1756）	四月雨雹，大如雞子，樹多折者，冬旱（長）。
乾隆 22 年（1757）	大旱（本）；春旱，數月不雨（鎮）。
乾隆 23 年（1758）	冬旱（長）。
乾隆 25 年（1760）	春夏旱，六月雨雹（長）。
乾隆 33 年（1768）	冬螟傷稼（興）；春夏旱，六月颶風大水，下阜、玉茶各處房屋多壞，九月蟲害苗（長）。
乾隆 34 年（1769）	大饑（本）；大饑（興）；大饑，穀一石 2,600-2,700 錢，人多餓死（長）。
乾隆 36 年（1771）	夏蟲害苗，秋旱（長）。
乾隆 38 年（1773）	三月雨雹，于橫流渡大如茶盃，早禾有蟲（長）。
乾隆 40 年（1775）	大水淹沒田廬人畜無數（本）；夏六月大水（興寧）；六月大水，自上山至嘉應，近水房屋漂蕩大半，山崩壅壞民田無數，死人無數，泡耳目未聞見之異（長）。
乾隆 41 年（1776）	五月北風大水壞禾，壩田壩店舍民房俱崩，死者二百餘人，十二月隆寒，河魚多死，雨多，麥苗壞（長）。
乾隆 42 年（1777）	夏禾有自翼，苗白過半；六月旱，七月乃雨，是歲饑（長）。
乾隆 43 年（1778）	五月小都大水，壞屋壅禾，穀貴（長）。
乾隆 44 年（1779）	水災，斷堤，沖壞田廬不計其數（鎮）；春大水（興）。
乾隆 45 年（1780）	三月西北風，大雨，有雹，壞屋折樹（長）。
乾隆 46 年（1781）	自春不雨，至夏四月雨，春大饑（興）；饑（長）。
乾隆 51 年（1786）	饑，民多餓莩（長）。
乾隆 52 年（1787）	饑（興）；饑（長）。
乾隆 53 年（1788）	仍饑，此二年穀價俱 2,000 餘（長）；春大雪（興）。
乾隆 54 年（1789）	春旱（興）。

乾隆 58 年（1793）	冬地震（興）。
乾隆 59 年（1794）	秋螟大傷稼（興）。
乾隆 60 年（1795）	大饑，斗米千錢（興）；大饑，穀一石錢 5,000，民多饑死（長）。
嘉慶 02 年（1797）	夏六月地震（興）。
嘉慶 08 年（1803）	大雨雹，風拔大木（興）。
嘉慶 09 年（1804）	大水（興）。
嘉慶 14 年（1809）	見旱（興）。
嘉慶 18 年（1813）	秋大旱（興）。
嘉慶 20 年（1815）	地震，一歲三次（興）。
嘉慶 21 年（1816）	秋旱（興）。
嘉慶 23 年（1818）	黃陂大水（興）。
嘉慶 24 年（1819）	華陽大水，壞屋無數，冬蟲害禾稼（長）。
嘉慶 25 年（1820）	春大旱，四月乃雨，秋冬大疫（興）。
道光 05 年（1825）	螟傷稼（興）。
道光 06 年（1826）	大水，是歲饑，洶洶不可終日（本）；洪水，九嶺與椒賴皆為沙壅淤沒（鎮）；春饑，斗米六百餘錢，秋旱（興）。
道光 07 年（1827）	春大旱，四月乃雨（興）。
道光 09 年（1829）	秋旱（興）。
道光 10 年（1830）	春旱，西北郭火早稻歉收（興）。
道光 11 年（1831）	春旱，秋七月雨雹，九月隕霜，晚稻歉收（興）；冬蟲害禾稼（長）。
道光 12 年（1832）	夏大饑（本）；春雨雪，壞秧，秋九月隕霜，冬稻歉收，大饑（興）；秋隕霜（長）。
道光 13 年（1833）	大饑（本）；春雨雪（興）。
道光 14 年（1834）	九月地震（興）。
道光 15 年（1835）	春大旱，四月乃雨（興）；冬雨雪，厚二寸（長）。
道光 16 年（1836）	秋大旱（興）。
道光 17 年（1837）	大水，為數十年所罕見（本）；春三月大水，夏六月復大火（興）；月岐嶺大水，下至七都，沖壞房屋無數（長）。
道光 18 年（1838）	秋旱（興）。
道光 21 年（1841）	秋旱（興）。
道光 22 年（1842）	七月大雨雹，洪水為災（本）；夏六月大水（興）；七月鐵場河大水，大洋田一帶田廬多壞（長）。
道光 23 年（1843）	八月大雨，平地水深三尺（本）；夏五月大風，秋蟊傷稼（興）。
道光 24 年（1844）	三月大雨雹，秋螟傷稼（興）。
道光 25 年（1845）	春饑，斗米五百餘錢（興）；四月饑，穀 1 石至 3,000 錢踴上山尤甚，有饑莩（長）。
道光 29 年（1849）	夏四月大雨雹（興）。

道光 30 年（1850）	秋大旱（興）。
咸豐元年（1851）	自春至四月八日始雨，早稻歉收（本）；春大旱，四月乃雨，夏大水（興）。
咸豐 04 年（1854）	大水，八月塘潮，十一月復塘潮（興）。
咸豐 05 年（1855）	正月雨雪，秋水口大水（興）。
咸豐 06 年（1856）	春正月大雨雪（興）。
咸豐 07 年（1857）	二月至五月不雨，斗米千錢；秋大水，冬麥蟲生（本）；春旱，二至五月不雨，米貴，民饑者眾（鎮）。
咸豐 08 年（1858）	紅頭蟲食麥殆盡（本）。
咸豐 09 年（1859）	饑（本）。
同治 02 年（1863）	冬旱，甚有蟲大如箸長，所在麥苗無存（本）；冬旱嚴重（鎮）。
同治 03 年（1864）	七月大水，水災之甚自乾隆乙未年至此再見。
同治 04 年（1865）	大饑，千錢止易米六、七升。五、六月間時疫流行，道殣相望（本）。
同治 06 年（1867）	六月大雨致災（本）。
同治 08 年（1869）	大雨雹（本）。
同治 10 年（1871）	大水（本）。
光緒元年（1875）	大水（本）。
光緒 13 年（1887）	石窟河洪災（鎮）。
光緒 14 年（1888）	大水（本）。
光緒 15 年（1889）	大水，下游西陽丙村、松口一帶蟲害，田禾木葉路草僅有存者（本）；石窟河洪災，河堤潰決，兩岸成澤國，三圳河改道（鎮）。
光緒 17 年（1891）	四月初三日大雨，竟夕畲坑田沖塌甚多；冬旱，近城居民多疾病者（本）。
光緒 18 年（1892）	六月五華河水瀰九尺五寸，衝垮華城城牆，浸至紫金山腳，縣署倒塌（長）。
光緒 20 年（1894）	地震（本、鎮）。
光緒 21 年（1895）	水災，顆粒無收，米價昂貴（鎮）。

說　　明：「本」- 嘉應本州，即昔之程鄉；「鎮」- 鎮平縣；「長」- 長樂縣；「興」- 興寧縣。

資料來源：《長樂縣志》（1845），卷七〈前事略〉，頁 13-16；《興寧縣志》（1856），卷四〈災祥〉，頁 78-81；《嘉應州志》（1898），卷三十〈災祥〉，頁 2-4；《蕉嶺縣志》（1992），頁 94-100；《五華縣志》（1991），頁 92-99。

表 1-8　大埔縣歷年災患饑荒表

時間	災患情形
康熙 03 年（1664）	大水，水高尺餘，西隅堞崩，民房漂蕩甚眾。
康熙 07 年（1668）	大水，壞沿岸土堡，民房崩壓無數。
康熙 11 年（1672）	正月雨雹，大如瓦礫，木葉盡落。
康熙 34 年（1695）	大饑，廣錢 500 銀至 2 錢 5 分。

康熙 36 年（1697）	大饑，斗米銀 2 錢 4、5 分。
康熙 37 年（1698）	二月，斗米 1 錢 2 分。
康熙 40 年（1701）	六月大水，水浸至學宮照壁下，城內外民居漂去十之六、七。
康熙 41 年（1702）	秋冬地震。
康熙 48 年（1709）	夏大雨雹。
康熙 49 年（1710）	二月大雪。
康熙 50 年（1711）	春夏饑，斗米銀 3 錢。
康熙 51 年（1712）	春寒雨百日，夏五月大水。
康熙 52 年（1713）	四月大水，淹至學前獅子座，民房多圮。
康熙 59 年（1720）	正月大雪折樹。
雍正元年（1723）	七月大水。
雍正 04 年（1726）	大饑，二月斗米銀 3 錢，三月 4 錢，五月 6 至 8 錢，山蕨樹葉草根採食殆盡，兼值時疫，染者即殞命，民之流死喪者亡莫可數。
雍正 05 年（1727）	大饑，二月斗米 3 錢，至四月 6 錢。
乾隆 07 年（1742）	三、四月大旱，三河斗米銀 3 錢 5 分。
乾隆 09 年（1744）	五月洪水入城，自縣城至三河，漂沒民房 191 間；八月百侯湖寮大水，淹圮民房 1,413 間。
乾隆 14 年（1749）	大風拔木。
乾隆 15 年（1750）	三月大水，沿河一帶沖毀民房無算。
乾隆 30 年（1765）	三月暴雨成災。
乾隆 31 年（1766）	三河社各鄉有虎患，連年不息。
乾隆 33 年（1768）	秋蝗食禾幾盡。
乾隆 34 年（1769）	二月至四月大水。
乾隆 35 年（1770）	大饑，斗米錢 600。
乾隆 51 年（1786）	大旱，斗米值 600 文。
乾隆 52 年（1787）	春旱，斗米千錢。
乾隆 53 年（1788）	二月大雨雪，平地深數尺。
乾隆 56 年（1791）	三月地震。
乾隆 59 年（1794）	八月大水，白堠、同仁等處，漂沒房屋尤多，冬饑，斗米錢 800。
乾隆 60 年（1795）	三、四月大饑，斗米 1,800 文，民不聊生，採草根剝樹皮者遍山野。
嘉慶 02 年（1797）	六月大水。
嘉慶 03 年（1798）	春旱，立夏後乃雨，斗米 1,400 錢。
嘉慶 05 年（1800）	六月地震，七月大水。
嘉慶 08 年（1803）	七月大水。
嘉慶 09 年（1804）	春夏淫雨，米鹽湧貴。
道光 11 年（1831）	地震。

道光 12 年（1832）	饑。
道光 13 年（1833）	五月大水。
道光 15 年（1835）	七月大水。
道光 22 年（1842）	七月大水。
道光 23 年（1843）	七月大水為災，浸至大成門壖下，三河、大麻、高陂水患更甚。
道光 24 年（1844）	三月大風雨雹。
道光 26 年（1846）	二月大雨雹。
咸豐 03 年（1853）	六月大水。
咸豐 05 年（1855）	五月水漲學宮丹壖下，八月初旬，水漲至騰蛟起鳳門內，十月蟲食麥殆盡。
咸豐 07 年（1857）	正月雨雹，是歲饑，斗米千錢。
同治 03 年（1864）	春大水。
同治 08 年（1869）	三月大雨雹。
光緒 18 年（1892）	大雪，山林屋宇彌望皆白，凍斃虫魚牲畜無數。
光緒 20 年（1894）	四月洪水，九月大雨。

資料來源：劉燨超等修，溫廷敬等纂，《大埔縣志》，卷三十八，〈大事志下〉，頁 1-12。

　　客家人在原鄉山多田少，食指浩繁的壓力下，已常有饑饉的情形發生（參見表 1-6、1-7、1-8），而天災頻仍，更使其生活日形艱困，輒思向外覓食謀生。廣東總督鄂彌達曾向雍正帝說明，雍正五年（1727）之前，惠、潮二府人民大量移往廣西、四川、臺灣等地謀生，原因在於當地「疊遭水患」，生活維艱。❹ 雍正末年，更有部分廣東民人因原鄉「連被風潮傷損田廬禾稼」，紛紛攜老挈幼至湖南、四川覓食。❺ 經常發生的自然災害可能造成當期農穫受損，收成不敷需求，故常有受災地區的人民外移他地，企圖於未墾之區立業謀生，

---

❹〈廣東總督鄂彌達、廣東巡撫楊永斌奏明事摺〉，《雍正硃批奏摺選輯》（文叢第 300 種），頁 258。羅香林認為，自康熙中葉至乾、嘉之際（約西元 1700-1800 之間），為客家人遷移運動的第四期，遷移的主因是內部的人口膨脹，遷移之地則以四川、廣西、臺灣為主。見羅香林，〈客家的源流〉，《客家研究導論》，頁 59-62。

❺〈廣東總督鄂彌達、廣東巡撫楊永斌奏覆事摺〉，《雍正硃批奏摺選輯》，頁 259-260。

故可知，天災頻仍，亦是造成汀、嘉、潮等客家人原鄉人口外移的原因之一。

綜上可知，儘管明末清初中國因戰亂造成大量的人口傷亡及土地荒蕪，但地荒人稀的情形在康熙以後已漸漸改變。客家移民的原籍地多位於嘉應州、潮州府、汀州府等山間谷地，人口成長的壓力、天災頻仍等情形，使原本山多田少的客家人在原鄉的生活日益艱困。於是，當地居民在生存壓力的逼迫下，除移墾內地其他省分外，亦多赴海外謀求發展，即如《石窟一徵》中所言，鎮平縣「山居其七，民之寄臺灣為立錐之地者，良以本處無田可種故也」；[51]《嘉應州志》中亦言，因該地土瘠民貧，山多田少，男子多向外尋求生業機會，「趨南洋者如鶩」。[52] 總之，客家人原鄉的地理環境發展有限，人多田少等因素均是造成清初客家人紛紛向外墾耕的原因。除向南洋方面發展外，由於當時臺灣為清廷新領疆土，且有農業潛力大、荒地多等吸引移民的條件，[53] 故亦成為客家人入墾的園地之一，即如《石窟一徵》中所言，鎮平縣民因地狹民稠，「赴臺灣耕佃者十之二三，赴呂宋咖喇吧者十之一」。[54]

---

[51] 黃釗，《石窟一徵》（臺北：臺灣學生書局，1909 年原刊），卷三，〈教養〉，頁 110。

[52] 溫仲和，《嘉應州志》，頁 151-152。

[53] 清初臺灣吸引內地移民的條件可參見黃富三，《霧峰林家的興起（1729-1864 年）》（臺北：自立晚報，1987 年），頁 33-40。

[54] 黃釗，《石窟一徵》，卷三，〈教養〉，頁 113。

第二章　下淡水地區客家人來臺之路線

　　清代客家移民渡臺的方式可分爲合法與偷渡二種，客家移民除閩屬汀州府民外，獲准合法渡臺已是較後期的情形。前期因迫於無奈，及後期合法渡臺的諸多弊端，均使客家移民多採取偷渡方式渡海至臺。由於客家移民的原籍地多僻處內地，其循何種路線自原籍地至沿岸一帶渡臺，是本章所欲討論的重點，以下分合法渡臺、偷渡，客家移民之抵臺三方面說明。

一、客家人之合法渡臺

（一）清廷之渡臺規定

　　清領臺之後，於康熙二十三年（1684）解除禁止沿海各省人民出海貿易採捕的海禁，但惟恐海禁一開，臺灣再度淪爲奸宄滋亂之所，故對渡臺的條件及過程加以限定：一、渡臺者須由原籍官府請照，經分巡臺廈兵備道稽查，放洋至臺；抵臺後再經臺灣海防同知審驗，不許潛渡；二、渡臺者不准攜眷，既渡者亦不許招致；三、禁粵民渡臺。❺❺自此而後，除搬眷之議時禁時弛外，清廷的渡臺政策日益嚴

---

❺❺ 伊能嘉矩，〈臺灣渡航之弛張〉，《臺灣文化志》中（臺中：臺灣省文獻委員會，1991 年），頁 409。此渡臺三禁，首見於伊能氏該書，其以〈六部處分則例〉爲據，但其內容之真實性仍待進一步的考證。如禁粵渡臺是否爲當時成文之禁令，若是，爲何黃叔璥曾言，待施琅死後，粵人始能漸渡？另一方面，即使此時對渡臺有此嚴格的規定，但在康熙五十年代之前，兩岸的渡航管制仍十分寬鬆，沿海

緊,不僅對偷渡人民、船戶及招攬之客頭,逐漸修訂律令予以懲戒;對於給照、驗照、查緝之文武員弁,亦漸形成一套嚴格的獎懲制度,以圖全面扼止偷渡。

清領臺之初,不准粵人渡臺是否爲成文之禁令,是值得探究的問題;而粵人何時得以合法渡臺,亦尚無定論。目前所能見到最早關於嚴禁惠、潮民人渡臺的說法,首見於臺灣首任巡臺御史黃叔璥在所著《臺海使槎錄》中,引《理臺末議》之相關記載,提及因爲施琅認爲粵省惠、潮二府,「素爲海盜淵藪」,故施琅之世,始終嚴禁粵民渡臺;施琅死後,「漸弛其禁,惠、潮之民乃得越渡」。❺❻ 若上述說法成立,則粵人是否能合法渡臺,實繫乎施琅之手,無關政令。至於施琅究竟有無權力禁粵人渡臺,大陸學者鄧孔昭與施偉青均認爲,由於《靖海紀事》、《清實錄》、《大清會典事例》、《康熙起居注》等檔冊中皆未見有禁粵人渡臺的相關記載;鄧孔昭更指出,《理臺末議》係施琅死後後人之記載,「未必可信」。❺❼ 李祖基則持不同看法,認爲《理臺末議》雖成書於施琅逝後,但其內容頗受時人推崇,加上當時粵省惠、潮沿海確係盜寇活動猖獗的地區之一,因此當時身居福建水師提督要職,並獲康熙皇帝高度信任的施琅,從確保閩海治安的立場出發,作出限制隔省的惠、潮人民渡海至臺的規定,實屬其職權範圍內可以決定之事,未必需上奏皇帝,經清廷批准不可。❺❽ 此外,尹章義亦指出,當時官銜爲「靖海將軍靖海侯兼管福建水師提督事務」的

的閩粵移民仍能採取春耕秋回的方式往來兩岸。

❺❻ 黃叔璥,《臺海使槎錄》,頁92。

❺❼ 參見鄧孔昭,〈清政府禁止沿海人民偷渡臺灣和禁止赴臺者攜眷的政策及其對臺灣人口的影響〉,收入陳孔立編,《臺灣研究十年》(廈門:廈門大學出版社,1990年),頁252;施偉青,《施琅年譜考略》(長沙:岳麓書社,1998年),頁15。

❺❽ 李祖基,〈論清代政府的治臺政策──以施琅與清初大陸移民渡臺之規定爲例〉,《臺灣研究·歷史》,2001年第3期,頁93-94。

施琅，曾經清廷特別授權，得以管理與臺灣相關之事務，故施琅有可能亦有權以治安或「隔省流寓」等因素爲由，禁止粵屬惠、潮移民渡臺。❺⁹ 即因如此，今人多以康熙三十四年（1695）施琅死後，爲粵人得以合法渡臺之開端，但此是否能反映當時的眞實情況，仍待進一步釐清。若以鎮平縣的情形而論，粵人合法渡臺的過程其實是各縣自行向上請求解禁的，並非施琅死後即全面開放的政策。❻⁰ 據《石窟一徵》中所言：

> 鎮人以地窄人稠，多就食于臺灣，而海防例嚴，苦無以渡。邑令魏公燕超請於上官，并移咨閩省，准鎮人給照赴臺灣耕作，每歲資人無算。❻¹

自上可知，鎮平縣在縣令魏燕超在任（康熙六十年至雍正三年）之前，❻² 均因政令所禁，無法渡臺；其後經魏燕超向上級及閩省咨請，方准鎮平縣民請照赴臺。後來鎮平縣民爲感其恩澤，乃塑其像祀於縣城北門外之觀音堂。光緒年間，鎮邑紳士復僉議，決定將其像移祀桂嶺書院文昌閣西龕。因此，《石窟一徵》的作者黃釗認爲「鎮平人民數百年不艱於粒食者，實魏之惠也」。❻³

---

❺⁹ 尹章義，〈臺灣移民開發史上與客家人相關的幾個問題〉，《中國海洋發展史論文集》（四），頁 271。
❻⁰ 討論至此，似乎又回到清初是否有正式的禁粵渡臺之令，但因無史可徵，尚需有進一步的史料參佐，方能解決。
❻¹ 黃釗，《石窟一徵》，卷三，〈教養〉，頁 117。
❻² 魏燕超係直隸柏鄉人，見陳昌齋，《廣東通志》（臺北：華文，1822 年原刊），頁 965。
❻³ 黃釗，《石窟一徵》，卷三，〈教養〉，頁 117。

　　鎮平縣的情形在當時是孤例或是常態，因無旁證可徵，無從了解。但自此例可知，粵籍人民並非自施琅死後，即得合法渡臺，粵屬民人循官渡路線至臺應是較晚期的事，故早期客家移民迫於禁令，多採偷渡的方式。此外，施琅認為廣東「素為海盜淵藪」，及藍鼎元言「洋盜十犯九廣」，❻❹ 實多緣於明代以來「潮寇」的印象。❻❺ 然而，「素為海盜淵藪」與僻居山區的客家人並不相干，且客家人與廣東沿海一帶的人民在語言、文化上均有相當大的差異。故若施琅是以「素為海盜淵藪」為由，禁潮、惠人民渡臺，是否亦將山區的客家人包括在內，是另一個值得深究的課題。❻❻

　　值得注意的是，施琅此禁，實只禁粵省移民渡臺，並不包括閩省所轄之汀州府客家人。即在清領臺之初，並非所有的客家移民都在禁渡臺灣的範圍之內。此亦或是康熙年間，汀州府各縣的客家移民，在下淡水地區占有相當比例的原因。

---

❻❹ 藍鼎元，〈上海洋彈盜書〉，收於周碩勳，《潮州府志》，卷四十，〈藝文〉，頁40。

❻❺ 尹章義，〈臺灣移民開發史上與客家人相關的幾個問題〉，《中國海洋發展史論文集》（四），頁274。

❻❻ 大陸學者李祖基雖認為施琅有可能禁止潮、惠粵民渡臺，但亦表示若伊能嘉矩《臺灣文化志》中所載，康熙二十五、六年已有粵民渡臺拓墾下淡水地區屬實，該粵民係屬嘉應州屬鎮平、平遠、興寧、平遠等縣，並非地處沿海之惠、潮之人。參見李祖基，〈論清代政府的治臺政策——以施琅與清初大陸移民渡臺之規定為例〉，《臺灣研究·歷史》，2001年第3期，頁94。此外，陳春聲則認為，明末清初時，與粵東相鄰的福建漳州、泉州二府亦是「海盜淵藪」，明末最著名的海上活動集團被稱為「漳潮海盜」，因此，如果泉州人施琅有禁止惠、潮人士移居臺灣之舉措，可能亦包含了地緣政治利益方面的考慮。參見陳春聲，〈國家意識與清代臺灣移民社會——以「義民」的研究為中心〉，收入賴澤涵、傅寶玉主編，《義民信仰與客家社會》（臺北：南天書局，2006年），頁83-107。

（二）客家人合法渡臺之路線

清代渡臺，規定需先由本籍縣官給照，後至泉州廈門海防同知驗放，方准渡海。[67] 但客家移民在請照入臺的過程中，亦有不向本籍縣官請照，逕至廈門請照驗照的情形。《石窟一徵》記載，鎮平縣民欲赴臺灣，因向本籍縣官請照向有陋規，而廈門同知衙門亦得給照，加之其驗照復須規費，故鎮平人民皆逕向廈門領照，以省兩處規費。[68] 廈門同知有給照之權係起於何時，又是否為常例，皆需更多資料進一步了解，但由此可知，當時渡臺的程序，非如舊論，一成不變，仍頗有變通餘地。然而，無論在何處請照，由於清廷規定的渡臺正口在閩省廈門，因此客家移民若欲合法過渡臺灣，需先至廈門驗照放洋。然客家原鄉皆僻處內陸的群山萬壑中，與海岸有相當距離，其如何自原籍地抵達廈門，等待放洋，實值進一步了解。

汀、嘉、潮所屬客家聚落，皆位於群山間的河谷地，昔雖縣有官道，鄉有民路，但因位於重山疊嶂中，石徑崎嶇，不利陸行，故行旅多捨陸從舟。[69] 如《潮州志》中明言，循韓江沿梅江而上，是潮州府與嘉應州間的交通要道，「其往興寧、梅縣之官道，則由三河壩沿江而上，水運既便，陸行遂稀」。[70] 由潮州府至閩之汀州府，亦「沿韓江兩岸蜿蜒而上，石徑崎嶇，行者大率舍陸操舟」。[71] 可知，在重山複水的地理形勢中，客家人若欲至沿岸一帶，順河操舟是當時較便利省時的途徑。然行途中，若遇山切成峽，或水匯成灘之處，仍需視情

---

[67] 黃釗，《石窟一徵》，卷三，〈教養〉，頁 116。
[68] 黃釗，《石窟一徵》，頁 153。
[69] 饒宗頤編纂，《潮州志匯編》，〈交通志〉，頁 777。
[70] 饒宗頤編纂，《潮州志匯編》，頁 754。
[71] 饒宗頤編纂，《潮州志匯編》，頁 754。

形改行陸路。如潮州府大埔縣與汀州府永定縣交界處的虎頭砂，因「石灘險阻不能渡，必起陸而行」，**❼②** 故舟楫多止於此。而嘉應州與潮州府大埔縣交界之蓬辣灘，則「濤浪洶險，聲聞數里」，**❼③** 亦需視情形而擇陸路或行舟。

　　清領臺之初，僅有汀州府的客家人可以合法渡臺，他們多沿汀江而下，先抵潮州府之大埔縣境。後期亦獲准渡臺的嘉應州各縣客家人，則多順著梅江各支流而下，經白渡、松口、三河入大埔縣境。**❼④** 客家人由原籍地入大埔縣境後，可能循二種路線至廈門驗照放洋（見圖 2-1）。

1. 沿韓江而下，在澄海一帶港澳搭船至廈門

　　客家人在入潮州府境後，可能憑藉原有的交通工具，順著韓江而下，在潮屬澄海縣附近各港澳搭船至廈門。此路線不僅在交通工具的運用及路線的選擇上有其一貫性，亦可避開閩省陸路。

2. 沿清遠河至漳州府境，經平和、漳州，至廈門

　　若不循海線，亦有以河運結合陸路的選擇。與汀江、梅江匯於大埔縣三河的清遠河（一名梅潭河，《大埔縣志》稱為小溪），是潮州府「入漳州必由之水道」。**❼⑤** 汀、嘉二屬民人自原籍地順流而下，轉循清遠河入閩，亦屬省便之徑。然而，因此河上源在平和縣的赤石巖，故舟楫止於此，若欲再往漳州、廈門，則需行陸路。關於客家人循此路線至廈門放洋的情形，在乾隆五十三年（1788）松口監生古吉

---

❼② 劉織超等修，溫廷敬等纂，《大埔縣志》，卷四，〈地理志〉，頁 19。

❼③ 溫仲和，《嘉應州志》，頁 30。

❼④ 賴雨桐，〈蕉嶺客家人移民開發臺灣略論〉，《中國客家民系研究》（北京：中國工人出版社，1992 年），頁 228。

❼⑤ 藍鼎元，〈大埔縣圖說〉，《大埔縣志》，卷四，〈地理志〉，頁 24。

龍向福建巡撫徐嗣曾上呈臺策十道，建議「請浚義渡，以通往來」時，曾有相關描述：

> 來臺粵人，嘉應鎮平、平遠幾多，次則潮州大埔、饒平、惠州之海豐、陸豐。其海渡臺也，經縣給單，單書年貌籍貫，十指箕斗，據實填明，由水陸至漳州府，奸從稽查名色，搶去路單，勒銀贖回。到廈胥役憑驗箕斗，聲稱不符，得遂其欲，了無一事，總領單驗單，誠費銀兩，此有路單渡臺之難也。❼❻

此外，《淡蘭古文書》中亦有類似的記載：❼❼

> 其渡臺也，經本縣給領路單，年貌籍貫，十指箕斗，據實填清。由水路至平和縣，抵漳州府，奸徒藉稽查名色，搶去路單，勒銀贖回。至廈門，聲實不符，得遂其欲，了無一事。總之，給單驗單，動費銀兩，此有路單渡臺之難也。❼❽

---

❼❻〈乾隆五十三年松口監生古吉龍呈臺策十道于撫憲徐嗣曾處的呈〉，收入邱維藩整理，《六堆忠義文獻》。《六堆忠義文獻》係清末日治初期之邱維藩（1859年生，長治邱永鎬家族第二十世）整理古籍，彙編而成。其子邱炳華於日治時期重新抄錄，經將抄本傳給其姪邱福盛。1981年，邱福盛將所收藏之《臺南東粵義民誌》及《六堆忠義文獻》轉贈屏東中學地理科教師劉正一，以利其纂修《長治鄉志》。1995年國立臺灣師範大學地理所學生黃瓊慧因撰寫碩士論文，經當時高齡九十三歲之邱福盛允諾，並經劉正一同意而複印此二文獻。該二抄本在劉正一過世後，即未見其蹤。本文所參考之此二文獻，係由黃瓊慧小姐所提供之影本資料，特此致謝。

❼❼《淡蘭古文書》係指林文龍所藏有關客家移民的文書資料，此名亦由林氏自行訂定。見林文龍，〈客家移民與龍潭地區的開發〉，《史聯雜誌》，第18期（1991年6月），頁149。

❼❽林文龍，〈客家移民與龍潭地區的開發〉，《史聯雜誌》，第18期，頁137-138。

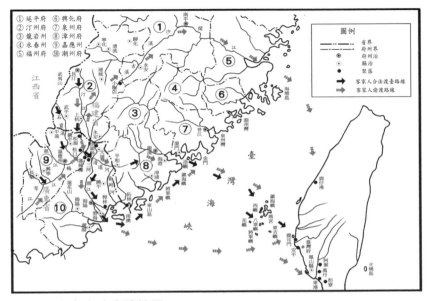

① 延平府 ⑥ 興化府
② 汀州府 ⑦ 泉州府
③ 龍巖州 ⑧ 漳州府
④ 永春州 ⑨ 福州府
⑤ 福州府 ⑩ 潮州府

圖例
省界
府州界
府州治
縣治
聚落
客家人合法渡臺路線
客家人偷渡路線

圖 2-1 客家人渡臺路線圖

參考底圖：譚其驤主編，《中國歷史地圖集》，第八冊，清時期，頁 42-45。

　　汀、嘉等客家人在抵達廈門，請照驗照事宜均辦妥之後，即於廈門外各港澳，待風信可行後放洋啟行。若遇南風時，多在大擔門外或浯嶼（金門）；北風時則多於遼羅（料羅灣）放洋。由於自內地至臺灣，係橫越黑水溝而過，故居中的澎湖是當時兩岸往來船行方向的依據。自內地起航的船隻，在行經黑水溝時，通常會令亞班（舟中占風望向者）登桅遙望，見澎湖之花嶼、西嶼等始可前進，若「尚計程應至而諸嶼不見」，則需立即返回，否則可能迷失於航途。❼⑨若在風信及各種客觀條件的配合下，可以不必收泊澎湖，逕抵鹿耳門。然遇風

---

❼⑨ 王必昌，《重修臺灣縣志》，頁 56-57。

強浪高，抵臺之時東風盛起，鹿耳門難以進入，**⑧⓪** 則多暫泊澎湖各澳嶼內，待機再行。**⑧①** 澎湖島嶼大小相間，水底皆大石參錯，故入泊澎湖時，必自從西嶼頭入。**⑧②** 北風盛時，寄泊嶼內、媽宮二者最穩；南風則為八罩或鎮海嶼。由澎湖渡臺，需經東吉洋，約二更可至臺灣，入鹿耳門。**⑧③**

二、客家人之偷渡

有清一代，在光緒元年（1875）全面開放內地人民入墾臺灣之前，由於渡臺規定日趨嚴密，加上清初可能的禁粵渡臺政策，迫使僻處東南丘陵的客家人，在客觀環境的逼迫之下，紛紛以偷渡方式入臺覓食謀生。以下將先說明當時客家人渡臺多採偷渡的原因，及其可能的偷渡方式，之後再進一步了解其自原籍地偷渡至臺的可能路線。

（一）客家人偷渡盛行的原因

客家人紛採偷渡途徑渡臺，有其主觀及客觀的因素。清初的禁粵渡臺之令，對粵屬嘉、潮等地的客家人而言，無疑是阻絕其向外謀生之路，在官方全面禁阻的前提之下，偷渡變成唯一可行之途。另外，當時兩岸的自然環境，亦是造成清代偷渡盛行的原因，今分別說明如下：

---

⑧⓪ 因鹿耳門進港忌東風，出港忌西風，而臺灣風信，清晨必有東風，午後必有西風（稱發海西），見謝金鑾，《續修臺灣縣志》（文叢第 140 種，1831 年原刊），頁 38。

⑧① 王必昌，《重修臺灣縣志》，頁 54。

⑧② 周凱，《廈門志》（文叢第 91 種），頁 137。

⑧③ 《臺灣輿地彙鈔》（文叢第 216 種），頁 25。

1. 清初禁粵渡臺之令

如上所述,清領臺之初,曾禁絕粵屬民人請照渡臺,無論此禁係弛於施琅死後或康熙末年,對粵籍客家人而言,此禁令使其於清領臺之初,未能循合法途徑請照渡臺,違法的偷渡方式變成當時唯一的渡臺途徑。

2. 搬眷之禁

清領臺之初,渡臺規定中即言明不得攜眷往渡,只許安分良民隻身在臺,有以家眷為質,令其不敢妄動倡亂之意。雍正五年(1727),閩浙總督高其倬以當時臺灣「戶口不滋,地多曠土」為由,曾向清廷提議有條件地開放搬眷。但因當時清廷對臺民仍心存戒防,故戶部以「令其搬眷成家,是使伊等棄內地現在之田盧,營臺地新遷之產業」,並非國家立法初意為由,否決其議。[84]

然而,搬眷之禁不僅有違情理之常,更是間接造成偷渡盛行的原因,故自高其倬而後,陸續有許多官員提議開放搬眷(見表2-1)。雍正九年(1731),廣東巡撫鄂彌達復倡此議,奏請允許臺民呈明給照,搬眷入臺,編甲為民。[85]此議獲准,然行至乾隆四年(1744),閩浙總督郝玉麟奏請定限終止,自此而後的搬眷措施,均在倡議開放,定限終止的模式中進行。乾隆二十五年(1760),閩浙總督楊廷璋請定限一年,永行停止後,官方未再有此議。直至乾隆五十三年(1788),大學士阿桂等認為渡臺已久的閩粵民人,將其父母妻子搬取同來,「亦屬人情之常」,且為避免禁絕搬眷而導致私渡盛行等兩個因素的考量之下,奏請允許安分良民請照搬眷至臺。[86]

---

[84]《清世宗實錄選輯》(文叢第167種),頁19。

[85]〈吏部「為內閣抄出福建巡撫吳士功奏」移會〉,《明清史料》戊編,第2輯,頁107。

[86]〈大學士公阿桂等奏摺〉,《明清史料》戊編,第4輯,頁309。

表 2-1　清代搬眷弛禁表

時間	提議者	內容	備註
雍正 5 年 （1727）	閩浙總督 高其倬	1. 住臺人民，其貿易、僱工及無業之人，若全無田地，一概不准搬眷住臺。 2. 實在耕食之人，令呈明地方官，查有墾種之田，並有房廬者，即行給照，令其搬往安插。 3. 佃戶若住臺經五年，業主肯具結保留者，准其給照赴臺搬眷。其餘一概不准。	未准
雍正 6 年 （1728）	藍鼎元	1. 凡民人欲赴臺耕種者，必帶眷口，方許給照載渡，編甲安插。 2. 臺民有家屬在內地，願搬取渡臺完聚者，許具呈給照赴內地搬取，文武汛口不得留難。 3. 凡客民無家眷者，在內地不許渡臺，在臺有犯，務必革逐過水，遞回原籍，有家屬雖犯勿輕易逐水。	未准
雍正 9 年 （1731）	廣東巡撫 鄂彌達	有田產生業，平日分安循良之人，情願攜眷來臺入籍者，地方官申詳該管道府查明給照，令其渡海回籍，一面移明原籍地方官，查明本人眷口，填給路引，准其搬眷入臺。	雍正 11 年實施
乾隆 4 年 （1739）	閩浙總督 郝玉麟	流寓民眷均已搬取，即有事故遲延亦無幾，請定於乾隆 5 年停止給照，不准搬眷。	第一次開放搬眷：雍正 11 年至乾隆 5 年
乾隆 9 年 （1744）	巡臺御史 六十七	1. 內地游曠之民，仍照例嚴禁偷渡，不准給照。 2. 除游曠之民外，其有祖父母、父母在臺，而子孫欲來侍奉；或子孫在臺置有產業，而祖父母、父母內地別無依靠，欲來就養；或本身在臺置有產業，而妻子欲來完聚者，准其呈明內地原籍地方官，查取地鄰甘結，給與印照來臺。	乾隆 11 年實施
乾隆 12 年 （1747）	閩浙總督 喀爾吉善	以前奏未定年限，恐滋弊端，請定限一年，之後不准給照	第二次開放搬眷：乾隆 11-12 年
乾隆 25 年 （1760）	福建巡撫 吳士功	1. 嗣後除內地隻身無業之民，及無嫡屬在臺者，一切男婦仍遵例不許過臺，有犯即行查拏遞回。 2. 在臺有業良民，果有祖父母、父母、妻子、子女、婦孫男女，及同胞兄弟在內地者，許先赴臺地該管報明，將本籍住處暨眷口姓氏年歲開造清冊，移明內地原籍，准給照搬眷。	該年實施
乾隆 25 年 （1760）	閩浙總督 楊廷璋	請定限一年，永行停止。	第三次開放搬眷：乾隆 25 年
乾隆 53 年 （1788）	大學士 阿桂	嗣後安分良民情願攜眷來臺者，由該地方官查查給照，准其渡海，移咨臺灣地方官，將眷口編入民籍，其隻身民人，亦由地方官一體查明給照，移容入籍。	第四次開放搬眷：乾隆 53 年

資料來源：〈與吳觀察論治臺灣事宜書〉，《平臺紀略》，頁 52；《清世宗實錄選輯》，頁 19-20；《清高宗實錄選輯》，頁 60；〈戶部副摺〉，《明清史料》戊編 v1，頁 76；〈吏部「為內閣抄出福建巡撫吳士功奏」移會〉，《明清史料》戊編 v2，頁 107-109；〈刑部「為內閣抄出閩浙總督楊廷璋奏」移會〉，《明清史料》戊編 v2，頁 109-110；〈戶部「為內閣抄出巡臺給事中六十七等奏」移會〉，《明清史料》戊編 v2，頁 207；〈大學士公阿桂等奏摺〉，《明清史料》戊編 v4，頁 308-309。

綜上可知，自清領臺之後，至乾隆五十三年（1788）開放良民請照搬眷渡臺為止，將近百年的期間，開放搬眷的時間不過十餘年。然而，渡臺日久的閩粵移民，在臺立有家業後，自欲將原鄉的父母妻子搬取同來；而原鄉人民，在當地糧不敷食的生活壓力之下，亦欲往臺依親覓食。故在清廷嚴禁搬眷的政令之下，客家人為渡臺尋親覓食，乃多循偷渡之徑。

3. 官渡過程繁瑣且需索無度

清代規定內地人民渡臺，需經出口請照、驗照，入口亦驗照的程序。在向原籍知縣請照時，需將「年貌籍貫，十指箕斗，據實填清」，**❽**並請鄉鄰出具保結，以領取路單。之後，需自原籍地翻山涉水至廈門驗照放洋。然而，在請照、驗照、放洋上岸的過程中，均避免不了胥役的留難勒索。據乾隆末年閩浙總督福康安的觀察，內地口岸的家丁胥役在掛驗出口時，向渡臺人民索取的照費，每船高達洋銀五、六圓到七、八圓不等。而在臺地負責稽查的胥役，亦不乏關說受賄的情形，通常以船的大小及人數的多寡決定輸銀的數目，平均約銀七、八十圓至一百圓不等，「官弁視為陋規，竟成利藪」。**❽**由此可知，合法渡臺不僅程序繁雜，且花費浩大，實非貧民所能負擔，而私渡則「止須與客頭船戶說合，即便登舟載渡」，「其費較官渡為省，其行較官渡為速」。**❽**是以偷渡之禁始終無法發生作用。

此外，因為臺灣屬福建省管轄，驗照出口在乾隆四十九年（1784）之前，僅限廈門一口，之後雖陸續開放蚶江、五虎門等港，然均位於閩省，且離粵省日遠。此種客觀形勢的限制，使客家人若欲循合法途徑渡臺墾耕，必須經歷較多的行途風險及花費更多金錢。因

---

❽ 林文龍，〈客家移民與龍潭地區的開發〉，《史聯雜誌》，第 18 期，頁 137。

❽ 《道咸同光四朝奏議選輯》（文叢第 288 種），頁 22。

❽ 〈閩督福康安奏摺〉，《明清史料》戊編，第 2 輯，頁 140。

此在衡量可能的風險及花費後，對當時欲渡臺謀生的客家人而言，偷渡雖具風險，仍是頗值一試的方式。

4. 內地與臺灣港澳多

除因合法領照渡臺手續繁難，所費不貲外，內地各澳出海容易，及臺灣各港汊多可上岸，亦為清代漢人偷渡至臺盛行的原因之一。中國大陸東南丘陵沿海屬沈水海岸，故多良港、灣澳，無論是廈門一帶，或廣東沿岸如海澄、汕頭等地，皆港澳處處，為偷渡出口的良好地點，如道光年間大學士曹振鏞所言「內地自福寧以迄漳州，無處不可偷渡」。[90] 另一方面，因臺灣為一海島，雖然沿岸良港無多，但港汊紛歧，對於內地人民以大船換小船的接渡模式，根本難以禁絕，「在在可以偷渡」。[91] 加上防守臺灣各港澳的汛兵，因為「塘汛傾圮，營制廢弛」，多未歸汛查拏；甚或「得賄縱客，任聽出入」，[92] 故自內地至臺，只需留心風信，橫洋後隨處可擇岸登陸，是以偷渡難以禁絕。

（二）客家人偷渡的過程

客家人偷渡的過程可分兩個階段說明，一是由原籍地至閩粵沿岸，此階段多由客頭負責招引包攬，帶領至沿岸一帶；一是自內地沿岸渡臺的情形，其偷渡的工具有商船及漁船兩種，今分別說明如下：

1. 客頭招攬

由於六堆客家人的原鄉多僻處內陸，在群山谷地之中，對於偷渡臺灣的途徑與方式不甚了解，故客家人除早期可能零星渡臺外，多經

---

[90] 曹振鏞等，〈會議臺灣善後事宜疏〉（1834），《道咸同光四朝奏議選輯》，頁 3-4。

[91] 〈閩浙總督富勒渾奏摺〉，《明清史料》戊編，第 2 輯，頁 130。

[92] 〈臺灣軍營將軍福康安等殘奏摺〉，《明清史料》戊編，第 4 輯，頁 203。

「客頭」之仲介，由其包攬過渡。「客頭」亦稱「攬客」，❸ 係指從事帶路來臺職業之人，❹ 如福建觀風整俗使劉師恕言「地方不法棍徒，因而引誘包攬，名曰客頭」。❺ 以攬客渡臺爲業的客頭，似於康雍期間即已形成，雍正四年（1726），閩浙總督高其倬即曾言，廈門一帶常有不法店家、客頭包攬廣東及福建二省無照之人偷渡臺灣。❻ 由於人民偷渡多係客頭誘攬，故劉師恕認爲對於客頭之懲治，若僅止於坐杖徒，且許折贖，「利重罪輕」，無疑更助長偷渡之風。故清廷乃於乾隆五年（1740）議定，對於在沿海地方引誘、包攬人民偷渡過臺，爲首者發邊充軍，從者俱杖一百，徒三年，均不准取贖。此外，若有爲害渡臺人等情事，懲罰更重。❼ 然而，儘管官方對包攬偷渡的客頭、船戶等懲戒日嚴，但其攬客偷渡之風亦不曾稍減。

由許多描述渡臺情形的客家詩歌中可以了解，客頭在客家移民渡海來臺的過程中，扮演相當重要的角色。其不僅負責宣傳招攬，引帶欲渡臺的民人至沿岸，所有放洋前的交通、食宿均由其一手包辦，此亦客頭從中獲利的主要來源。自《淡蘭古文書》中，可略窺當時客頭引帶民人偷渡的過程。該文書中提到，「攬客」先到各地將無力給單的客家人邀齊出門，在抵港放洋前的途中，常與奸宄合作，乘機勒索銀兩，藉機分肥，謂之「食銅」。抵港後，不立即安排搭船，先將其置於一處，迨其盤費日空，乃將偷渡者交給船戶，謂之「賣客」。在

---

❸ 林文龍，〈客家移民與龍潭地區的開發〉，《史聯雜誌》，第 18 期，頁 138。

❹ 黃榮洛，〈勸君切莫過臺灣──「渡臺悲歌」的發現與研究〉，《渡臺悲歌》（臺北：臺原，1994 年），頁 44。

❺ 〈雍正七年十月十六日劉師恕奏摺〉，《宮中檔》，2258 號，轉引自莊吉發，〈清初閩粵人口壓迫與偷渡臺灣〉，《大陸雜誌》，第 60 卷第 1 期（1980 年 1 月），頁 28。

❻ 〈浙閩總督高其倬奏聞禁止「短擺」船隻等事摺〉，《雍正硃批奏摺選輯》，頁 107。

❼ 《清會典臺灣事例》，頁 169-170。

抵達臺灣各港澳後，船戶乃將其置放客店，有親屬者，得以錢帶回，謂之「領客」；無親屬者及路途較遠者，或有守候經年而不能出店者。❾⓼關於這些客頭領客偷渡的過程，監生古吉龍於乾隆五十三年（1788）向福建巡撫徐嗣曾上呈臺策十道內有相關描述：

> 其無錢給單者，俟泉人到縣，約齊出門，或數十人，謂之攬客。由山路至泉州府，道經十餘日，動稱偷渡，勒錢買脫，謂之提客。從中分肥，謂之食銅。至泉州府，將客交通船戶，謂之賣客。船戶收載，謂之買客。已抵臺港，交收店戶，謂之領客。若有親屬，船銀交清，帶出歸庄。其無親屬者，仍在店中守候，竟有年經不出店者。逕渡重洋，音信不通，哭望天涯，進退無門，此無單渡臺之難也。❾❾

　　由於客頭在攬客偷渡中種種重利傷民的行為，因此在許多客家詩歌中，對「客頭」多是負面的批評，如「千個客頭無好死，分屍碎骨絕代言」、⓾⓪「總罵客頭死萬千」。⓾❶ 客家移民初因客頭宣傳「臺灣好」，方決定給銀渡臺，⓾❷ 但放洋前的行旅困頓與剝削、行船時的苦難，至臺後的不盡如意等，均令抵臺後的客家移民心生不滿，轉而怨懟。

---

❾⓼ 林文龍，〈客家移民與龍潭地區的開發〉，《史聯雜誌》，第 18 期，頁 138。

❾❾ 〈乾隆五十三年松口監生古吉龍呈臺策十道于撫憲徐嗣曾處的呈〉，收入邱維藩整理，《六堆忠義文獻》。

⓾⓪ 黃榮洛，〈勸君切莫過臺灣──「渡臺悲歌」的發現與研究〉，《渡臺悲歌》，頁25。

⓾❶ 三田裕次、沼崎一郎，〈關西范家所藏的「臺灣歌」手抄本〉，《臺灣風物》，第 37 卷第 4 期（1987 年 12 月），頁 101。

⓾❷ 三田裕次、沼崎一郎，〈關西范家所藏的「臺灣歌」手抄本〉，頁 100。

2. 載渡方式

客家人在客頭包攬抵港後的偷渡方式，有兩種可能：一是頂冒商船水手渡臺，此種方式多由廈門出口放洋，且應僅限於男性移民；一是由漁船負責載渡，多於私口出海，女性移民概循此途徑。[103]

在頂冒商船水手方面，因為販貨通商於廈門、鹿耳門間的商船，在出入掛驗時，俱有陋規需索，雍正年間，二處均收例錢六百，但所需之費用尚不只於此。因船隻放洋，罹於風信，故船戶為避免因官員胥役留難而坐誤風時，故多不敢不從。[104]另一方面，自乾隆十一年（1746）起，商船被迫裝運臺穀至閩省各倉，更增加了船主本身的負擔。因此，商船船主為增加可能的利益，常於規定配置的水手額數中，空缺數名，以便招攬無照渡臺的閩粵人民，以頂冒水手的方式，載渡至臺，即如藍鼎元所言：「……商船水手，多空缺數名，所以私載無照客民而獲其利者也」。[105]

由於此種偷渡方式，各汛口難以查獲，「最易朦混」，故為防止其弊，閩浙總督郝玉麟乃於乾隆元年（1736）奏請從嚴審核商人申請船照之程序。規定給照前先行親驗在船人等，將船上舵工、水手等姓名、年貌、籍貫，乃至疤痣、箕斗，均逐一開列，填註照內，仍令澳甲地保出具甘結；另一方面，飭令兩岸沿海各汛文武嚴加盤查，需人照相符方准放行。[106]然而，此種嚴密的審核程序，仍未能有效地扼止冒頂水手偷渡臺灣的情形，因此乾隆二十三年（1758），閩浙總督楊

---

[103] 乾隆五十五年五月中，亦曾發生哨船水兵附渡內地民人，載渡抵臺之事例，見〈兵部「為內閣抄出臺灣總兵奎林等奏」移會〉，《明清史料》戊編，第 2 輯，頁 148-149。然由於類似事例相當罕見，且似非客家移民，故暫不列入討論。

[104] 藍鼎元，〈與吳觀察論治臺灣事宜書〉，《平臺紀略》，頁 51。

[105] 藍鼎元，〈與吳觀察論治臺灣事宜書〉，《平臺紀略》，頁 51。

[106] 〈閩浙總督郝玉麟揭帖〉，《明清史料》戊編，第 1 輯，頁 29-30。

應琚認爲橫洋船規定准予配置二十餘名舵、水人等,然「每隻止需舵水十四名」,故提議裁至每船十四名。❿

　　漁船的載渡方面,雖有少數以小型漁船直抵臺灣的事例,但以小舟橫洋,風險仍大,故當時偷渡過臺,多採大、小船接載的模式。關於此種偷渡方式,閩浙總督高其倬在雍正四年(1726)七月的奏摺中有詳細的描述,其言泉、漳一帶船戶,多借稱往澎湖貿易,而將「短擺」大船終年逗留澎湖,往來於澎湖與大擔門外,以避免至廈門及臺灣掛號。他們並與沿岸客頭串合,將其包攬的偷渡人民,用杉板小船載出大擔門外,送上「短擺」大船,渡到澎湖,再用杉板小船裝載,至臺灣擇岸登陸。❿ 當時客頭船戶習稱此種接載方式爲「灌水」,如《重修臺灣縣志》中所載「……女眷則用小漁船夜載出口,私上大船。抵臺復有漁船乘夜接載,名曰灌水」。❿

　　其後,清廷雖因高其倬之議,而杜絕船戶將「短擺」大船停留澎湖的申請,但此種大小船接泊的方式,仍爲兩岸偷渡的普遍模式。此乃因自澎湖至大擔門之間,洋面水寬浪大,用大船載渡不僅沈穩安全,且載渡的人數亦較小船爲多。而臺灣至澎湖、廈門至大擔門外這二段航路,洋面平穩,以小船接渡,不僅較具機動性,且亦易避免汛口的查驗。

---

❿ 《清高宗實錄選輯》,頁118。「橫洋船」係指往來於廈門、鹿耳門間的商船,因其橫涉黑水溝,故又名橫洋船,其船身梁頭多在二丈以上,見周凱,《廈門志》,頁166。
❿ 〈浙閩總督高其倬奏聞禁止「短擺」船隻等事摺〉,《雍正硃批奏摺選輯》,頁107。
❿ 王必昌,《重修臺灣縣志》,頁68-69。

（三）客家人偷渡的路線

客家人渡臺前在內地的路線一向為當今研究者所忽視，然而在交通不便的當時，客家人由原籍地至沿岸放洋，應只有少數幾種可能的行經路線。以下欲藉志書及部分客家詩歌的記載，重建客家人由其原籍地至沿海放洋渡臺的可能路線，以窺當時客家人渡臺前的情形（參見圖1-4）。

1. 於潮州府沿岸出海

由於客家人的原籍地，皆位於山間谷地，在陸路交通不甚發達的清代，河運無疑是各聚落間往來的重要管道。客家原鄉的汀州府、嘉應州等地，河流四布，舟楫發達，在清末有淺水輪船之前，多運用篷船行駛河川。[110]且自客家原鄉循河道至潮州府沿岸，係順流而下，更是符合經濟效益的方式，如自大埔至潮州，循韓江順流而下，間日可達。[111]故汀州府民循汀江流域而下，嘉應州民順梅江而下，至潮州府後沿韓江順流而下，以抵潮屬沿岸的路線，對當時汀、嘉或潮屬大埔縣的客家人而言，應是最為省便的選擇。如《石窟一徵》中即言，鎮平縣人常因合法渡臺所需盤費過多，故貧不能措者，「往往在潮州樟林徑渡臺灣」。[112]「渡臺悲歌」中，亦有類似的偷渡行程：

> ……家中出門分別後，直到橫江（潮州府）就答船，船行直至潮州府，每日五百出頭錢，盤過小船一晝夜，直到拓林巷口邊，上了小船

---

[110]《大埔縣志》，卷九，〈交通志〉，頁52。
[111]《大埔縣志》，卷九，〈交通志〉，頁50。
[112]黃釗，《石窟一徵》，頁116。

> 尋店歇，客頭就去講船錢，一人船銀一圓半，客頭就受銀四圓……大
> 船還在巷口據，又等好風望好天。[113]

上述之拓林港屬潮州府饒平縣，樟林港屬澄海縣，皆是潮州府一帶港
澳，其中柘林更是三面臨海，復得山地屏障，不畏暴風巨浪的良港。[114]

2. 於廈門附近出海

與上述官渡路線相同，嘉、汀民人循水路至大埔後，或順著韓江
而下至潮州府沿岸，搭船至廈門；或沿清遠河抵漳州府境，再循陸路
至廈門。嘉、潮、汀屬客家人採此偷渡路徑，可能是因為客頭之引
帶，或因原欲請照渡臺，然抵廈後，因故無力為之時，乃就地在廈門
一帶偷渡至臺。

3. 於福州府沿岸出海

關西范家所藏的「臺灣歌」中所描述的偷渡路線，是相當特別
的：

> ……行了八日到松源，六月來到東都墟，半月來到席扶營，扶營過去
> 金雞嶺，挑箱擔籠實難行。一月來到小陶店，客頭請船亂翻翻，……
> 五日水路永安縣，水手換船叫艱難，換船搭渡到南臺，一共船錢四百
> 三，南臺過去烏龍江，烏龍過渡甚艱難，渡資加減由他算，撐過前頭
> 南布嶺，十日來到砂榕地，……有日洋船開水路。[115]

---

[113] 黃榮洛，〈勸君莫過臺灣——渡臺悲歌的發現與研究〉，《渡臺悲歌》，頁 26。
[114] 饒宗頤編纂，《潮州志匯編》，頁 815。
[115] 三田裕次、沼崎一郎，〈關西范家所藏的「臺灣歌」手抄本〉，《臺灣風物》，第
37 卷第 4 期，頁 97-106。

自上可知，嘉應州轄境內的客家人，在客頭的包攬引帶下，先至松源，越過汀、嘉交界的博平嶺後，在沙溪上游的小陶店上船，先抵福建省永安縣，後再換船沿沙溪、閩江而下，至福建北部的南臺，後經渡烏龍江、越南布嶺，至一處叫作砂榕地的地方搭船渡海。

此種偷渡路線不僅行途遙遠，且大半的路線在閩省境內，故除汀州府民之外，對嘉、潮二屬民人而言，此種路線所可能產生的風險及花費均較前述兩種偷渡路線爲大。然而，爲何會有粵省客家人放棄沿河而下，由潮州府沿岸放洋出海，而循此路線？究其因，可能是包攬之客頭爲藉機漁利，故安排較爲長遠的路程，河運亦需幾經轉班，藉之獲取更大的利益。

三、客家人之抵臺

清領臺之初，至康熙末年之前，官方雖有種種渡臺的規定，但內地與臺灣間的往來卻仍十分寬鬆自由。如福建巡撫吳士功所言，當時的閩粵民人，俱以「春時往耕，秋成回籍」的模式，隻身往返兩地。[116] 又如藍鼎元所言，康熙年間，廣東潮惠二府人民，「皆于歲終賣穀還粵，置產贍家，春初又復之臺，歲以爲常」。[117] 即因當時清廷對於兩岸往來的寬放態度，遂造成康熙末期的移民狂潮，[118] 如康熙五十年（1711）臺灣知府周元文所言「閩、廣之梯船日眾，綜稽廣籍，每歲

---

[116] 〈吏部「爲內閣抄出福建巡撫吳士功奏」移會〉，《明清史料》戊編，第 2 輯，頁 107。

[117] 藍鼎元，〈粵中風聞臺灣事論〉，《平臺紀略》，頁 63。

[118] 尹章義，〈臺灣移民開發史上與客家人相關的幾個問題〉，《中國海洋發展史論文集》（四），頁 272。

以十數萬計」，⑲ 而客家人亦於此時大量入墾臺灣，奠定墾殖的基礎。

清領臺之後，無論是循合法途徑或偷渡過臺的客家移民，多自鹿耳門一帶上岸，在臺灣府一帶墾殖，之後分別向南北二路發展。康熙末年，客家人往北路的進墾，已發展成「自下加冬（今臺南縣後壁鄉）至斗六門（今雲林縣斗六市），客莊、漳泉人相半……斗六以北客莊愈多」的成果。⑫ 康熙三○年代，原在府治附近墾殖的客家人，亦因當地發展有限，而南下下淡水地區耕墾，⑫ 奠定日後六堆客家聚落的基礎。

早期客家移民渡臺，或因對臺地的陌生，及其他地方多尚未有漢人足跡，故多自鹿耳門一帶上岸，後來隨著墾地日闢，內地抵臺的港口亦日漸擴增。就客家人入墾下淡水地區而言，除自府城一帶南下外，自東港以下各港登岸，循下淡水溪或東港溪流域進墾，亦為偷渡可行的途徑。當時下淡水地區雖無良港深澳，如東港、茄藤港、放綵港均只能容舡仔小船，其餘港汊，亦只能以小漁船進出往來，⑫ 但並無礙於偷渡的進行；而且，東港、茄藤港、鱉興港等處，均有河流貫通，⑫ 抵港後可順著河谷向上耕墾，均是抵岸登陸的良好地點。

⑲ 周元文，〈申請嚴禁偷販米穀詳稿〉，《重修臺灣府志》（文叢第 66 種，1710 年原刊），頁 323。
⑫ 周鍾瑄，《諸羅縣志》，頁 136-137。
⑫ 伊能嘉矩，《臺灣文化志》下，頁 142。
⑫ 黃叔璥，《臺海使槎錄》，頁 43-44。
⑫《臺灣通志》（文叢第 130 種），頁 47。

第二部
客家人之拓墾屏東平原

　　本部主要分三個部分來了解清代客家移民在屏東平原墾殖的過程及成果。首先，於第三章就屏東平原的地理條件加以說明，藉以了解當地吸引客家移民大量入墾的原因；此外，藉由屏東平原的原住民活動，及明鄭至清初官方在該地的行政建置二方面，進一步了解閩粵移民入墾前的人文景觀與環境特色。第四章在分析客家移民入墾屏東平原的階段，及其墾殖的範圍，藉此了解清代屏東平原各族群聚落的分布特色。第五章的重點則在於說明客家移民拓墾組織的特色，及其於清代的墾殖成果。

第三章　客家人入墾前的屏東平原

　　本章的重點，在於了解客家人移墾屏東平原之前，當地的自然與人文景觀，以及官方的行政建置，此三者對日後漢人拓墾之過程、聚落形成之特色均有影響。客家人爲何入墾屏東平原，及日後聚落形成的景觀，與屏東平原的自然環境密切相關，故本章第一部分先就屏東平原的地理環境加以了解。此外，在漢人入墾之前，屏東平原主要爲平埔族鳳山八社游獵、燒墾的範圍，故本章第二部分將就鳳山八社的形成、分布，及其特色加以說明。最後，藉由明鄭至清初對屏東平原的行政設置，了解當時官方對屏東平原的態度，且以此說明漢人拓墾前屏東平原的環境。

一、屏東平原的地理環境

　　屏東平原在清代稱爲「下淡水」，所謂的「下淡水」，在清代的認知，係指西至下淡水溪（今高屏溪）、東至當時之番界、北至羅漢門（今高雄縣旗山鎮附近）、南瀕海的一帶平野。[1] 康熙五十八年（1719），以貫流平原中央的東港溪爲界，分東西二部，東爲淡水港東里、西爲淡水港西里。道光年間，分別簡稱爲港東、港西里。至光緒十四年（1888），北以武洛溪、隘寮溪等自然地形爲界，更分爲港

---

[1] 伊能嘉矩，《大日本地名辭書臺灣の部》（東京：富山房，1909 年），頁154-159。

西上里、港西中里、港西下里；南則以後寮溪、林邊溪更分為港東上里、港東中里、港西下里。❷

屏東平原是臺灣第二大平原，北至今高雄縣旗山鎮、屏東縣高樹鄉附近的玉山山脈南端，南至東港、枋寮的海岸線，西以下淡水溪與高雄平原為界，東為潮州斷層崖。潮州斷層崖位於屏東平原的東緣，因平原東境為中央山脈的卑南主山、知本主山、大武、南大武山，多為三千公尺以上，❸且幾乎是平地拔起，山腳線平直，屬於典型的斷層崖。❹潮州斷層崖北起自荖濃溪谷之南口，南至枋寮東南方海岸，全長約 60 公里，形成直線狀之山麓線。❺屏東平原與潮州斷層崖一樣，呈南北延長之矩形，長約 60 公里，東西寬約 20 公里，形成的原因與潮州斷層密切相關。源於山地的河流在潮州斷層崖下形成許多沖積扇，各溪所搬入的大量岩屑進入低平地區後，乃堆積成地勢平坦、面積寬廣的平原。❻

屏東平原內部，依水源、排水和適耕程度，可分為沖積扇帶、扇端湧泉帶、沖積平原帶和低濕沼澤帶。其中沖積扇帶多為石塊或礫石，不適於農耕；扇端湧泉帶則終年有泉水流出，水資源最豐沛，最適於水稻耕作，主要分布於隘寮溪分流番仔寮溪以南，以北僅瀰濃溪兩岸有一狹長適耕之河谷平原；沖積平原帶之排水雖稱良好，但因泉源不足，且引水灌溉不易，故水田化較扇端湧泉帶困難；低濕沼澤帶

---

❷ 伊能嘉矩，《大日本地名辭書臺灣の部》，頁 154。

❸ 臺灣鄉土地理研究會，《最新臺灣地誌》（臺北：成文出版社，1934 年），頁 163-164。

❹ 張瑞津、石再添等，〈高屏溪谷與潮州斷崖沖積扇的地形學研究〉，《師大地理研究報告》，第 24 期（1995 年 10 月），頁 40。

❺ 臺灣省文獻會編，《臺灣省通誌‧卷一‧土地志地理篇》（臺北：眾文圖書公司，1970 年），頁 100。

❻〈沖積平原〉，《地理學詞典》（上海：上海辭書出版社，1983 年），頁 336。

則因排水困難，不利於一般農耕，但爲良好的養殖地帶。據施添福的研究指出，屏東平原內此四種不同的生態環境，爲移墾此地的閩粵移民提供建立不同維生方式的可能性，但也埋下人群分類的遠因。❼

由於平原西端的下淡水溪時有洪水爲害，加上河道可能因雨多水漲而改道竄流，不利於聚落的發展。平原東緣近山麓斷層崖下的沖積扇帶附近，則因多石礫地且取水不便，亦難以作積極有效的開發。如此的地理條件使得清代閩粵移民入墾此地所形成的聚落，呈現平原兩緣聚落稀疏，平原中間聚落由北而南密布的景觀。❽

位於屏東平原西緣之下淡水溪（即今之高屏溪），昔稱西溪，全長 171 公里，爲全臺第二大河，❾ 源於玉山東西兩側的荖濃溪及楠梓仙溪，二溪於港西上里之溪州庄會合南下，一路上有武洛溪、番子寮溪來會，至入海口處形成廣大的三角洲。❿ 清代時常因夏秋雨多水漲，河道寬至四、五倍不等，「沿溪田園廬舍，常被淹壞」，⓫ 常爲當時行渡之憂、田園屋舍之患。

東港溪爲清治時期港東、港西二里之分界，亦有二源，一是源於南太武山的隘寮溪（因自港西中里的隘寮庄出山，故有此名），隘寮溪支流番仔寮溪，向西北行，注入淡水溪；幹流則西南流，與源自南崑崙山的東溪會合，始稱東港溪，後又有後寮溪來會，於東港入海。⓬

---

❼ 施添福，〈國家與地域社會——以清代臺灣屏東平原爲例〉，收入詹素娟、潘英海編，《平埔族群與臺灣歷史文化論文集》（臺北：中央研究院臺灣史研究所籌備處，2001 年），頁 38-40。

❽ 臺灣鄉土地理研究會，《最新臺灣地誌》，頁 167。

❾ 陳正祥，《臺灣地誌》（臺北：南天書局，1993 年），頁 869。

❿ 伊能嘉矩，《大日本地名辭書臺灣の部》，頁 153。

⓫ 盧德嘉，《鳳山縣采訪冊》（文叢第 73 種，1894 年原刊），頁 50。

⓬ 伊能嘉矩，《大日本地名辭書臺灣の部》，頁 159。

林邊溪，一稱羌園溪，即古之放縤溪，源於港東中里之山地，後與力力溪合流，南流至新打港（塭仔庄）入海（參見圖3-1）。**⑬**

屏東平原除面積平坦廣闊外，另有三點因素利於農耕：一、氣溫暖熱，因為平原地處熱帶，故溫度普遍較臺灣其他地區要高，有利於水稻的栽培；此外，由於早晚溫差大，如《鳳山縣志》所言「自鳳山溪南至淡水等處……及晡鬱蒸，入夜寒涼」，**⑭** 致使在漢人初入墾時，多產生水土不服的情形；二、雨量充沛，且集中夏季，如《重修鳳山縣志》中所載：「……鳳自淡水溪以北常苦旱，自淡水溪以南常苦潦。夏秋之間，近治里莊，田夫憂旱；而淡水一帶，陰雨淋漓：不數里而雨暘頓異」，**⑮** 雨量的充足有利於灌溉，亦是下淡水地區早熟稻於乾隆中葉普遍栽植的原因之一。

此外，河流的堆積作用所形成的肥沃土壤，更是吸引閩粵移民競相入墾的主要原因。清領臺之初，各地因土壤肥沃，多不糞而穫，至乾隆初年，因渡臺移民日多，在臺灣其他地區因生齒日繁而地力漸瘠的同時，「惟港東、西二里土較饒沃」。**⑯** 饒沃的地力，加上氣溫暖熱，均有利於農業之發展，因此下淡水地區乃成為清領臺之後，閩粵移民競相進墾的區域。

今日屏東平原上的行政區分屬屏東及高雄兩縣，下轄一市四鎮二十鄉，共有二十五個行政單位。其中屬高雄縣者，有美濃、旗山、大樹、大寮及林園等五個鄉鎮；屬於屏東縣者，有高樹、里港、九如、鹽埔、長治、屏東市、麟洛、萬丹、竹田、內埔、萬巒、潮州、崁頂、新園、東港、南州、林邊、佳冬、新埤及枋寮等一市十九鄉鎮。

---

⑬ 伊能嘉矩，《大日本地名辭書臺灣の部》，頁159。
⑭ 李丕煜，《鳳山縣志》（文叢第124種，1717年原刊），頁85。
⑮ 王瑛曾，《重修鳳山縣志》（文叢第146種，1764年原刊），頁46-47。
⑯ 王瑛曾，《重修鳳山縣志》，頁284。

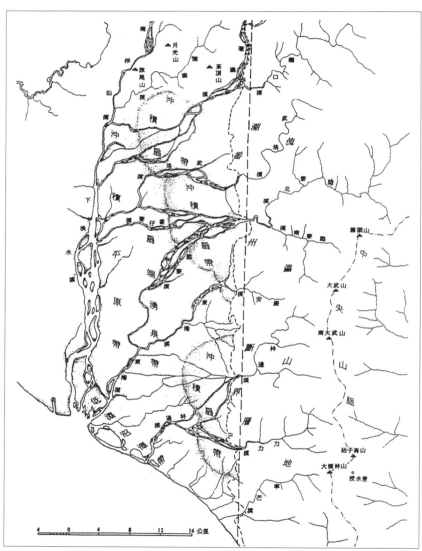

圖 3-1 屏東平原的生態環境

資料來源：施添福，〈國家與地域社會——以清代臺灣屏東平原為例〉，收入詹素娟、潘英海編，《平埔族
群與臺灣歷史文化論文集》（臺北：中研院臺史所，2001 年），頁 37。

其中，美濃、高樹、內埔、長治、竹田、萬巒、佳冬、新埤、麟洛等九個鄉鎮以客家移民居多。舊時所謂六堆組織所屬聚落亦散布於此九個鄉鎮之內，為本書主要討論的範圍。除此之外的其他鄉鎮，則多以閩籍移民為主（參見圖 3-2、3-3）。

二、原住民的活動

屏東平原在漢人未進入墾殖前，主要為武洛（又稱大澤機、尖山仔）、❶搭樓、阿猴、上淡水（又稱大木連）、下淡水（又稱麻里麻崙）、力力、茄藤（又稱奢連）、放緣（又稱阿加）等八社平埔族群的活動區域。❶清領臺之後，官方將屏東平原的平埔族群稱為「鳳山八

❶ 簡炯仁認為以往認為武洛社與大澤機社互有取代關係的說法是不確的，因為康熙年間的臺灣方志與輿圖都曾同時出現大澤機社與武洛社，二者所處位置亦不同，只是由於雍正之後，大澤機社消失，武洛社突然出現，以及後人誤解鳳山縣丞譚垣〈巡社紀事〉詩中「昔在大澤機」一語所致。參見簡炯仁，〈就《熱蘭遮城日誌》第一、二冊有關的紀錄試論屏東平原的平埔族〉，《高市文獻》，第 16 卷第 2 期（2003 年 6 月），頁 61-62；簡炯仁，〈《臺海使槎錄》記載「武洛社（一名大澤機，一名尖山仔）」初探〉，《臺灣史蹟》，第 38 期（2001），頁 181-211。

❶ 鳳山八社在目前學界對平埔族分類中的定位仍有所爭議。最初，伊能嘉矩將鳳山八社總稱為 Makatao（據說是日人以鳳山八社中最強大的搭樓社之名以為全體族群命名的代表），見石萬壽，〈臺灣南部平埔族研究的回顧與展望〉，《思與言》，第 23 卷第 1 期（1985 年 5 月），頁 97。後來日人移川子之藏將之改稱為 Tao。至此，學界均將臺灣平埔族分為十族。其後，小川尚義以平埔族語言中的數詞為據，將 Siraya、Taivoan、Makatao 三族合為 Siraya 族。此後，大部分的學者多承襲小川尚義的看法，以 Makatao 族為 Siraya 族的一支。然亦有學者認為，Siraya 與 Makatao 應為不同族系。如李國銘認為，小川尚義就平埔語言中的數詞分析，將 Makatao 劃入 Siraya 的作法，並不甚妥當，並表示以《小琉球漫誌》的作者朱仕玠所言，《重修鳳山縣志》所載之番語記錄，只是將《諸羅縣志》、《臺灣縣志》的番語抄錄，並未實際考察，故日人以該數詞所作的分析是頗值懷疑的，他甚至認為鳳山八社以東港溪為界或為二個不同的族群，見李國銘，〈關於屏東平原少數民族的二、三事〉，《臺灣史田野研究通訊》，第 22 期，頁 59；〈屏東平埔族群分類問題再議〉，《平埔研究論文集》，頁 365-378。日本學者土田滋，自淺井惠倫所收集的語言資料中，比較 Siraya、Makatao 及 Taivoan 三族的語彙，自兩方面提出論證：一是 Siraya 與 Makatao 二族之自稱名不同；二是

圖 3-2 屏東平原各聚落相關位置圖 -1

製圖：劉揚琦

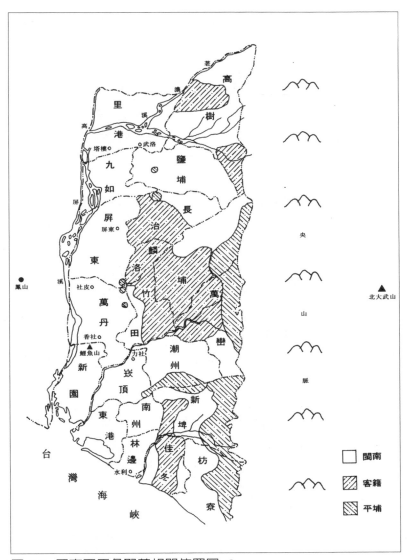

圖 3-3　屏東平原各聚落相關位置圖 -2
資料來源：李國銘，〈關於屏東平原少數民族的二、三事〉，《臺灣史田野研究通訊》，第 22 期
　　　　（1992 年 3 月），頁 58。

社」，對鳳山八社最早的文字記載，應見於康熙二十三年（1684）蔣毓英的《臺灣府志》：

> 下淡水社（離府治一百五十里）、力力社（離府治一百七十里）、茄藤社（離府治一百七十五里）、放緤社（離府治一百九十里）、上淡水社（離府治一百一十里）、阿猴社（離府治一百二十五里）、搭樓社（離府治一百九十里）、大澤機社（離府治一百三十五里）。[19]

鳳山八社為明鄭以降活躍於下淡水地區的主要族群，實是荷治之前，幾經勢力消長兼併，或因天災疾疫侵害的汰選結果。若據荷蘭治臺當局日常活動紀錄《熱蘭遮城日誌》之記載，自 1635 年後，屏東平原即陸續出現下淡水、大木連（Tapoliang）、搭樓（Zoatalau）、放緤仔（Pangsoya）、塔加里揚（Taccariangh）、力力（Netnee）、麻里麻崙（Vorrevongh）、萬丹（Pandandel）、茄藤（Catcha）、阿猴（Acau）等社。[20] 至明鄭時期，下淡水地區已只有八社活動，如《鳳山縣志》中所載：「按下淡水，在偽時只有八社納粟之番」。[21] 原本存

Siraya、Makatao、Taivoan 三族中「酒」的單字分別不同，亦推論三者可能為不同族系。見土田滋著、黃秀敏譯，〈平埔族各語言研究瑣記〉（上），《臺灣史田野研究通訊》，第 22 期（1992 年 3 月），頁 9-22。此外，簡炯仁則自考古遺址之分布及荷蘭文獻對於平埔社群習俗、政治制度的相關記載等方面分析，認為俗稱「馬卡道」的鳳山八社，是以東港溪為界，形成港西里社群與港東里社群，二者間存在很大的區別，將二者並稱為馬卡道族是不很妥當的。參見簡炯仁，〈再論屏東平原平埔族群分類問題〉，《高市文獻》，第 15 卷第 4 期（2002 年 12 月），頁 50。

[19] 蔣毓英，《臺灣府志》，頁 10。

[20] 江樹生譯註，《熱蘭遮城日誌》，第一冊（臺南：臺南市政府，2002 年），頁 222；江樹生譯註，《熱蘭遮城日誌》，第二冊（臺南：臺南市政府，2002 年），頁 2-3、334。

[21] 明鄭時期，下淡水地區已只有八社活動：「按下淡水，在偽時只有八社納粟之番」，見李丕煜，《鳳山縣志》，頁 72。

在之萬丹社與塔加里揚社已不知所蹤。根據李國銘對鳳山八社所做的研究，認為遲至 1641 至 1646 年間，下淡水地區鳳山八社的規模即已確立。李氏並懷疑阿猴社係原已存在於下淡水地區的塔加里揚社人遷出所新成立的村落，或者，根本是同一村落，只是改了名字。[22] 簡炯仁則由《熱蘭遮城日誌》之資料分析指出，1645 年間，塔加里揚與阿猴社曾並存過一段時期，二者應無互相取代之關係。塔加里揚社於 1645 年 4 月「地方會議」後突然消失，可能係由於在荷人運作下與搭樓社或阿猴社合併之結果。[23]

鳳山八社舊社所在位置，至今仍說法歧異，依據施添福的推論，武洛社舊社位於今高樹鄉田仔庄舊南勢附近；搭樓社位於今九如鄉後庄的番社；阿猴社位於今屏東市東北角頭份埔的番仔厝；上淡水社在今萬丹鄉社皮庄一帶；下淡水社在今萬丹鄉香社村番社；力力社在今崁頂鄉力社村附近；放縤社在濫頭庄的社口、社邊附近；茄藤社在社皮、社尾或番仔厝附近（參見圖 3-4）。[24]

---

[22] 李國銘所持之理由為 1641 年的「地方會議」後，塔卡拉揚社即在文獻上消失。隨後阿猴社於 1644 年出現，且此二社所處的地理位置十分接近，均約在今屏東市一帶。參見李國銘，〈十七世紀世中葉屏東平原的村落與記事〉，《臺灣史研究》，第 1 卷第 2 期，頁 109-130。

[23] 參見簡炯仁，〈就《熱蘭遮城日誌》第一、二冊有關的紀錄試論屏東平原的平埔族〉，《高市文獻》，第 16 卷第 2 期（2003 年 6 月），頁 24-26。

[24] 施添福，〈國家與地域社會——以清代臺灣屏東平原為例〉，頁 42-47。李國銘原本的推論則認為，武洛社位於今里港鄉茄苳村武洛、搭樓社位於今里港鄉搭樓村、阿猴社位於今屏東市一帶、上淡水社在今萬丹鄉社皮庄一帶、下淡水社在今萬丹鄉香社村番社、力力社在今崁頂力社村附近、放縤社在今林邊鄉水利村放索、茄藤社在今萬州鄉萬華村車路墘，參見李國銘，〈鳳山八社舊址初探〉，《臺灣史田野研究通訊》，第 26 期（1993 年 3 月），頁 79-87。簡炯仁則認為大澤機社位於今高樹鄉泰山、大路關以東一帶山區；武洛社原位於美濃平原尖山附近，約於雍正年間遷至大澤機；搭樓社位於今里港鄉搭樓、潮厝；茄藤社總社約於南州鄉萬華村至仁里村一帶，參見簡炯仁，〈就《熱蘭遮城日誌》第一、二冊有關的紀錄試論屏東平原的平埔族〉，《高市文獻》，第 16 卷第 2 期（2003 年 6 月），頁 33-34；簡炯仁，〈由《噶瑪蘭·西拉雅古文書》所收錄有關茄藤社的古契字試論「鳳山八社」中茄藤社的社址及其勢力範圍〉，《臺灣文獻》，第 53 卷第 1

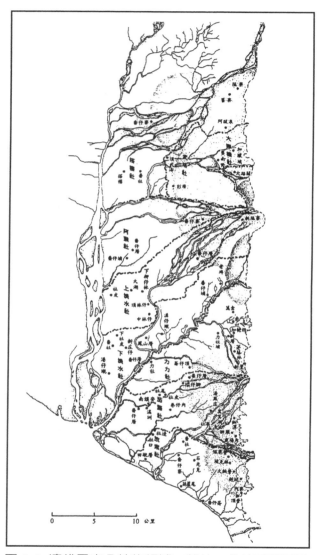

圖 3-4 清代鳳山八社的領域：舊社、分社或移居地

資料來源：施添福，〈國家與地域社會——以清代臺灣屏東平原為例〉，頁44。

　　不過，這些地點只是番社所在地，並不能代表其游獵、活動的範圍。鳳山八社各有其游獵、燒墾的生活領域，在漢人未大量入墾下淡水地區之前，武洛社的活動領域為武洛溪中游南北兩岸，搭樓社為南至武洛溪下游，北至觸口溪口一帶；阿猴社的活動領域主要介於甘棠門溪與西勢溪之間；上淡水社位於西勢溪東西兩側；下淡水社則主要分布於東港溪西北側；力力社為東港溪東南側；茄藤社活動領域主要分布於九甲溪南北兩岸一帶；放縤社活動領域最為偏南，主要分布於力裡溪之南與林邊溪下游東西兩側（參見圖 3-4）。㉕

　　荷治時期，曾分別於 1637 及 1638 年在放縤社及大木連社（上淡水社）開設學校，㉖且強令番人從事稻作，㉗可知鳳山八社在荷治時期，已或多或少學習過與以往燒墾方式不同的耕作技術。鄭成功驅荷領臺之後，乃以下淡水溪為界，溪北漢人居之，溪南「土番處焉」，㉘可見當時隸屬於萬年縣的下淡水地區，仍為平埔族活動的區域，少有漢人墾殖的痕跡。明鄭時期對於下淡水溪以西的平埔族群，係置「安撫」之官管理，且向其收取賦稅。㉙

期（2002 年 3 月），頁 131。劉澤民等人根據崁頂陳家所藏之力力社相關契字中發現，力力社社址除崁頂鄉力社村外，之前曾有舊社，即今崁頂鄉崁頂村後壁厝。參見陳緯一、劉澤民編，《力力社古文書契抄選輯——屏東崁頂社村陳家古文書》（南投：國史館臺灣文獻館，2006 年），頁 30-31。

㉕《臺灣土地慣行一斑》，第一編，頁 87-89；施添福，〈國家與地域社會——以清代臺灣屏東平原為例〉，頁 42-47。對於茄藤社之活動範圍，簡炯仁認為西到東港鎮大鵬灣北岸；東到新埤鄉冀箕湖，東北遠至萬巒鄉新置一帶；北則包括崁頂鄉、潮州鎮東北部，而終抵萬巒鄉東北角，與力力社毗鄰；南達新埤鄉冀箕湖庄附近，隔林邊溪及力裡溪與放縤社為界。參見簡炯仁，〈由《噶瑪蘭·西拉雅古文書》所收錄有關茄藤社的古契字試論「鳳山八社」中茄藤社的社址及其勢力範圍〉，頁 131。

㉖《巴達維亞城日記》2，頁 232。

㉗《巴達維亞城日記》2，頁 374。

㉘ 李丕煜，《鳳山縣志》，頁 3。

㉙ 杜臻，《澎湖臺灣紀略》（文叢第 104 種），頁 7。

　　由於鳳山八社在荷治時期已習耕作，故在漢人未入墾下淡水地區之前，八社族群除採取游獵的生活方式之外，在部分地區亦已有墾闢，如林邊、大武丁、塭仔、羌園、田墘厝、車路墘庄一帶，部分已為茄藤社番所墾。鳳山八社善耕的生活習性在清領臺之後仍然持續著，如《重修鳳山縣志》中曾言「熟番多於園中旱地種稻，粒圓而味香，名曰香米，又名大頭婆」[30]，《清一統志臺灣府》中亦表示「鳳山縣放䌁等社熟番，其人善耕種，地產香米」，[31] 並成為清初全臺平埔熟番中惟一「不捕禽獸，專以耕種為務」，納「丁米」而非「納銀」的社群，在中南部其他平埔族部落普遍以鹿皮繳納番餉的階段，即已被要求交納稻米實物。[32] 在漢人大量入墾之後，鳳山八社更有習漢人自內山鑿圳，引流灌溉田園的情形，甚至開圳引水，「竭力甚於漢人」。[33]

　　綜上可知，下淡水地區在漢人未入墾之前，係為鳳山八社游獵、燒墾的活動範圍，而此八社在荷治時期已逐漸奠定基礎與規模，經過時間與實力的汰選之後，至明鄭時期，成為活動於下淡水地區的主要族群。鳳山八社各有其活動範圍，在荷治時期已接受相當程度的外來文明及耕墾的技術，此或亦是日後鳳山八社在漢人勢力強力介入後迅速漢化的原因之一。

---

[30] 朱仕玠，〈海東賸語〉下，《小琉球漫誌》（文叢第 3 種，1763 年原刊），頁 90。

[31]《清一統志臺灣府》（文叢第 68 種），頁 45。

[32] 施添福，〈國家與地域社會——以清代臺灣屏東平原為例〉，頁 34；陳秋坤，〈清代塔樓社人社餉負擔與產權變遷（1710-1890）〉，《臺灣史研究》，第 9 卷第 2 期（2002 年 12 月），頁 71。

[33] 王瑛曾，《重修鳳山縣志》，頁 82。

三、明鄭至清代下淡水之行政建置

永曆十五年（1661），鄭成功率兵驅荷後，於臺灣置承天府，下領天興、萬年二縣，分轄南北路。鄭成功死後，其子鄭經於永曆十八年（1664），改東都為東寧，升天興、萬年二縣為二州，以州官治漢人，另設安撫司以管番民。由於當時下淡水溪以西為鳳山八社的活動範圍，少有漢人墾拓，故明鄭時期，下淡水地區雖屬萬年州管轄，卻未有行政設置，甚至將當地做為流徙罪犯之所。❸④

康熙二十三年（1684），清領臺之後，在臺灣設臺灣府，下領諸羅、臺灣、鳳山三縣。下淡水地區屬鳳山縣所轄，在設縣之初，仍為鳳山八社的活動範圍，少有漢墾聚落，即如藍鼎元所言「向皆有番無民」之地，❸⑤ 故清廷只在東港設置下淡水巡檢司署，以稽查關隘船隻，為下淡水地區最早的行政機關。然而，由於當時下淡水地區「多午後鬱熱，夜則涼冷；水土多瘴氣，人易疾病」❸⑥，《諸羅縣志》中亦言「南淡水之瘴作寒熱，號跳發狂」。❸⑦ 故康熙中葉，曾有官員派兵弁至下淡水地區追捕意圖不軌的朱友龍時，發生「才兩月，無一人還者」的情形。❸⑧ 駐守東港的歷任巡檢，亦多因此而「皆卒於官，甚至闔家無一生還」，❸⑨ 即因如此，下淡水巡檢乃於康熙五十一年（1712）移駐赤山（今萬丹鄉後庄村）。❹⓪ 康熙五十八年（1719），鳳

---

❸④ 周元文，《重修臺灣府志》（文叢第 66 種，1710 年原刊），頁 151。
❸⑤ 藍鼎元，《平臺紀略》，頁 72。
❸⑥ 《臺灣輿地彙鈔》（文叢第 216 種），頁 23。
❸⑦ 周鍾瑄，《諸羅縣志》（文叢第 141 種，1719 年原刊），頁 292-293。
❸⑧ 郁永河，《裨海紀遊》（文叢第 44 種，1700 年原刊），頁 17。
❸⑨ 李丕煜，《鳳山縣志》，頁 12。
❹⓪ 王瑛曾，《重修鳳山縣志》，頁 33。

山知縣李丕煜亦因下淡水地區水土毒惡，居民多因此病歿，乃檄令下淡水巡檢王國興在淡水港東里建一鄉厲壇。❹

綜上可知，自明鄭以至清治臺之初，在臺文武均以下淡水地區爲水土毒惡之瘴鄉，且由於當時其地爲鳳山八社的活動範圍，尚少有漢人入墾其中，故明鄭時僅設安撫司管理當地平埔族。清治臺之初，亦只在東港設置下淡水巡檢司署，未有積極的行政設置。從清領臺之後，在下淡水地區的行政施置，與當時漢人的拓墾行動相較，可明顯看出清廷治臺的消極心態。漢人在康熙中葉，已於下淡水地區港東里、港西里分別形成各十八甲戶口的村落；❹ 康熙末年，不僅已沿著東港溪沿岸形成許多聚落，且已形成新園、萬丹二街肆，❹ 官方卻僅於康熙末年在南路營之下，增加崁頂塘、茄藤塘、麻網塘、大崑麓塘等陸路防汛分防下淡水地區，❹ 相關的行政建置與防護體系明顯跟不上民人的墾殖速度。

官方對下淡水地區至雍正末年始有進一步的行政設置，文治方面，於雍正九年（1731）設下淡水縣丞於萬丹，且由於轄區接近，將原駐赤山的下淡水巡檢移至較南的大崑麓（今枋寮鄉大庄村）。❹ 武備方面，由於近山一帶發生一連串的漢番衝突，在閩浙總督劉世明的建議下，於雍正十一年（1733），在近山的山豬毛口設置下淡水營；❹ 然而，自雍正末年的積極建置之後，清廷在下淡水地區的行政設置只

---

❹ 王瑛曾，《重修鳳山縣志》，頁145。
❹ 高拱乾，《臺灣府志》，頁39。
❹ 載於康熙末年的《鳳山縣志》中已有新園、萬丹二街市，且明言係近年始設。見李丕煜，《鳳山縣志》，頁26。
❹ 李丕煜，《鳳山縣志》，頁54。
❹ 〈吏部議覆「福建總督劉世明等條奏臺灣事宜」〉，《清世宗實錄選輯》（文叢第167種），頁36。
❹ 〈兵部議覆「福建總督劉世明疏」〉，《清世宗實錄選輯》，頁37；王瑛曾，《重修鳳山縣志》，頁192。

限於縣丞、巡檢等駐地的更易，或汛塘的增減移駐，少有進一步的更張。❼

---

❼ 關於下淡水地區縣丞、巡檢駐守地的變易情形，可參見施添福，〈清代臺灣市街的分化與成長（中）〉，《臺灣風物》，第40卷第1期（1990年3月），頁50-55。另外，關於下淡水地區營汛組織的內容與變化，可參見許雪姬，〈清代綠營在鳳山縣的防戍〉，《高雄文獻》，20/21期合刊（1985年1月），頁65-151。

第四章　客家人聚落的形成與分布

　　客家移民於下淡水地區的拓墾始於康熙年間,而其墾殖的過程可大致分成兩個階段說明。本章將先討論學者對客家人入墾下淡水地區時間的爭議,以確定最接近事實的說法。其次將分二個階段說明客家人在下淡水地區墾殖的經過與範圍,最後則就下淡水地區族群間聚落分布的變化與特色加以說明。

一、拓墾時間

　　關於客家人入墾下淡水地區的時間,至今仍說法分歧,未有定論。主要的說法有四:一是從軍戍臺而解甲墾荒說。鍾壬壽認為,康熙二十七年(1688),隨施琅攻臺的續遣部隊中,有部分程鄉及鎮平的士兵,自安平登陸,先屯田於臺南東門,後轉至阿公店(今岡山)。康熙三十一年(1692)部隊解散後,清廷將之安置於濫濫庄墾荒。❹❽但這種說法,不僅於史未見,且與清初之班兵制相矛盾。二是認為客家人入墾臺灣,係始於施琅死後,因施琅「惡惠、潮之地素為海盜淵藪」,故「終將軍施琅之世,嚴禁粵中惠、潮之民,不許渡臺。琅歿,漸弛其禁,惠、潮民乃得越渡」。❹❾然而,此種說法不僅未注意到同屬客家語系之汀州府移民的入臺,更忽略了客家移民偷渡來臺的可能性。

---

❹❽ 鍾壬壽,《六堆客家鄉土志》,頁 70。
❹❾ 黃叔璥,《臺海使槎錄》(文叢第 4 種,1722 年原刊),頁 92。

　　第三種說法係指客家移民於康熙二十年代末期，即已自東港溪沿岸入墾下淡水地區，❺但此說無法解釋客家人為何未在康熙年間，於東港溪下游形成聚落，而以中上游為發展重心。最後則是伊能嘉矩所言，廣東鎮平、平遠、興寧、長樂各縣人民，於康熙二十五、六年間渡海來臺，原欲於府治附近墾殖，然因當時府城附近田園已為閩人占墾，在沒有餘土可拓的情形下，乃於東門外開闢菜園，種菜維生。後發現下淡水溪以東地區，尚有未拓墾的荒地，乃相率移居，協力開墾。❺

　　筆者認為，就客家人在下淡水地區聚落的形成時間，及當時的客觀環境研判，應以伊能嘉矩的說法較接近歷史事實，即客家移民應於清治臺之初或早於此時即以各種方式渡臺耕墾，其先於府城一帶寓居，然因初期渡臺之客家人，在人口與權勢上均不能與閩人相較，甚至可能在發生衝突失利後，遂南走下淡水溪以東墾拓。

　　客家人入墾下淡水地區應始於康熙三十年代，其入墾之初，閩人於下淡水地區的開墾頗具規模，已沿著東港溪兩岸結成各有十八甲的淡水港東、港西里，❺下淡水溪沿岸的新園、萬丹，亦於康熙末年形成街肆。❺自府城一帶南下的客家人，面對當時下淡水地區仍以鳳山八社為強勢族群，且本身人寡勢弱的情勢，遂先集結於萬丹西方的區域，墾成濫濫庄。

❺ 見簡炯仁，〈由屏東縣「雙慈宮」珍藏的兩塊石碑論里港的開發〉，《臺灣風物》，第 46 卷第 1 期（1996 年 3 月），頁 20。
❺ 伊能嘉矩，《臺灣文化志》下，頁 142。
❺ 高拱乾，《臺灣府志》（文叢第 65 種，1696 年原刊），頁 39。
❺ 李丕煜，《鳳山縣志》，頁 26。

二、拓墾的階段與範圍

由於康熙五十年代之前，官方的渡臺政策仍採放任的態度，故原居內陸的嘉、汀、潮籍客家人，在原鄉生存不易，且聞臺地有樂土可居，遂在康熙年間大量渡臺。面對嚴重的人口壓力，集結於濫濫庄的客家人，乃以此為據點，向東方的莽林進墾。客家人於下淡水地區的墾殖，可分康熙、乾隆兩個階段，至乾隆年間，已大致墾成今日的規模，以後只限於聚落附近荒埔或浮復地的墾殖，或外移至恆春、臺東等地的行動。以下就康熙及乾隆年間客家人在下淡水地區的拓墾行動加以說明。

（一）康熙年間的墾殖

康熙年間客家人在下淡水地區的墾殖，有北、中、南三種拓墾方向，自濫濫庄向外移墾的客家移民初以東港溪沿岸為主，在港西下里墾成今內埔、竹田二鄉，在港東上里墾成今萬巒鄉。約與此同時或稍晚，客家人復往北墾殖港西中、上里境（長治、麟洛），南下墾殖港東中、下里境（佳冬、新埤）。此期的墾殖至康熙末年，已有「十三大庄、六十四小庄」的規模，[54] 奠定日後聚落的大致範圍，以下分中心、北上、南下三種墾殖路線，進一步說明客家移民於康熙年間的墾殖範圍。

1. 中心——東港溪沿岸的墾殖

客家人自濫濫庄向外的拓墾，初係沿著東港溪兩岸河谷平原分向南北發展，於此墾殖今竹田、內埔、萬巒三鄉，即清代所謂港西下里與港東上里的區域（參見圖 4-1）。糶糴庄（位於今竹田鄉）係客家人

---

[54] 覺羅滿保，〈題義民效力議敘疏〉，收入王瑛曾，《重修鳳山縣志》，頁 344。

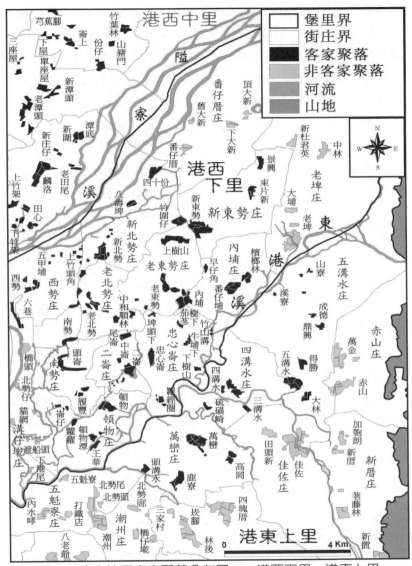

圖 4-1 下淡水地區客家聚落分布圖一・港西下里、港東上里

製圖：劉揚琦

向東港溪沿岸墾殖的第一個據點，因濱臨東港溪支流，故亦爲日後萬巒、內埔、竹田三鄉境內米穀買賣與出口的中心。後來客家移民乃自糶糴向外發展，於東港溪北岸形成頓物、頓物潭、崙頂仔、溝仔、頭崙、二崙、中崙、尾崙、南勢、頂頭屋、楊屋角、竹頭角、老北勢、和順林、四座屋等聚落。康熙末年，客家人逐漸入居原爲閩庄之八壽陂、新北勢、西勢等庄，❺❺以上均爲日後六堆組織中的中堆聚落。

　　約與糶糴等庄墾成的同時，原居濫濫庄的溫、張、林、鍾等姓移民（多爲鎮平縣金沙鄉籍），亦溯東港溪而上，先於官倉肚一帶（今萬巒鄉境內，已崩毀）從事開墾，結成聚落，爲萬巒開庄之始。❺❻之後，客家移民在東港溪南岸（港東上里）陸續墾成頭溝水、二溝水、三溝水、四溝水、五溝水、高崗、鹿寮、大林、得勝、寮下等庄，發展爲日後六堆組織中的先鋒堆聚落。其中，高崗、鹿寮可說是萬巒庄的外環聚落，高崗係萬巒開庄當時，爲防衛鄰近聚落的閩人及平埔族而集結成的村落；❺❼鹿寮庄約於康熙四十年（1701）開庄，相傳原係萬巒庄民獵鹿之草寮。❺❽頭、二、三、四、五溝水等庄，係以萬巒爲中心由南至北的五條水圳依序命名的。二溝水庄原爲萬巒一帶物資運輸的河港，後遭萬巒河沖失，該庄居民率皆遷移他處。四溝水爲來自鎮平縣金沙鄉之林、陳、賴、張、黃、宋、戴七姓於康熙末年開墾成庄。❺❾五溝水則由熊姓族人由該庄「壩尾」發跡，後發展至東興、西盛兩庄。後來客家移民又以五溝水中心，向外墾成大林、得勝及寮下

---

❺❺ 鍾壬壽，《六堆客家鄉土志》，頁 71。

❺❻ 鍾壬壽，《六堆客家鄉土志》，頁 71。

❺❼ 鍾壬壽，《萬巒鄉志》，頁 4。

❺❽ 鍾壬壽，《萬巒鄉志》，頁 5。

❺❾ 鍾壬壽，《萬巒鄉志》，頁 6。

等聚落。其中,寮下包括日恭寮、妹姑寮、張屋寮、朱屋寮、泉水境寮等,係由五溝水庄民開墾時的草寮所形成的聚落。[60]

位於東港溪北岸近山一帶的聚落(今內埔鄉境),相傳最初係由二溝水庄的林姓向北進墾,在近溪之地墾成下樹山庄,隨後有賴、李、馮、鍾、利、黃、曾等姓進入內埔溪流域開墾,[61]先建內埔庄,後以此為據點,向外墾成羅經圈、茄苳樹下、牛埔下、竹山溝、老東勢、泥埤子、早仔角、上樹山、新東勢、番仔埔、檳榔林等庄,為日後六堆中後堆所屬聚落。其中新東勢及檳榔林庄均為康熙六十一年(1722)立石為界的地點,[62]可知當時客家人的墾殖已逼近「番界」。康熙末年藍鼎元曾言:「檳榔林在平原曠土之中,杜君英出沒莊屋,久被焚毀,附近村社,人煙稠密,星羅碁布,離下淡水營內埔莊汛防不遠」,[63]自此可略見當時客家移民於此墾殖的規模。

2. 北上發展──番仔寮與隘寮溪沿岸的墾殖

康熙三、四十年代,另一批客家移民在番仔寮溪及隘寮溪間進行墾殖。康熙三十六年(1697),鎮平縣人邱永鎬,隻身渡海來臺,原於臺灣府盧、林、李三姓合夥之商號當夥計。[64]後來,盧、林、李三姓提供資金,交由邱永鎬至阿猴擴展業務,遂於康熙三十八年(1699),以該筆資金向阿猴社購買土地。[65]邱永鎬於是返回原鄉,召

---

[60] 劉正一,〈臺灣南部六堆客家發展史〉,《客家文化研討會論文集》,頁459。

[61] 鍾壬壽,《六堆客家鄉土誌》,頁72。

[62] 黃叔璥,《臺海使槎錄》,頁167。

[63] 藍鼎元,《東征集》(文叢第12種,1721年原刊),頁35。

[64] 〈祚胤繁昌〉,猶他學會臺灣地區族譜,微捲編號1407368,卷11。

[65] 鍾壬壽,《六堆客家鄉土志》,頁190。雍正十三年(1735),下淡水營都司衙門,曾向盧林李三姓收買阿猴、德協、彭厝、火燒等庄的大租權,即為隆恩租,見《臺灣私法》,頁235。又陳秋坤言海豐及其附近地區亦為盧林李三姓之業地,見 Ch iu-K un Ch'en, *Landlord and Tenant: Varieties of Land Tenure in Forntier Taiwan, 1680-1900*(Doctoral Dissertation of Stanford University, 1987), p. 203。自此可知,當時盧林李三姓所請墾的範圍,除長治鄉境外,亦包括今屏東市及鹽埔

募鎮平、程鄉一帶邱、胡、廖、黃、李、羅等姓數十人，及其妻黃氏及子仁山、義山等來臺墾殖。❻❻

　　邱永鎬等人最初的墾殖據點係「香櫞樹下」（後之香揚腳庄地，昔因多野生香櫞，故名之），於此搭建租館，供墾民居住。隨後因為租館遭風雨侵襲倒塌，邱永鎬等人乃棄此地，沿溪北上，墾成長興庄。康熙四十年（1701），客家移民以長興庄為據點，向外開墾，陸續墾成老潭頭、新潭頭、三座屋、下屋、崙上等庄。其中，老潭頭與新潭頭二庄，係程鄉白渡堡人邱宗旦等人於康熙四十七年（1708）墾成，以位於其中的池潭為界，南稱老潭頭、北稱新潭頭，❻❼以上各庄均位於今長治鄉境內（參見圖4-2）。

　　與上述墾殖情形相似的是，康熙四十五年（1706），鎮平縣人徐俊良，與柯、翁二姓合資，先向阿猴社番購買土地，再回原鄉召募邱、黃、林、劉、李、郭、徐、張、彭等姓氏，墾成麟洛庄。之後，又有鎮平籍陳、戴、徐、邱等姓，墾成新圍庄；徐姓墾成新庄子、老田尾庄；謝九禮及葉、徐、劉等姓，分建上竹架、下竹架庄；曾建華、陳芳蘭合墾田心庄；程鄉人馮宜壽墾成徑仔庄，❻❽以上各庄均位於今麟洛鄉境內（參見圖4-2）。

　　北線的進墾除上述約今長治、麟洛兩鄉的聚落之外，另有林、邱、鍾、曾等姓溯武洛溪而上，至隘寮溪南岸，向武洛社承租溪邊土地開墾，墾成武洛庄，成為客家人康熙年間的北線拓墾行動中，最北

　　鄉境。然陳秋坤言該三姓取得業地的時間在十八世紀中葉，已晚至雍正年間，其間的差異及演變的過程需有進一步的資料參佐，方能了解。

❻❻ 長治鄉公所編著，《長治鄉志》（屏東：長治鄉公所），頁23。

❻❼ 長治鄉公所編著，《長治鄉志》，頁35-36。

❻❽ 石萬壽，〈乾隆以前臺灣南部客家人的墾殖〉，《臺灣文獻》，第37卷第4期（1986年12月），頁73。

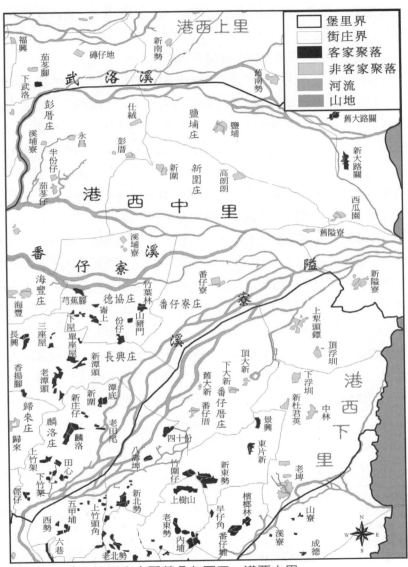

圖 4-2 下淡水地區客家聚落分布圖二‧港西中里

製圖：劉揚琦

亦最孤立的聚落，成為乾隆年間客家移民進墾高樹、美濃等地的據點。

3. 南下發展——後寮溪、林邊溪沿岸的墾殖

客家人於後寮溪、林邊溪沿岸的墾殖方向及時間，至今仍說法分歧。鍾壬壽認為該區的客家移民係於康熙中葉，自東港溪沿岸的客家聚落南移而來，且陸續墾成相當於今新埤、佳冬鄉境大部分的規模。[69] 然而，日治初期的調查與記載卻與此說法有所出入，伊能嘉矩曾表示，閩粵移民於康熙年間即已入墾後寮溪與林邊溪二流域，閩人陸續墾成林邊一帶區域，粵人則於雍正年間墾成六根（佳冬）一帶，且在乾隆年間開墾南埔庄，後因閩人漸眾而東移至昌隆庄。[70]

對於以上兩種不同的說法，可從兩方面加以釐清，就墾殖方向而言，根據伊能嘉矩及日治初期的調查結果，認為墾殖港東中、下里的閩粵移民多由茄藤港等地上岸，再沿著河谷進墾。自沿海上岸，與原鄉對渡較便，且可免去陸地遷徙的困難。因為由東港溪沿岸至今新埤、佳冬一帶，必須經過力力、茄藤等平埔族活動的區域，及當中已墾成的閩籍聚落，行途之困難不可謂不大。故就客觀情勢而言，入墾新埤、佳冬一帶的客家移民，應是自原鄉渡洋後，直接於沿海一帶上岸，即鍾壬壽所言該地移民係由北部輾轉南下的說法，頗值懷疑。[71]

入墾時間方面，伊能嘉矩及《臺灣土地慣行一斑》的記載均言，客家人係於雍正年間墾成六根、乾隆年間退墾昌隆，且言在客家人入

---

[69] 鍾壬壽，《六堆客家鄉土志》，頁 73-74。

[70] 伊能嘉矩，《大日本地名辭書臺灣の部》，頁 159；《臺灣土地慣行一斑》中亦有相同論述，見頁 89。

[71] 賴旭貞由清初佳冬地區客家先民墓地之分布多於德展埔、石光尾等近海一帶，及據佳冬林姓與羅姓族譜記載，其祖先係直接於佳冬開基等，亦證明客家移民進墾佳冬一帶多係循海路上岸。參見賴旭貞，〈佳冬村之宗族與祭祀——臺灣客家社會個案研究〉（嘉義：中正大學歷史研究所碩士論文，1999 年），頁 96-97。

墾之前，該地盡皆爲茄藤等社棲息之原野，未加犁鋤。❼❷然而，在康熙六十一年（1722），清廷下令立界劃限的地點當中，已見有六根、東岸等庄社名，❼❸可見當時該地已有漢人墾殖。因此客家移民於康熙年間即已入墾今新埤、佳多二鄉之境應是可以成立的。此區的墾殖，係以南岸庄爲始，南岸庄係由蕭、林、羅、賴、張、鍾、朱、黃等姓所墾。後鎮平籍的林、黃等姓，墾打鐵庄；朱建功開建功庄；程鄉張、鍾、曾等姓，開新埤頭庄。另一方面，鎮平籍之戴昌隆等人則越渡林邊溪，墾成昌隆庄，係爲客家人入墾今佳多鄉境之始。之後客家移民陸續於此墾成六根、石公徑、半徑、葫蘆尾、下埔頭等庄❼❹（參見圖 4-3）。

（二）乾隆年間的墾殖

乾隆初年，是客家人在下淡水地區進墾的第二階段，此時開墾的重心在港西上里，以北線的武洛爲據點，墾殖今美濃、高樹一帶。至此，客家人於下淡水地區的聚落已大致形成，之後只限於在現有聚落附近的拓展，或外移至恆春、臺東等地。以下先就乾隆年間拓墾的背景進行了解，後再說明此階段客家人拓墾的範圍。

綜觀清代下淡水地區的（生）番漢關係，除光緒年間因開山撫番而引起的一連串「番害」外，即以雍正年間所發生的番漢衝突最爲密集而明顯。自表 4-1 可知，自雍正元年（1723）起至雍正六年（1728）

---

❼❷《臺灣土地慣行一斑》，頁 89。

❼❸ 當時豎石爲界的地點有：放緣社外的大武、力力、枋寮口、埔薑林、六根；茄藤社外之冀箕湖、東岸莊；力力社外之崙仔頂、四塊厝、加泵社口；下淡水社外之舊檳榔林莊、新東勢庄；上淡水社外之新檳榔林莊、柚仔林；阿猴社外之揭陽崙、柯柯林；搭樓社外之大武崙、內卓佳莊；武洛社外之大潭機溪口，見黃叔璥，〈番界〉，《臺海使槎錄》，頁 167。

❼❹ 石萬壽，〈乾隆以前臺灣南部客家人的墾殖〉，《臺灣文獻》，第 37 卷第 4 期，頁 74。

圖 4-3 下淡水地區客家聚落分布圖三・港東中里、港東下里

製圖：劉揚琦

之間，下淡水地區的沿山地帶，發生一連串密集的生番出擾事件。其中，除部分係沿山附近的熟番外，其餘多是與近山的客家聚落的衝突，尤以老東勢、長興、竹葉等庄為主。這些衝突絕非事出無由，除雍正六年（1728）邱仁山等十餘人遭殺傷之例，已明顯得知係因入山開圳所引起外，其餘則極可能是客家人的侵墾行動，所導致的「生番」報復行動，此可自當時遭生番殺傷民人的竹葉庄，在官方的認定中「實係界外番地」的事實中得到證實。❼❺

表 4-1　雍正年間下淡水地區生番出擾事件

時間	生番出擾情形	出處
雍正元年	心武里女土官蘭雷為客民殺死。八歹社、加者膀眼社率領番眾數百，暗伏東勢庄，殺死客民三人，割頭顱以去。	《臺海使槎錄》，頁 152。
雍正 3 年	11 月初 6 日，武洛社熟番貓力與其子株嘖，到山邊砍竹，貓力遭生番鏢死，株嘖走脫。	《宮中檔雍正朝奏摺》v5，頁 317-18
雍正 4 年	8 月 22 日：新東勢庄佃民邱連發家傭工人邱雲麟往埔種作，被生番殺害，取去頭顱。	同上，v6，頁 764。
雍正 5 年	閏 3 月 10 日，加洛庄砍柴民人陳義遭傀儡生番殺死	同上，v7，頁 811-812
	閏 3 月 13 日，懷忠里東勢庄糖廍遭生番放火，且殺死民人蘇厚、陳信二人，割去頭顱，又鏢傷蘇文、洪祖二人。	同上，v6，頁 764。
	閏 3 月 15 日：傀儡兇番至新東勢庄殺死民人謝文奇、賴登新二人，割去頭顱，并傷賴應南、賴應西、黃顯義等三人。	同上，v7，頁 854。
	4 月 11 日，傀儡生番闖入阿猴社寮內，殺死土番巴陵等六人。	同上，v7，頁 892-893
雍正 6 年	12 月 28 日，長興庄管事邱仁山率領該庄佃民越界侵入傀儡山，開水灌田，12 人遭傀儡生番殺傷。後傀儡番又至竹葉庄殺傷佃民張子仁等二人。	同上，v12，頁 216
雍正 7 年	2 月 1 日，傀儡生番潛至山腳名為田尾的聚落，將茄藤社番卅望、紅孕等五人殺死，又殺死上淡水開埔番婦及幼番各一人，擎去幼番一人，且焚燒草寮，燒死牛隻。	同上，v12，頁 699-671
	2 月初 3 日，阿猴社熟番巴寧因往山邊尋看茅草，遭傀儡生番鏢死。	同上，v12，頁 699-671

❼❺〈巡視臺灣吏科掌印給事中赫碩色等奏〉，《宮中檔雍正朝奏摺》，第 12 輯，頁 216。

　　自此可知，清廷雖於朱一貴事件之後下令嚴禁漢民越界侵墾番地，然沿山的客家移民卻仍持續向近山一帶進墾，以致造成許多民番衝突。由此或可略見當時當地的人口聚結已達某種程度。❼❻聚落的發展漸趨飽和，入墾者又有增無減，此二項因素即為乾隆年間客家移民積極向外拓墾的重要背景。客家人於乾隆年間的墾殖，可分兩方面說明，一是向武洛溪以北的拓墾，一是既有聚落附近荒埔的墾闢。

1. 武洛溪以北的墾殖

　　客家人於武洛溪以北的墾殖，均以武洛為據點，移墾而成。其移墾的方向有二：向北墾成約今美濃鄉及六龜鄉、杉林鄉之一部；向東北墾成今高樹鄉境的部分聚落，以下分別說明（參見圖4-4）。

　　(1) 北線的進墾

　　乾隆元年（1736），原居武洛庄的客家人，因為該庄地處河床浮升平原，易遭水患威脅，且孤立於閩人聚落之中，時有紛擾與械鬥的情形發生，故由吳福生事件時的右營統領林豐山、副統領林桂山兄弟，率領張、徐、黃、劉、曾、鍾、陳、余、李、林、廖、何、邱、左、盧、宋等十六姓，約四十餘人，往北路的靈山、月光山、雙峰山山麓進墾。❼❼由於當時茇濃溪、楠梓仙溪的兩岸，及瀰濃溪下游的西岸，已有許多閩人聚落，❼❽且因其地逼近番界，客家移民在初墾時乃採取白天往種，黃昏南返的方式，❼❾在開墾有成之後，方於月光山下的美濃溪、竹仔門溪、羌仔溪三水會合處，聚結成瀰濃庄。

---

❼❻ 陳秋坤，〈十八世紀上半葉臺灣地區的開發〉（臺北：臺灣大學歷史研究所碩士論文，1975年），頁103-104。

❼❼ 李允斐，〈清末至日占時期臺灣美濃聚落人為環境之研究〉，《中國客家民系研究》，頁119。

❼❽ 石萬壽，〈乾隆以前臺灣南部客家人的墾殖〉，《臺灣文獻》，第37卷第4期，頁80。

❼❾ 石萬壽，〈乾隆以前臺灣南部客家人的墾殖〉，頁80。

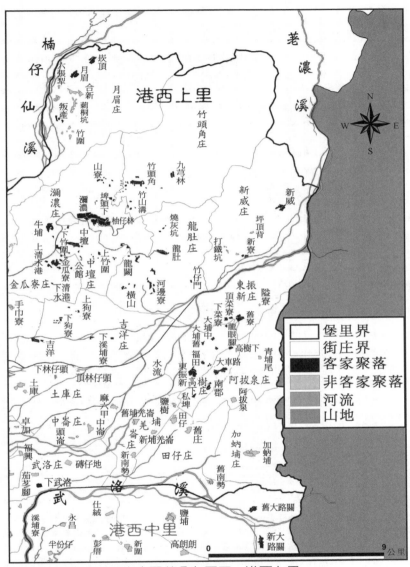

圖 4-4 下淡水地區客家聚落分布圖四・港西上里

製圖：劉揚琦

　　乾隆二年（1737），鎮平人涂百清率涂、鍾、朱、陳、羅、蕭六姓人氏，開墾位於橫山以東的龍渡。乾隆三年（1738），劉玉衡率劉、何、黃、李、林、古、楊、張、吳等二十五姓，分建竹頭角、九芎林二庄。之後，隨著既有聚落日漸飽和，乃向外拓展，乾隆十三年（1748），李九禮與劉順芳自瀰濃向外合墾中壇庄；乾隆十五年（1750），劉順芳再墾成金瓜寮庄，由於中壇與金瓜寮一帶，半數以上為劉姓子孫，故昔有「劉半庄」之稱。❽ 此外，自瀰濃及龍肚向外墾拓的庄社，尚有山下（靈山下）、埤頭下、上竹圍、下竹圍、柚仔林、二降寮、上清水、下清水、上九寮、下九寮、和興、上溪埔寮、下溪埔寮、石橋仔（今稱大崎頭）、河邊寮、上坑、橫山等庄。之後，瀰濃一帶的客家移民，復翻山越嶺至今六龜及杉林鄉境墾拓，分別於乾隆七年（1742）及九年（1744）墾成位於今六龜鄉境內的新威、新寮二庄；❽ 約同一時期，於今杉林鄉境內墾成月眉、崁頂、新庄三庄。道光年間，客家人逐漸入墾原屬閩人之牛埔庄。

　　(2) 東及東北方向的進墾

　　乾隆三年（1738），原居武洛的邱、楊、梁、賴、葉、何、徐、鍾、黃、廖、曾等十八姓，因聞東北之船斗庄有名為東振之租館招佃墾荒，乃向東北移墾，耕佃於此，先墾成東振新庄。其後因該庄時遭水患侵擾，乃有部分居民向外發展，陸續墾成大車路、長榮、南郡、

---

❽ 〈美濃鎮分組座談紀錄〉，收入呂順主編，《高雄縣鄉土史料》（南投：臺灣省文獻委員會，1994 年），頁 119。

❽ 〈六龜鄉分組座談紀錄〉，收入呂順主編，《高雄縣鄉土史料》，頁 100。劉祥雲則認為新威之成庄應始於乾隆十四年，新威墾成後，客家移民復陸續於乾隆年間於荖濃溪中游六龜地區墾成新寮、荖濃、狗寮等聚落；道光年間墾成二坡、尾庄、土壟灣等庄；咸豐年間建有中庄；光緒以後續墾新開、紅水坑、菅冷坑等聚落。參見陳祥雲，〈清代臺灣南部的移墾社會——以荖濃溪中游客家聚落為中心〉，收入賴澤涵主編，《客家文化學術研討會論文集》（臺北：行政院客家委員會，2002 年），頁 68-75。

私埤等庄。另有一支原居武洛的客家移民，由武洛向東進墾，先居鹽埔，後向西墾成大路關庄。此庄至清中葉，因遭河水氾濫，乃分為舊大路關及新大路關二個聚落。道光十二年（1832），原籍潮州府大埔縣的客家人自原鄉至此墾闢，墾成大埔庄。光緒十三年（1887），部分大埔庄居民，因受洪水侵擾，乃移居該庄西南，墾成上大埔（龍眼腳），**㊷** 光緒二十四年（1898），復因洪水氾濫，致使大埔庄遭沖失，該庄居民乃陸續外移，墾成中大埔、建興等地。榮寮於道光十年（1830）建庄，原係閩庄，後有客籍的廖、賴二姓，自舊寮遷來，以種榮為生，漸形成上榮寮及榮寮二部落。

2. 既有墾地的再擴張

乾隆年間，客家人除往北拓展新墾地之外，亦積極拓墾原居地附近的荒埔，如原墾於康熙中葉，後因風雨為害而棄之的香楊腳地，至乾隆初年，有邱永鎬之孫邱敏萬及曾孫邱映葵父子回來開墾，方又形成村落。**㊸** 乾隆中葉，客家移民復於老潭頭、新潭頭西方荒埔墾成份仔庄，初墾之時，因乏水灌溉，乃引火燒圳灌流庄中，其後乃以此圳為界，分為上份仔及下份仔，所引之火燒圳則由上份仔之邱壬郎與下份仔之陳阿食分用一半圳水灌溉。**㊹** 光緒十一年（1885），原設於山豬毛的下淡水營遭隘寮溪洪水沖毀，乃遷至煙墩腳附近，乃漸成一聚落，當地乃因清兵駐防，遇有亂時，燒煙火示警，故名之。**㊺** 清末，因德協庄發生水災，部分居民遷至莿桐腳（又稱新圍庄）開墾成庄。**㊻**

㊷《高樹鄉志》，頁 1-11。
㊸《長治鄉志》，頁 35。
㊹《長治鄉志》，頁 40。
㊺《長治鄉志》，頁 39。
㊻《長治鄉志》，頁 41。

綜上可知，客家移民入墾下淡水地區係以東港溪沿岸為始，其後陸續向北邊的隘寮溪、番仔寮溪沿岸，向南的林邊溪及後寮溪沿岸一帶墾殖，於康熙末年墾成相當於今屏東縣內埔、竹田、萬巒、麟洛、長治、佳冬、新埤等鄉及里港鄉武洛村等地。然而，持續不斷的移民潮使得客家人現有聚落漸趨飽和，為因應可能的人口壓力，乾隆初期，客家移民又開始進一步的墾殖事業，除於現有聚落附近尋求荒土墾殖之外，亦以當時客家人最北的聚落（武洛庄）為據點，向北進墾今美濃、高樹一帶。至此，客家人在下淡水地區的墾殖已大致完成，且乾隆之後，下淡水地區可墾之地已有限，故在面臨可能的人口壓力時，約於咸豐年間，下淡水地區的客家人開始有向恆春、臺東一帶移墾的行動。[87]

三、聚落的形成與演變

清領臺之後，閩粵移民先後入墾下淡水地區，在此進行大規模的墾殖，於是下淡水地區，自領臺初的「有番無民之地」，至康熙末年時，已「開墾流移，日趨日眾」；[88] 乾隆年間，更是「水泉甘美，居民輻輳」。[89] 客家人於康熙中葉入墾屏東平原，至康熙末年，不僅已墾成「十三大庄、六十四小庄」，更有凌駕閩人之勢：「自淡水溪以南，則番漢雜居，而客人尤夥」、[90]「南路自淡水溪而下，類皆潮人聚

---

[87] 客家人移墾臺東的情形，可參見鍾壬壽，《六堆客家鄉土志》，頁 221-222；客家人移墾恆春的情形，則可參見陳如君，〈乙未之前恆春地區開發之研究〉（臺南：成功大學歷史語言研究所碩士論文，1995 年）。

[88] 藍鼎元，《平臺紀略》（文叢第 14 種），頁 72。

[89] 朱仕玠，《小琉球漫誌》，頁 78。

[90] 李丕煜，《鳳山縣志》，頁 80。

集以耕」。**❾❶** 發展至清末，已是「丁壯累十數萬」，聚落「大者幾萬
戶、小亦不下三、兩千」的規模。**❾❷**

表 4-2　清代閩人在下淡水地區墾殖情形

堡里區域	墾殖年代	墾殖情形
港西上里	康熙年間	康熙 50 年，阿里港建庄。
	雍正年間	楊、王二姓，與番協議，取得一大墾區，招佃開墾。
港西中里	康熙 42 年	閩人方、江、李三姓共任墾首，向官府請墾阿猴、公館、崇蘭、大湖、歸來（今屏東市）、社皮（今萬丹鄉）一帶，招佃開墾。墾首貸予佃戶每甲 30-40 元，以資購買農具，起墾後三年為期，成田後，墾首參酌土地良否及出資多寡，發給墾批，明訂權利義務關係。
港西下里	康熙中葉	康熙三十年代，已有港東、港西各十八甲。康熙末年，萬丹成街。
港東上里	康熙末年	崁頂（今崁頂鄉）設塘，雍正 9 年設巡檢。康熙中葉，廣東省潮州府人墾成潮州庄（今潮州鎮），至乾隆年間，臺灣府的張姓富商於此從事商業，此後閩人日聚日眾，漸形成以閩人為主的聚落，潮州亦於乾隆年間形成街肆。
港東中里	康熙年間	閩人以貼納番餉的方式，墾殖林仔邊、田墘厝（今林邊鄉）、大武丁、塭仔、羌園（今佳冬鄉）一帶。
	乾隆初年	泉人陳、蘇、洪、李、莊等五姓，以貼納番餉方式，墾殖大潭新、三西和、下廍南屏（今東港鎮）一帶。泉人蔡姓至車路墘（今南州鄉）先與茄藤社番同住，後亦有泉人陳、孫、林、李、鄭諸姓來墾；漳人王、陳、林、張諸姓墾殖番仔厝庄（今南州鄉）；泉人湯、李、傅、蔡四姓開七塊厝（今南州鄉）餘埔。泉人陳光建墾巷仔內、什花、溪底、頂廍、古山（今南州鄉）一帶。泉人林文龍、林苔等墾殖崙仔頂庄（今南州鄉）。泉人劉、陳、林三姓開牛埔、三千（今南州鄉）一帶。
	乾隆中葉	泉、漳二籍墾殖竹仔腳庄（今林邊鄉）一帶。
	乾隆末年	七塊厝人陳志以貼納番餉方式，墾殖新街、內關帝（今東港鎮）一帶。
	嘉慶年間	泉人余、許等姓至溪洲庄（今南州鄉）一帶，先與番人混居，後繳納番餉，自任大租戶，招佃開墾。
港東下里	康熙末年	閩人墾殖北旗尾、水底寮、大庄、番仔崙（今枋寮鄉）一帶。
	乾隆初年	漳泉二籍墾殖枋寮（今枋寮鄉）一帶，合組七股，自任墾首，開墾成田。乾隆二十年代，枋寮形成街肆。

資料來源：《臺灣土地慣行一斑》，第一編（1905），頁 84-95；伊能嘉矩，《大日本地名辭書臺灣の部》
　　　　　（1909），頁 153-161。

---

❾❶ 陳文達，《臺灣縣志》（文叢第 103 種，1720 年原刊），頁 57。
❾❷ 鄭蘭，〈請追粵砲議〉，《鳳山縣采訪冊》，頁 433。

自表 4-2 可知，閩人的進墾除部分早於客家移民之外，大多與客家人同時進行。最初下淡水地區族群的聚落分布，是閩人占居自里港、屏東、萬丹、新園、東港、林邊、枋寮而下的近海沿岸平原，客家人分布於長治、麟洛、竹田、內埔、萬巒、新埤、佳冬，呈長條形之內地平原，而此地之原住民鳳山八社則散居於當地的漢人聚落當中。此種情形在康熙末年之後有了部分的改變，先是平埔族在面對生存競爭失利後，部分族群採取了退卻的方式，其退卻的行動可分為兩個方向：一是由原居地向近山一帶移墾；一是由原地或次墾地向恆春、臺東一帶移墾。

根據施添福的研究指出，由於清廷及其所代表的地方官僚體系，長期而持續地透過重課與重役的雙重剝削下，鳳山八社儘管早已擁有雙冬稻作的維生技能，最後仍難逃日益貧困及被迫另謀生路的命運，也因此創造漢人在屏東平原立足之機會。❸ 據已有之契字資料可知，鳳山八社社番與漢人簽立之契字，以典契類型居多，賣契次之（參見表 4-3）。社番與漢人簽訂之典契，雖多約定至期可備足價銀取贖，但多已無力取贖，而逐漸喪失對土地的所有權，導致鳳山八社番地地權之虛有化及社番之貧困化。❹ 就力力社為例，該社出典土地自乾隆年間即已開始，至道光年間已典賣殆盡。❺ 且該社與漢人所簽訂之典契，率多係先典後賣，很少贖回，此即力力社人趨向貧困化的一個徵兆。❻

---

❸ 施添福，〈國家與地域社會──以清代臺灣屏東平原為例〉，頁 47-56。

❹ 楊鴻謙、顏愛靜，〈清代屏東平原鳳山八社地權制度變遷之研究〉，《國史館學術集刊》，第 5 期（2005 年 3 月），頁 65-79。

❺ 陳緯一、劉澤民編，《力力社古文書契抄選輯──屏東崁頂力社村陳家古文書》，頁 37。

❻ 陳秋坤，〈土著地權、族群關係與客家公產：以屏東平原為中心，1700-1900〉，發表於行政院客家委員會主辦、屏東科技大學客家文化產業研究所協辦，「六堆歷史文化與前瞻學術討論會」，2007 年 9 月 20-21 日，頁 17-19。

表 4-3 下淡水地區平埔族土地買賣契字一覽表

時間	契名	立契人	受契人	坐落	由來	出處
搭樓社						
乾隆 29/12	杜絕賣契	搭樓社阿萬、吧迭、塔旋、成我兄弟等	潘惠官	蘭坡嶺腳北勢坑	有幫墾山園一所，併旱田，年納租粟3斗道，今因乏銀別創，賣價劍銀12大員。	塔85
乾隆 40/2	招耕字	搭樓社番業主大邦雅	黃仕珍、黃起鳳	鳳邑中壇庄	承父到臺灣分墾得溪埔園一處，今因守隘，乏力耕種，收犁頭工銀400大員，約三年無租，成業後年納埔底租谷30石，又納通事社課租粟10石道栳。	平191
乾隆 47/3	招贌字	搭樓社番淡毛寧	馮外	思馬安庄南勢頭	自己創置埔園二處，今因乏銀應用，收贌租銀50大員，耕種2年為期。	塔92
乾隆 47/4	典契字	搭樓社潘邦我	大港街林瑞和	鴨母寮庄	有自墾水田，年納業主大租粟8石庄栳，今因不能自耕，典價花邊銀1050大員，限至10年為滿。	公07-322
乾隆 48/11	典契	搭樓社番阿蘭、斗丁兄弟	馮外	鹽樹新圳墘	前年父親有明買埔園二處，今因無銀費用，以此園為胎，借出番銀55大員，付管耕5年。	塔92-93
嘉慶 12/4	復典契	搭樓社番鄭水生、鄭阿尾等	合興庄林世清	檳榔寮港尾	有承父應分得溝底田，年配納租粟2斗，今因賊匪擾攘，致前契失脫，今再向原業主復出契券，時典價銀14大員，不限年。	公07-339
道光 7/2	典田契	搭樓社番鄭養生、鄭阿山等	後庄許帝雲	檳榔寮溝底尾	承祖父遺下溝底田一段，年納業主大租粟2斗公平，今因乏銀公用，典價佛面銀270大員，限至道光22年4月終為滿。	公07-356
道光 9/6	典契	搭樓社番林阿琳	本庄廖汜柏	思覓安庄新圳邊東勢洋	承祖父自墾埔園，年帶納業主大租粟4石4斗，今因乏銀應用，典價佛銀16大員，限至15年為滿。	塔94
道光 16/1	典契	搭樓社林阿琳	本社楊容	思覓安新圳邊東勢洋；新圳墘	承祖父自墾埔園，年納業主陳大租粟4石4斗，今因乏銀別用，典價佛銀300員，限10年滿足。	塔95
道光 19/8	添典契	搭樓社林吧荖、林阿淋	本社楊容	思覓安新圳邊東勢洋；新圳墘	添典價銀33員，合前共333員。	塔95-96
光緒 17/12	找洗杜絕盡根田園契字	林阿淋之孫林何得、林吧荖之孫林貴聯	楊福祥	思覓安庄新圳墘東勢洋	原納東振館大租粟4石4斗，前典本庄楊文瀾價銀333大員，楊文瀾之子楊登輝退典于大路關庄楊元鵬價銀333大員，又息銀33大員，今因乏銀應用，向楊元鵬之孫楊福祥找洗銀54大員。	塔96-97

阿猴社						
雍正	賣園契	萬晉	完糴頭	海豐庄南勢頭分埔圳頭溝墘	有自己應分園一坵，因乏銀應用。	公 5-11
乾隆32	洗找絕字	番婦大兵、長男海、次男眠	陳乾	海豐庄	承父園一小坵，先夫陳乾於乾隆14年賣予□宅，因大兵老年窮困莫堪。	公 5-293
乾隆47/8	杜盡找絕契	番三元、瑞麟兄弟等	柯德元	阿猴街后	因父在日有下則埔園一坵，無力開墾，乾隆23年，父出園地，柯德元出銀116大員，將園地作公園二分均分，配租4石道斗，園盡付德元栽種、起屋居住管掌，歷年檳郎收成二分均分，其租各納2石。乾隆34年，父欠公項，將德元分前應納租粟2石賣與德元。乾隆40年，再找絕出銀4大員，租永付德元收管。乾隆41年，父與德元分宅，父得一半，帶租2石，今因公項無資。	公 7-24
乾隆50/12	胎借字	社番生我、引人	陳真官	苔蕉腳庄即和興庄	承祖父胎租粟，今因乏銀費用，言約每年每員願貼租粟3斗庄栳，共該利粟逐年21石，對管事收取。	公 5-488
乾隆51/9	給佃約字	業主社番生我、引人、姪紀生、天生等	簡賢觀	和興庄東埔南勢溝仔墘	有浮復荒埔一所，因墾耕工資浩大，不能自墾耕作，付與簡賢觀前去開墾田園，掌管耕作，永為簡家之業，收過荒埔犁頭4員，言約每年納地租粟2石庄栳。	公 6-119
乾隆54/10	借銀字	業主生我、引人、仝姪紀生、天生等	蕭媽光		承祖父自置苔蕉腳庄草地田園一所，共收租粟336石庄栳，因乏銀完項，將此業為胎，約每員每年貼利粟3斗，不論年限。	公 5-512
嘉慶1/11	杜絕盡根賣契	社番趙引人，姪天生及表兄弟等	海豐庄林位祿伯	海豐庄田寮仔	承祖父明買漢人薛莆賓水田，內帶水車墾曾天賜合用，帶納王業主大租粟2頁庄栳，因公事急需人。	公 5-135
嘉慶7/2	轉典契	阿猴街蕭媽光	犁頭鏢庄林雍傑	和興庄	有典過和興庄趙引人埔地，租粟應分內該得372.35石正庄栳，今因乏銀別創。	公 5-413
嘉慶7/6	借銀字		趙引人	和興庄	有自己建置租粟10石，因無力抵完社課，約每年10月收成時，就和興庄撥出應分租粟10石，限至嘉慶9年止。	公 5-513
嘉慶15/11	借約對借租字	趙天生，仝胞嬸王氏	鄭克明	和興庄東西二埔	承先祖開墾成田，開圳路灌溉，配納庄主大租粟369碩庄栳，帶連社課粟15石、隘口粟4碩，併田斌生分租粟10石，又管甲辛勞粟在內，因前年掛欠蕭日觀、陳允觀、林雍傑錢項。	公 5-420

嘉慶 15/11	典大租契	社番潘三元	海豐庄林祖陰	德協庄西門外	有承父水田一坿，佃戶劉春觀，應納三元大租粟 12 石庄栳，今因乏銀費用。	公 5-421
嘉慶 15/12	約字	通事田斌生、民番趙天生等			斌有胎典武易大租谷 3 石，佃名蔡媽點，又明典吳信觀大租谷 3 石，佃名鄭頂，共谷 6 石；天生有開墾大租谷 6 石，年對营蕉腳庄主收取，因二人租頂互相遠隔零畔，不便收取，仝公將租對換。	公 5-372
嘉慶 16/2	借字	通事田斌生	海豐庄鄭球生		今因乏銀繳公項，言約每月每元貼利息銀 3 分，限至本年 10 月冬成。	公 5-514
嘉慶 21/1	胎借字	趙天生	鄭克明	营蕉腳庄	承祖父埔田，每年共租粟 265.6 石庄栳，內帶納社課粟 9 石，隘口粟 2 石，因要銀別創，約每年貼利粟 180 石庄栳，至年終 11 月間。	公 5-489
嘉慶 21/1	賣杜絕租契	趙天生	鄭克明	煙墩腳下嵩頂庄	承祖父每年有租粟 79.9 石滿栳，原帶管事邱信山戶內正供粟 2.31 石，社課 7 石，隘口粟 2 石，今因要銀應用。	公 5-193
嘉慶 21/4	典租字	社番潘班咩	海豐庄鄭球生		有承伯父闔分得大租粟 12 石庄栳，係佃戶劉春完，因乏銀喪費。	公 5-427
嘉慶 22/9	借字	通事田斌之子田鴻善	海豐庄鄭克明		今因乏銀費用，就歷年應完善租項內扣抵明白。	公 5-515
嘉慶 23/7	借單字	趙天生	海豐庄鄭克明		今因乏銀應用，年底將租扣還明白。	公 5-516
道光 2/11	盡絕賣契	趙天生	海豐庄鄭來興	和興庄東西埔地	承祖父開墾下則水田，帶圳引流灌溉，年共佃租粟 369 碩庄栳，帶完社課粟 16 碩，隘口粟 4 碩，此租經天於嘉慶 21 年，抽出租 100 碩庄栳，帶社課 7 碩，隘口 2 碩，絕賣明白，尚存租粟 269 庄栳，配社課 9 碩，隘口 2 碩庄栳，因乏銀營生。	公 5-209
道光 3/5	借字	趙天生	鄭家	营蕉腳庄	有承祖父大租業一處，現時典與海豐庄鄭家承管收租納課，前年鄭家念天餘無別業，祭祀無資，格外每年撥佛銀 10 員，付天作三次支領，以為年節之資。茲天母親病故，言約每年祭祀銀 10 大員，聽鄭家扣起 5 員，還入借項，自本年分扣起，至道光 5 年終，共扣銀 20 大員，清還葬母之項，此四年內，天甘愿每年只領祭祀銀 5 元。	公 5-517
道光 15/4	出賣杜絕盡根田契	潘貓風	陳達觀	香員腳西畔	承先祖父自己開墾水田，潘萬大租粟 2 斗。	公 5-22

	賣杜絕大租字	通事田斌	鄭克明	芎蕉腳庄	承父分得趙引人衆佃大租，內該谷10石，又嘉慶元年，趙引人之子趙天，再對換撥出芎蕉腳庄大租谷6谷，共谷16石庄栳，今因乏良完納。	公5-360
光緒20/3	賣杜絕□□契字	趙天生、阿三兄弟	能昌叔婆	濫尾洋高橋下	承映楷公鬮□水二處，年納管事大租谷7.75石正，又一完年納管事辛勞谷3.25石正，共完管事大租谷辛勞11石正，因道光19年，映楷公向得阿緱街聯美號典過佛銀180大員，至咸豐年間，生祖、啓進自己墊銀曠回典契，此業任憑自己掌管，因乏銀費用。	公7-127
				下淡水社		
康熙60/2	合約	下淡水社土官阿里莫、教冊施也落等	何周王	頓物庄	康熙46年何周王招傅如鐸等墾成頓物庄，因本社番民與何周王爭訟，蒙鳳山知縣宋永清審斷，頓物庄租粟歸番民完課。歷年每甲納租7石，康熙59年蒙鳳山知縣審斷，加租2石。	新141
乾隆29/2	典契	通事仲聰	李□尾	東勢	承父應分熟園一坵，配租2斗滿，因欠銀完納採買。	公7-315
乾隆35/1	找貼典園契	仲聰	李喜官		分聲添粟6斗，共納8斗滿，因乏銀完納。	公7-318
乾隆40/2	再找貼典園契	通事仲聰	李原宅		因乏銀費用。	公7-319
乾隆45/2	杜絕賣契	潘生羨	劉都觀、翁衣觀	瓦瑤仔下溝仔底	承叔父田，租粟5斗滿。	公7-21
乾隆48/3	杜絕賣契	社番紅孕、妻網安	翁友觀	番仔厝庄	有承叔父埔一所，帶納租粟3斗滿，因乏銀費用。	公7-26
乾隆50/1	典契	社番興祖	許佛定	社尾	承父園一坵，年租粟1石，因乏銀別創。	公7-323
嘉慶12/2	給佃批約字	社番土目潘春光	李雲	番仔厝港底	承祖公開墾下則溝底濫田一所，受種6分，因前年額内濫田被水沖押，至本年浮復沙泥，頗能耕作，春無力承耕，托中招佃李雲，自備牛工種子本，前去開墾成業，時收過犁頭壓地定銀6大員，前去開荒5年。	公7-185
嘉慶17/2	杜盡找絕賣契	社番婦實落	李雲		承夫三元在日承祖開墾埔園一坵，年配租粟2碩滿，原典陳宅，年限以滿，向與李雲賣出。	公7-54
嘉慶19/2	杜絕賣契	社番土目南生、春光、興旺	李丹陽	過港	承祖公開墾埔園一坵，春光應得4分，年帶租粟1碩滿正；南生園2.5分，年帶租粟5斗滿正；興旺園2.5分，帶租粟3斗滿正，原典李宅，共契面銀117大員，年期以滿。	公7-58

嘉慶 24/2	再找貼契	潘橋生		社口	承父園一所，因乏銀費用。	公 7-154
道光 2/2	杜絕找盡契	社番林桂生	甘棠門庄李士達	溝仔墘	承祖父開墾下則埔園一所，受丈 4 分，帶納租粟 5 斗滿栳正，原典陳家，契價已敷，後與李士達，今因胞兄身亡，乏銀葬費。	公 7-67
道光 4/3	添典找盡契	頓物潭庄林添元、林添受	余炎觀	新庄尾南勢洋	承祖父仝管下則埔園一段，帶納租粟 3.2 碩正，因乏銀費用。	公 7-354
力力社						
乾隆 22/8	典契	力力社番夏南文、阿里莫	林宅		己置園一坵，受種 8 分，今因乏艮費用，典價艮 50 員，年帶納租粟 3 石 5 斗，限至 10 年滿。	力 135
乾隆 22/10	典契	力力社番知也方、卅望	林宅	社尾	自己應分水田三坵，受種 2 分，今因欠艮費用，典價艮 3 兩 2 錢，年納租粟 2 斗道，限至 5 年終。	力 130
乾隆 22/12	典契	力力社番卓戈嗊	林賛生	本社尾	承父自開園一段，今因乏艮完丁餉，典出劍艮 11 員，年貼納租粟 5 斗。	力 131
乾隆 25/11	典契	力力社番啅戈嗊	林、陳宅	本社溝墘	自己熟園一所，受種 2 分，年載租粟 3 斗道，今因乏艮完課，典價艮 12 員，限至 8 年終。	力 132
乾隆 25/11	典契	力力社番下南文、阿里莫等	陳、林宅		有曆地熟園一坵，受種 8 分，今因乏艮完課，典價銀 100 員，限至 8 年滿。	力 136
乾隆 27/2	典田契	力社庄番桵榔莪	郭鳴岐	打鐵店洋	承父鬮分水田二段，年帶租粟 4 碩道，今因乏銀完課，典出價銀 100 員，限至 8 年終。	力 530-531
乾隆 28/1	典契	力力社番加匏勞、目郎	郭奇使	過溝	承父竹園一所，今因乏銀完課，典價劍銀 50 大員，限至 10 年終。	力 67
乾隆 29/3	找典契	力社番桵榔莪加力泮	郭鳴鳳	落坤仔口洋	承父鬮分水田二段，年納租粟 5 石 5 斗，今因乏銀完課，找典價銀 147 大員。	力 531
乾隆 29/12	典契字	力力社東勢公廨明仔	陳莪佑	本社邊	承父曆地及竹園一所，今因乏艮別置，典價銀 35 員，限至 10 年終。	力 137
乾隆 31/11	賣杜絕契	力力社番阿莫	蔡景	水吼揷頭	承祖父水田一所，今因乏銀納課，價銀 275 大員，年配納社租粟 5 石 8 斗道。	力 204
乾隆 32/10	典契	港東里力力社番公蓋礁巴勿	陳、林宅	本社尾溝底	自己置水田一段，年貼納租粟 3 斗道，今因乏艮完課，典價艮 30 員。	力 138、140

乾隆36/1	貼契	力力社阿里莫、卅望、加留伴	陳、林宅		有自己熟園一所，受種8分，又溝底田三坵，受種2分，及園一段，受種1分，年配課租1碩道，今因乏艮完課，貼出艮10大員，其園及田併檳榔依舊付艮主掌管耕種。	力139
乾隆36/10	典契	力力社番君娘	陳焯		承父早冬田一段，受種4分，今因乏銀費用，典價銀58大員，年納租粟7斗道，限至5年終。	力95
乾隆39/3	貼契	力力社番阿里莫、卅望	陳、林宅	本社尾	承祖熟園一坵，受種8分，今因乏艮葬埋叔母，再貼出艮3大員，其園聽艮主掌管。	力141
乾隆40/1	典契	力力社番直郎、貓腰	蔡深	本社南勢洋大路邊	承父開墾應分水田4坵，受種8分，今因欠銀別創，典價銀70大員零4錢8分，年貼納租谷1石道斗，限至5年終。乾隆50年12月向原佃再價3大員。	力473-474
乾隆40/2	賣契	力力社卅望	陳進興	八老爺北勢洋	自己應分水田一段，年貼租課粟1石5斗道，今因費用，賣價銀39員零4錢。	力444-445
乾隆40/12	典契	力力社番紅孕	蔡深	本社崎仔頭	承父開墾水田一段，受種1甲4分，另帶北勢舊溪抵水田一坵，受種1分，合湊1甲5分，今因乏銀費用，典價銀350大員，年納田租粟6石道斗，限至30年終。	力438-439
乾隆41/2	典契	力力社番老歪	吳松	崎仔頭	承祖父開墾田一所，今因乏銀費用，典價花邊銀41元，年配納番租粟1斗道，限至3年終。	力214
乾隆42/10	找貼杜契	力力社番礁傑、潘阿力	林秀選	本社尾溝底	承外父買的水田一段，受種2分，年納租粟3斗道，前年外父在日，經典與林廷珠價艮30大員，今因乏艮完課，向原典主男找貼艮25大員。	力128-129
乾隆43/4	典契	力力社番婦孫天賜、媽阿力	吳祐	北勢洋	承父田一段，大小三坵，受種4分，今因乏銀費用，典價銀63大員，年配納租粟1石2斗道，限至4年終。	力215
乾隆43/5	貼田契	力力社番紅孕	蔡深	本社崎仔頭	今因欠銀乏用，再貼過契內銀12大員。	力439
乾隆44/5	典租稅	力力社番生莪	謝正清	崎仔頭	承父田，現佃戶蔡快，歷年完租4石，今因乏銀費用，典與謝宅，典出價銀7大員，不限年月。	力434-435
乾隆46/5	典契	力力社番孫天賜、媽阿力	吳陀	北勢洋	承父下則水田一段，受種4分，年納租粟1石道斗，今因乏銀完課，典價劍銀65大員，限至4年終。	力216-217
乾隆47/5	典契	力力社番保全	陳君祐	北勢洋	承父熟園一段，受丈1甲2分，年納租粟1石道，今因乏銀費用，典價銀66元，限至8年終。	力490-491

乾隆 47/10	盡給付田契	力力社公廨生羨	蔡快	崎仔頭洋	承祖父沙田一所，載租4碩道斗，前年經胎借銀項，今因公事乏銀費用，再盡出田價銀40兩。	力 247-248
乾隆 49/2	典契	力力社副土居立	陳亮	本社內	承父開墾園一段，受種5分，今因乏銀費用，典價銀44大員，年納租粟5斗道。	力266
乾隆 50/12	付給墾添找杜契	力力社潘生羨	柯永資	本社尾	承老母也知紅自己得溝底田二坵，年納租2斗道，原付柯宅耕管為業，後林宅將此田轉付柯宅掌管，今因乏良完課，向柯永資復找，連前共出番良折重16兩。	力127
乾隆 51/2	付給墾添找杜契	力力社潘戈嘀	柯永資	本社尾溝墘	承父祖有下沙園一坵，受種2分，年配租粟3斗道，乾隆25年父祖給付林宅耕管為業，上年林宅轉付柯宅耕作納租，今因乏良課，再付給墾，連前共出番良33大員。	力133
乾隆 51/2	付給墾添找杜契	力力社潘戈嘀	柯永資	本社尾溝墘	承父祖有下沙園一坵，受種2分，年配租粟3斗道，乾隆25年父祖給付林宅耕管為業，上年林宅轉付柯宅耕作納租，今因乏良課，再付給墾，連前共出番良35大員。	力134
乾隆 51/10	付給墾添找杜契	力力社礁傑、阿力	柯永資	老爺庄番社尾	承外父礁巴勿溝底水田連溝邊沙園一段，受種2分，貼納本宅租粟3斗道，先年外父原付陳、林宅承去墾耕為業，乾隆42年傑侄向林宅找出銀44兩。上年林宅將此業賣與柯宅，今因乏銀完納丁課，向找出員銀8大員。	力126
乾隆 54/3	找貼契	力力社番紅孕	吳松	崎仔頭後	承伯父園一段，年納大租粟8斗，今因乏銀費用，貼出佛銀20大員，限至5年終滿。	力218
嘉慶 1/2	找洗契	力力社番吹嘀、嘮歪	王引	八老爺北勢洋	承父卅望田一段，父於乾隆40年賣與陳宅，今因欲收埋祖墳，無處告措，找出佛銀35大元。	力446
嘉慶 1/5	賣契	力力社番紅孕	茗歪		因乏銀費用，賣價銀12大元。	力76
嘉慶 3/2	典契	力力社潘天生、潘老歪	汪時	北勢洋	承父水田一段，受種4分，年租粟5斗道，今因乏銀費用，典價銀22大員，限至4年終。	力 274-275
嘉慶 3/2	找貼契	力力社番卅望	陳兩	北勢洋	承祖父水田一段，受種8分，前賣與郭宅，經郭宅轉賣與陳宅，找貼出佛銀5員，約限至8年終。	力485
嘉慶 3/4	典契	力力社番山礼	張熹	本社厝門前	承父開墾溝抵水田一段，受種3分，今因乏銀費用，典價佛銀38大員，年載納大租粟8斗道。	力 272-273

嘉慶 3/11	典契	力力社潘阿望	陳胤	本社內	有自己應分園一坵，年配納租谷1斗，今因乏銀費用，典價銀5員，限至5年終。	力 196
嘉慶 4/2	貼契	力力社潘媽憐	陳亮	本社內	承園一段，受種5分，年納租粟5斗道，今因乏銀費用，出價銀6大員。	力 267
嘉慶 5/1	找洗盡契	力力社番卅望、茗歪	陳魁	過溝	承祖埔園一所，祖父前經抽典郭奇番銀54元，又典陳宅銀12元，又典與陳宅銀5大元，三共合出銀71元，今因乏銀費用，就陳魁出71大元向贖原契，今因乏銀費用，再求先出銀2大元，其園竹木任聽銀主掌管。	力 69、175-176
嘉慶 6/10	典田租字	力力社番思寛、祖生	陳兩	本社北勢洋	承父分下田一段，受種8分，年納大租3石道，今因欠銀繳完公項，抽出大租谷2石出佛銀3大員。	力 486
嘉慶 6/12	典契	力社潘咬貓	新庄仔湯鑾	莿桐窟	承祖熟菜園一坵，受種1分，帶大租1斗，今因乏銀費用，典價銀9大員，限至10年終。	力 286
嘉慶 9/4	找典契	力力社潘天賜、潘阿三、潘玉生	崎仔頭庄蔡淑	大堀墈	承祖父自墾水田一段，帶水圳大堀，受種1甲2分，年納大租谷5石，今因乏銀應用，典價佛銀130大元，限至5年終。	力 100
嘉慶 10/10	找貼契	力力社番潘明仔	力社崎仔頭庄馬再	深坵南勢洋	承父祖開墾水田一段，受種1甲2分，先年原典鳳山大林蒲吳彭銀96大元，其田鬮分在伊侄吳朝崇項下，再經典與馬再，今因乏銀費用，找貼出佛銀4大元。道光4年1月又找貼佛銀10大元，合共契內佛銀110大員。	力 498-499
嘉慶 11/3	杜絕盡根賣園契	力力社番潘礁吧奕	力社蔡達	崎仔頭北勢洋	有自墾熟園一段，受種1甲2分，年配納番租谷2碩庄栳，今因乏銀完餉，賣價銀195大員。	力 540-541
嘉慶 16/2	典契	力力社潘老歪	陳孕	本社邊	承父熟園一段，受種1分，年納租粟1斗道，今因乏銀費用，典價佛銀4大員，限至7年終。	力 176-177
嘉慶 20/2	杜絕盡賣契	力力社番加留洋、知仔紅	黃興	埒仔口洋	承夫應分田二段，年納大租粟6石5斗，今因乏銀費用，賣價銀10大員。	力 532
嘉慶 21/1	典租粟契	萬金庄潘總爺即卽天賜，仝弟潘玉生、潘祿生	塗結堀庄蔡球生	崎仔頭	承祖父開墾雙冬田大租粟11石道斗，今因乏銀完課，典價佛面銀18大員。	力 440
嘉慶 21/3	典契	力力社潘郎仔、潘反平	陳德茂	北勢洋	承祖父開墾水田一段，受種3分，年納租粟5石道，今因乏銀費用，典價佛銀100大員，限至10年終。	力 200-201

嘉慶 21/3	典契	力力社番大目吥嚼	原主陳德茂	八老爺庄北勢洋	承祖父開墾水田一段，受種2分，年納租粟2斗道，今因乏銀，典出佛銀30大元，限至10年終。	力 293-294
嘉慶 21/6	典契	力力社潘老歪	番親潘惟莫、潘海生兄弟	本社過溝仔	有伯自置厝地園一所，今因乏銀費用，典稞佛銀10大元，年配租谷3斗道，限6年終。	力 61
嘉慶 22/2	贈契	潘咬貓		崎仔頭庄	承祖開墾熟園一坵，受種1分，年納大租粟1斗道，今因乏銀費用，找出佛銀3大員。	力 287
嘉慶 22/11	杜絕賣契	力社番潘加留伴、知仔紅	黃興	坤仔口洋	承夫分田二段，年帶租粟1石道，今因乏銀費用，賣價佛銀330大員。	力 533
嘉慶 23/2	典厝地契	力力社過溝潘進生	崎仔頭庄馬柳觀	本社過溝	承父鬮分應分厝地一所，今因乏銀費用，典價佛銀10大員，其竹圍厝地樹木等付銀主掌管。	力 77
嘉慶 23/2	典田契	力力社番愛國	陳世	東勢洋	承祖父開墾水田一段，受種7分，年納租谷2石道，今因乏銀費用，典價佛銀85大元，限至8年終。	力 504-505
嘉慶 23/11	典契	力力社陳嘉西	許元逢	過溝	承父埔園一所，受種6分，今因胞弟身故，乏銀費用，典價銀30大員，限至4年滿。	力 70
嘉慶 24/12	典契	力力社庄潘天雲	倪光岱	本庄過溝	承父鬮份應分地園一段，年帶租谷3斗道，今因乏銀費用，典價佛銀16大元，限至3年終。	力 64、168-169
嘉慶 25/2	典大租谷	力力社番婦腰娘	陳宗興嬸	勢洋	承夫田一段，年納大租粟6石，今因乏銀費用，向原主典出大租谷5石5斗道，時價銀8大員半，限至4年終備銀贖回。	力 209
嘉慶 25/10	典契	力力社番潘媽鄉	陳德茂	本社蓁邊	承祖父開墾田併園一段，受種5分，前經先父經典與陳焯，價銀61元，向原主找貼不肯，今因乏銀費用，向陳德茂備出佛銀62大元贖回文契等，再找貼銀40大元，合共佛銀102大員，其田園一盡踏付銀主起耕掌管。	力 97
道光 1/4	找盡絕契	力力社番茄貓		南勢洋塗葛堀墘	承叔父林馬卓田二段，今因乏銀費用，併前借過母利銀結算，共找價佛銀17大元，約限10年終。	力 472-473
道光 2/9	貼契	力力社潘老歪	陳唐	北勢洋	承父水田一段，年納租粟5斗道，今因乏銀費用，貼出佛銀14大員，限5年。	力 278
道光 3/2	找貼契	力力社潘礁老歪之子潘進生	陳流	北勢洋	承祖父水田一段，受種8分，前年典過王宅，今因乏銀，找貼出佛銀33員。	力 448-449

道光 3/3	找洗契尾	番潘茗歪	陳成	本庄	承父兄阿望掌管園一所，前年經典與陳宅，又找貼一次，今因乏銀費用，再貼出佛銀3大員。	力197
道光 4/7	找貼契	力力社番潘王生	陳宅	本社北勢洋	承胞伯保全園一段，今因乏銀費用，找貼出佛銀100大元。	力491
道光 5/3	再典契	力力社潘良娘	陳宅	大腳仙林庄尾	承祖媽知拔反田一所，受種1甲2分，年納大粟1石道，今因欠銀應用，再典出佛銀28大員，再限6年終。	力518-519
道光 6/3	找洗盡契	力力社陳嘉西	許元逢	過溝	承父埔園一坵，受種6分，前經典與許元逢佛銀30大元，今因乏銀別置，向原銀主找洗盡佛銀43大元，合共73大元，其園聽付銀主管耕。	力71
道光 6/5	找貼契字	力力社番潘戈嗊	林寶	崎仔頭	承祖父自墾水田，今因乏銀費用，向林寶找借出佛面銀10大元。	力250
道光 6/12	再找洗田契	力力社番潘進興、潘石生	蔡天居		再找洗出佛銀6大元。	力475
道光 9/2	典契	力力社番潘聖元、潘加礼	土葛堀蔡暖、蔡返	舊社口	承祖父開墾熟田一段，受種8分，年納業主大租粟6斗道，今因乏銀費用，典價佛銀110大員。	力282-283
道光 11/2	杜絕契	力力社許元逢	陳宇	北勢洋過溝	自己明買嘉西埔園一坵，受種6分，年納租粟7斗道，今因乏銀費用，賣價銀73大元。	力72
道光 15/2	典契	力力社番婦潘氏良涼	倪遠升	大腳仙林庄尾洋	承祖母知拔歹妝醢田一段，受種1甲2分，年納番租1石道，前典陳烏嗊銀172大員，今懇倪遠升備銀取贖，轉典倪遠升銀175元，限至8年終。	力519-521
道光 17/1	儘契	力社潘衣莫、潘海生	崎仔頭庄張泉、蔡獅	本庄過溝	承父遺下厝地一段，今因乏銀費用，契內銀10大元，再找銀7大元，合共17大元，其厝地隨付銀主起耕掌管為業。	力166-167
道光 18/12	典大租契字	潘天貴	正道公明内爐下子弟	本社邊	承祖父開墾溝底水田一段，受種3分，年納大租粟8斗道，今因乏銀費用，借出佛銀1大員，將此大租撥7出斗抵還利息。	力281
道光 19	賣厝地契	力力社潘和成	力社庄陳經到等	過溝	承祖父自己置開墾厝地一所，年載大租粟1斗道，今因乏銀費用，賣價銀16大員。	力79
道光 19/2	賣繳斷契字	番潘拙生	力社庄陳經到	本庄内過溝	有承自己明買崎仔頭庄馬柳厝地一所，今因乏銀費用，賣價銀10大元。	力80-81
道光 20/3	借字	潘天送	陳揚	北勢洋	承父田一段，年載大租谷1石，今因欠銀費用，撥出大租7斗，借出佛銀1大員。	力487

同治 10/2	賣田契字	力力社潘仙寧	佳左庄陳滿連	加匏朗茄東腳后	承祖父遺下開墾水田一所，年帶納大租谷2斗5升，今因乏銀應用，賣價佛銀220大員。	噶 148-149
光緒 3/12	杜賣地基竹力社	萬金庄潘清涼、潘仙寧兄弟	五溝水庄劉新郎兄弟	五間屋庄	承祖父遺下開墾地基，租粟3斗滿。	公7-109
光緒 7/4	找絕賣斷盡根契字	萬金庄潘抱娘、潘添丁等	陳雲國	大堀墩	承祖父自墾水田一段，併帶水路坤圳通大堀一口，嘉慶9年伯父阿三、天賜、玉生等賣與蔡家，咸豐10年轉賣與陳後崇，今因乏銀費用，向陳雲國找出銀22大員，其田帶水路坤圳大堀一盡付銀主永遠掌管。	力111
放絲社						
咸豐 6/12	典大租契	林氏，全男戴京榮、京華兄弟	族戚叔戴盛增		先年祖父遺下承得放索社土目潘捷盛，即將此新庄背連官分下有四方埔塊，典在褒忠會祀內人等，供納大租粟2.5碩道斗正，即將此租因公務緊急，因乏銀費用。	公7-379
茄藤社						
雍正 5/2	合約字	佃人管事林永統、謝聯昌等；土官礁傑		冀箕湖草地	番民稀少耕種，拋荒累課，慘實難堪，約至冬成明丈，田每甲納租7碩，園每甲4石。	噶 110-111
雍正 11/2	合約字	茄藤社番礁老、葛匏、難雷煙、阿里莫；墾戶陳毓芝等		東勢巴陽新庄荒埔	雍正11年瞨墾，聽陳毓芝招佃開墾，年貼納埔占粟50石。	噶 112-113
乾隆 22/10	典契	茄藤社名列耳、卓戈嘖	斌人莫	七塊厝尾	有自墾水田一所，今因乏銀費用，承出劍錢30員，不限年月取贖。	噶 116-117
乾隆 23/2	盡賣園契	茄藤社番名啅戈嘖	本社溪洲番親卓人我	七塊厝南勢	有承祖分授熟園一坵，今因欠銀完課，價銀14兩9錢。	噶 118-119
乾隆 28/1	典租契	茄藤社南土目興修	番親卑人我	南望安庄	有自己應分租粟14石，今因乏銀費用，典出番劍銀40個，約不限年。	噶 120-121
乾隆 31/5	轉典契	劉媽生	紅莪	番仔厝牛埔邊	前典土目振興熟園一坵，今因乏銀費用，典出番劍銀6大員，每年貼納租粟2斗，不限年月。	噶 154-155
乾隆 35/8	增洗絕契	茄藤社南番卓吥嘖、礁老歪	紅莪	溪洲庄	承父厝地園一所，找盡契尾銀2員。	噶 122-123

乾隆 36	典契	茄藤社東分下教冊阿美生、阿里莫兄弟	番親洪莪	自己曆前田洋	承父遺下水田一段,今因乏銀完課,典銀 330 大員,年帶納大租粟 12 石,不限年。	噶 124-125
乾隆 38/10	當契	潘阿天	漢人李孟春	七塊曆庄牛路溝唇	承父遺下水田一處,因乏銀費用,當過員銀 13 員,自乾隆 39 年早冬起,至乾隆 41 年早冬止五季。	噶 156-157
乾隆 39/1	給墾字	業主陳廷溥	佃人洪振老	南岸	承祖給墾茄藤社草地一所,收過工本及園底銀項 100 大員,年配納業主租粟 3 石滿栳。	私 237-238
乾隆 45/10	典字	鄧意林、鄧恩林等	溪州庄潘紅莪	萬興庄小分原	兄弟上年來臺,有自置水田一處,年納租谷 35 石 6 斗 1 升,因欲回鄉,並欠業主課租數十石,典價 150 大員。	噶 126-127
乾隆 45/2	典契	茄藤社北分下番鍾永元	吳壁觀、吳玉麟	埤內庄後北勢	承父遺下應分熟園一坵,因乏銀完納公項,典價番銀 60 員,限至 25 年終。	噶 128-129
嘉慶 1/2	典契	茄藤社北分下番鍾永元	吳德候、吳壁嬌	打鐵店前埤內庄車路邊	承父遺下自己熟園一所,年納大租谷 1 石道斗,因乏銀應用,典出員銀 86 大員,限至 25 年終。	噶 130-131
嘉慶 1/3	典契	糞箕湖庄北番崑開	李教	舊社寮庄門前	自己開墾園一塊,因欠銀費用,典價銀 6 大員,限至 3 年滿。	噶 132-133
嘉慶 1/11	典契	茄藤社潘氏阿紅	李教	深洛洋	有自置水田,年載大租 2 碩庄栳,因乏銀費用,典出佛頭銀 18 大員,限至 1 年終。	噶 134-135
嘉慶 8/2	典租契	茄藤社東潘連生、潘觀明	李教	糞箕湖洋	有水田三坵,帶大租粟 2 碩庄栳,因乏銀費用,典價銀 4 員,限至 5 年終。	噶 136-137
嘉慶 10/2	轉典契字	茄藤社潘天佑	潘沙連	糞箕湖	因欠銀乏用,就先年典契內 149 大元轉典。	噶 138-139
嘉慶 14	轉典園契字	糞箕湖庄蔡隨生	潘沙連	糞箕湖庄腳北勢洋	因乏銀應用,典價銀 6 大員。	噶 142-143
嘉慶 16/12	典園契字	茄藤社糞箕湖庄東潘開元	潘沙連	糞箕湖庄北勢平庄墩	承父開墾熟園一段,年帶大租粟 1 斗正,因乏銀完餉,典價佛銀 4 大員,限至 10 年為滿。	噶 144-145
嘉慶 18/11	轉賣杜絕盡根契字	王讚水、王崑山	潘沙漣	深嘔大坵園	承兄明賣林天生園一所,年帶大租粟 2 碩 5 斗庄栳,因乏銀應用,賣價佛銀 23 大員。	噶 146-147
光緒 16/2	永杜賣盡絕地基根契字	萬人莊潘昂、潘連、潘萬龍	黃以明	糞箕湖庄南邊頭	先年祖父遺下地基一所,因乏銀應用,賣價銀 12 大元。	噶 152-153

資料來源:公 - 王世慶輯,《臺灣公私藏古文書影本》;力 -《力力社古文書契抄選輯》;噶 -《噶瑪蘭西拉雅古文書》;私 -《臺灣私法附錄參考書》,第一卷上;塔 - 陳秋坤,〈清代塔樓社人社餉負擔與產權變遷(1710-1890)〉;平 -《臺灣總督府檔案平埔族關係文獻選輯》;新 -《新港文書》。

由表 4-4 可知，因爲漢人的強勢壓力，原游獵耕墾於下淡水地區
的鳳山八社，因生存技術無法與漢人相抗，在生計艱難的情形下，乃
紛紛由近海平原向近山一帶墾殖。除了因與漢人競逐失利而退居沿山
之外，陳秋坤並指出，鳳山八社平埔族群的維生活動範圍逐步擴展到
近山台地一帶，各部落間也因雜居共處，形成混合的族群聚落，是由
於清廷官方自康熙六十一年到乾隆五十五年（1722-1790）的幾次番界
改造運動。❼此外，亦有學者指出，乾隆年間下淡水地區的平埔族向
北逼近，占據臺南東方至旗山北方的丘陵地帶，迫使四社熟番遷至荖
濃溪及楠梓仙溪沿岸地帶。❽綜上可知，自康熙末年起，至咸豐年
間，下淡水地區的平埔族，陸續由原居地向東或向北遷移，於中央山
脈山腳地帶，新建許多部落。

表 4-4　下淡水地區平埔族移墾情形表

時間	社名	移墾地點	備註
康熙 50 年		下浮圳	雍正 8 年，漸有閩人與之雜居，開圳墾成田園，道光 20 年因隘寮溪為患沖失，再行復耕。
康熙 50 年代	茄藤社、力力社	赤山庄	開墾莽林，乾隆末年漸有閩人來此與之雜居，形成村落。
康熙 50 年代	放緣社	萬金庄	
雍正 4 年	放緣社	北勢寮	該社酋長碓條，與漳泉人共同開拓而成。
乾隆初年	武洛社	加蚋埔庄	為粵人驅逐至此，乾隆 18 年，閩人混入雜居，然仍以熟番為主。
乾隆初年		內寮庄	與漳泉人合力墾成，道光 17 年，水底寮庄人林漢泉移住於此，然與平埔族發生衝突後離去。後有阿猴、潮州方面的平埔族移居於此。
道光 20 年	茄藤社	冀箕湖、餉潭	原有王姓墾首開之，後因洪水流失，乃有原居番仔厝庄之社番，以潘鵝、潘尾先等率同族人來此墾殖。光緒元年，復墾成餉潭庄。

---

❼ 陳秋坤，〈清代塔樓社人社餉負擔與產權變遷（1710-1890）〉，《臺灣史研究》，第 9 卷第 2 期（2002 年 12 月），頁 71-77。
❽《臺灣省通志》，第九冊，卷八，〈同胄志‧平埔族〉，頁 11。

| 咸豐初年 | | 新開、大餉營 | 由潘媽成率同族人至此開墾，多為平埔族，有少數漳泉人混居其中。大餉營庄亦於同時由平埔族招墾而成。同治7年，阿猴方面的平埔族移住於此。 |
| | 放練社 | 老埤 | 原居東港一帶，因漢人逼迫而移至蕃界山邊。 |

資料來源：鳥居龍藏，〈南部臺灣的諸蕃族〉，《東京人類學會雜誌》146（1889），頁307-310；《臺灣土地慣行一斑》，第一編（1905），頁84-95；伊能嘉矩，《大日本地名辭書臺灣の部》（1909），頁153-161。

　　值得注意的是，在客家人相對強勢，及有嚴密組織的情勢下，平埔族墾殖近山一帶時，常與漳泉等閩人合力進墾。於是，移墾近山地區的平埔族因與閩人長期相處，逐漸漢化，且以福佬化為主。據戴炎輝的研究指出，移居赤山、萬金的茄藤、力力等社平埔族，與其附近的佳佐等閩庄一直保持友善的關係，且相互貿易。相對的，與五溝水、大林等粵庄則常處於敵對狀態，甚至其通往外界，多取道於佳佐，而不循通向五溝水、大林之路。於是，當地的平埔族在長期與閩人和諧的相處之下，吸收了福佬的語言與風俗、文化，逐漸福佬化，幾與福佬部落無異。[99]

　　面對漢人強勢的進墾，平埔族在生存競爭失利的情形下，除採取由原居地向近山一帶移墾的方式外，亦有往恆春、臺東一帶退卻的情形。採取此種退卻方式的例子，首見於道光九年（1829），武洛、搭樓、阿猴等社，在族長杜四孟、陳溪仍、潘阿枝等人的率領之下，越過中央山脈至巴塱衛。此後循此路線退卻的多為自原居地移墾萬金、赤山的平埔族群，其或循昔日武洛等社南下再越山之遷移路線；或循

---

[99] 戴炎輝，〈赤山地方的平埔族〉，《清代臺灣之鄉治》（臺北：聯經，1992年），頁741-764。根據潘孟鈴的研究則表示，經遷至萬巒鄉境內的平埔族社群，茄藤社與力力社二者，與當地客家及福佬之關係略有不同。茄藤社所移居之加走山、荖藤林等地，因遷移路途多經河洛人地區，與河洛人關係較佳，與客家人嫌隙較大。而力力社所移居之加匏朗、赤山二社，因其東移路線經過客庄，雖亦巳河洛化，但仍保存部分客家影響，與客家關係較良好。表現在通婚關係上，茄藤社人少與客家人通婚，力力社民通婚客者則相當普遍。參見潘孟鈴，〈屏東萬巒開發的研究〉（臺南：成功大學歷史研究所碩士論文，2000年），頁100。

海線至臺東一帶發展。自下淡水地區東移的平埔族，多聚集於大庄（今花蓮縣富里鄉）或東海岸姑子律（今臺東縣長濱鄉樟原村）以南一帶。[100]

表 4-5　下淡水地區平埔族移墾恆春、臺東、花蓮情形

移墾時間	移墾社名	移墾路線	備註
道光9年	武洛、搭樓、阿猴等社	枋寮→越中央山脈→巴塱衛（今大武鄉）→寶桑（今臺東市）→大庄（道光16年）	因不堪客家人侵墾，由族長杜四孟、陳溪仍、潘阿枝率領約30戶（約300餘人）。
道光年間	上淡水或下淡水社	萬丹溪流域→恆春： →四重溪（今車城鄉） →射麻里（今滿州鄉）	原居萬丹溪流域，後為漢人所逐，由Syavu者為首，率眾至恆春，與當地生番龍鑾社訂約，以水牛換取土地耕種，後因缺水利之便，再分二路遷移。
咸豐元年	赤山、萬金平埔族	枋寮→越中央山脈→巴塱衛（今大武鄉）→寶桑： →溯卑南大溪→大庄 →渡卑南大溪→東海岸（即「成廣澳平埔八社」，約今成功、長濱一帶[101]）	循昔武洛等社遷移路線，在寶桑停留8年後，分兩路北進。
同光年間	赤山平埔族	海路（乘船）→成廣澳→水母丁（今長濱鄉）→統鼻（已毀）→加走灣頭	約20戶循此路線移居臺東一帶，後由潘德政率領6、7戶移墾加走灣頭。
光緒元年	赤山、萬金平埔族	枋寮→越中央山脈→巴塱衛→寶桑→加走灣（今長濱平原）	因耕地為客家人占墾，由潘石隆、潘阿和等率十餘人移墾。分別墾成加走灣頭庄、中庄、尾庄。

資料來源：宮本延人，〈加走灣頭の熟番〉，《南方土俗》，第1卷第2期，頁135-136；鳥居龍藏，〈東部臺灣に棲息する平埔種族〉，《蕃情研究會誌》，第2期，頁6-31；伊能嘉矩，〈臺灣に於ける恆春の熟番と呼ばる一群果して何なるか〉，《東京人類學會雜誌》，第271期，頁6-10；林燈炎譯，〈大庄「沿革」手寫文獻解說與摘譯〉，《臺灣風物》，第37卷第4期，頁107-123；趙川明，〈加走灣的悲觀歲月〉，《加走灣紀事》，頁2-32。

---

[100] 潘繼道，〈清代臺灣後山平埔族移民之研究〉（臺中：東海大學歷史學研究所碩士論文，1992年）。

[101] 此八社為水母丁、竹湖、大掃別、小掃北、彭仔存、鳥石鼻、石雨傘……等八個聚落。其中，赤山方面來的平埔族多居水母丁、通鼻、掃別等地。見宮本延人，〈加走灣頭の熟番〉，《南方土俗》，第1卷第2期，頁135-136。

　　由於部分原居屏東平原的平埔族向東部退卻，加上仍留居於下淡水地區的平埔族群，或散居於原居地而漢化，不見痕跡；移墾近山一帶的平埔族群，亦因閩人的強勢介入下，日漸福佬化，凡此，皆使得下淡水地區形成以漢人勢力為主的局面。由於平埔族與閩人在近山一帶墾殖而成的聚落，分布於客家人聚落與生番界之間，且幾乎於沿山地帶連結成一線，於是，形成客家人聚落分布在平原中間，近海平原及近山一帶皆為閩籍及平埔族街庄的情形（參見圖4-5），此種包圍於不同族群中的聚落景觀，使當地的客家移民產生族群危機感，對後來六堆組織的形成，及下淡水地區閩粵關係的演變有著相當程度的影響。

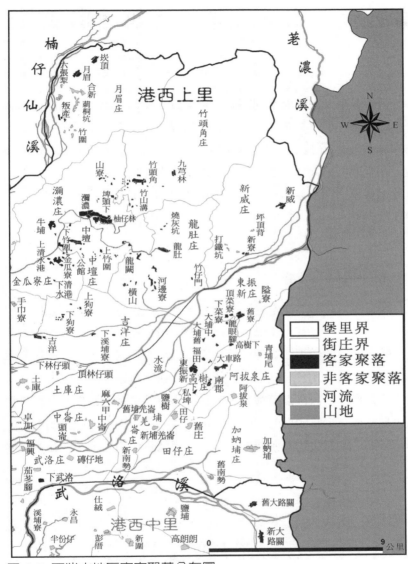

圖4-5 下淡水地區客家聚落分布圖

製圖：劉揚琦

第五章　客家人拓墾之組織與成果

　　對於客家人在下淡水地區的拓墾，以往認為係跳脫墾首制而自成一格的說法，似乎並未能充分而正確的描述當時客家人的拓墾形式，故本章首先欲就此部分加以釐清。此外，客家人於下淡水地區的墾殖，除空間的拓展外，在土地利用的深度上亦成就斐然，故第二部分試圖以客家人在下淡水地區水利設施興築的成就，了解當地水田化的過程及成果。

一、拓墾組織的發展

　　談到客家人在下淡水地區的開墾，舊論咸認為係不同於臺灣一般的墾首制，而是以嘗會組織向官府請墾，再分租予派下子孫或會內人員。[102] 然而，此種說法實值商榷。參諸文獻資料可知，客家移民墾殖下淡水地區的方式，有其階段性的變化。在康熙末年之前，多採短暫性的移墾模式，後來漸有嘗會等組織介入墾殖事業。前期多為單身男丁隻身往返，少有明顯的組織形式；相較於此，後期可稱為組織化的墾殖時期。組織化的墾殖時期又可分原鄉釀資祭祀公業及在臺組織的

---

[102] 林會承、邱永章，〈五溝水實質環境之形成與結構〉，《臺灣史研究學術研討會論文集》，頁169；鍾孝上亦認為，六堆的開發與大小租制不同，「自原鄉來臺時，祖先們就採取團隊合作方式，共同出資；來臺後，推派代表向政府申請開發。申請獨得開墾土地後，各姓氏就組織『祭祀公業』，把土地集中歸屬於『祭祀公業』，然後廉價出佃予派下子孫」，見鍾孝上，〈六堆的開拓與歷史〉，《客家風雲》，第12期，頁50；鍾肇政亦有相同論述，〈六堆地方的開墾〉，《客家雜誌》，1990年第6期，頁84。

嘗會兩方面說明。換言之，客家人墾殖下淡水地區，非如舊論係跳脫臺灣特有的墾首制與大小租制，而是在現有的租佃關係中，由嘗會居中扮演重要的角色，以下分別說明之。

（一）暫時性的移墾時期

清初雖有渡臺禁令，但在康熙五十年代之前，大陸內地與臺灣之間的往來仍是十分寬鬆自由，即因如此，當時的閩粵移民渡臺，多採「春時往耕，秋成回籍」的模式，[103] 王世慶稱此時期為「能否適應的過渡性移民時期」。[104] 當時渡臺耕墾的移民中，又以廣東省移民的移墾性質最為明顯，如康熙末年的《諸羅縣志》中曾載：「凡流寓，客莊最多，漳、泉次之，興化、福州又次之」，[105] 藍鼎元對當時移墾臺灣的粵省潮、惠府人民，亦有「皆于歲終賣穀還粵，置產贍家，春初又復之臺，歲以為常」的描述。[106]

客家人入臺拓墾之初，多採暫時性的移墾，除因當時渡禁稍寬外，亦與其傭佃身分有關。臺灣初闢，來臺者多為內地無以維生的貧民，渡臺後無力請墾，只能為人傭佃，如《諸羅縣志》所載：「佃田者，多內地依山之獷悍無賴下貧觸法亡命，潮人尤多」；[107]《石窟一徵》亦言「邑中貧民往臺灣為人作場工，往往至三四十年始歸，歸至家尚以青布裹頭，望而知為臺灣客也」。[108] 此外，如《諸羅縣志》所言

---

[103] 〈吏部「為內閣抄出福建巡撫吳士功奏」移會〉，《明清史料》戊編，第 2 輯，頁 107。

[104] 王世慶，〈從清代臺灣農田水利的開發看農村社會關係〉，《臺灣文獻》，第 36 卷第 2 期（1985 年 6 月），頁 108。

[105] 周鍾瑄，《諸羅縣志》，頁 145。

[106] 藍鼎元，〈粵中風聞臺灣事論〉，《平臺紀略》，頁 63。

[107] 周鍾瑄，《諸羅縣志》，卷八，〈風俗志〉，頁 136。

[108] 黃釗，《石窟一徵》（臺北：臺灣學生書局，1909 年原刊），頁 115-116。

「蓋內地各津渡婦女之禁既嚴,娶一婦動費百金,故莊客佃丁稍有嬴餘,復其邦族矣」。⑩自此可知,當時禁止攜眷渡臺的政令,造成臺地婦女稀少,成家不易,亦是客家移民採取短暫性移墾模式的原因之一。

這一批為人傭佃的廣東移民,在當時的臺灣社會是相當特別的人文景觀,許多官員皆對此有所描述,如清初藍鼎元即言:「廣東饒平、程鄉、大埔、平遠等縣之人赴臺傭雇佃田者,謂之客子。每村落聚居千人或數百人,謂之客莊」。⑩

入墾下淡水地區的客家移民,除少數例外,如麟洛之徐俊良向阿猴社交涉取得埔地開墾,以及康熙五十五年(1716)有熊姓客籍移民向力力社土目簽訂墾契,包墾力力社近鄉八老爺庄的樹林荒埔,俗稱「客田洋」。⑪此外,多未有能力發起大規模的請墾行動,只能為閩籍墾戶或官莊之田佃。下淡水地區之初闢,多由閩人向官府請墾,或以貼納番餉的模式招佃開墾,⑫如康熙四十二年(1703),閩人方、江、李三姓共任墾首,向官府請墾今阿猴、崇蘭、海豐、公館、大

---

⑩ 周鍾瑄,《諸羅縣志》,頁 292。

⑩ 藍鼎元,《平臺紀略》,頁 51。

⑪ 由〈嘉慶元年二月熊玉瑞、登文等立典契〉中可知,其祖父輩曾於康熙五十五年將力力社尾八老爺庄頭樹林荒埔開墾成田,土名客田。該契收入陳緯一、劉澤民編著,《力力社古文書契抄選輯——屏東崁頂力社村陳家古文書》(南投:國史館臺灣文獻館,2006 年),頁 210-212。另參見陳秋坤,〈土著地權、族群關係與客家公產:以屏東平原為中心,1700-1900〉,發表於行政院客家委員會主辦、屏東科技大學客家文化產業研究所協辦,「六堆歷史文化與前瞻學術討論會」,2007 年 9 月 20-21 日。

⑫ 據施添福研究指出,漢佃入墾屏東平原之方式有四:一、社番典賣或招漢佃開墾;二、番社或社番立戶招漢佃入墾;三、漢業戶以貼納番租或代番納課而招漢佃開墾;四、漢業戶招漢佃開墾荒埔。該文中並亦指出,康熙年間,屏東平原的荒埔多由僑居府城的漳、泉人士報墾,並委派管事在地招漢佃墾闢。參見施添福,〈國家與地域社會——以清代臺灣屏東平原為例〉,頁 57-62。

湖、歸來、社皮一帶（均屬後來之港西中里）。⑬康熙四十三年
（1704），臺南富戶蔡俊向鳳山知縣宋永清請准給發開墾位於下淡水
社屬地濫濫庄之執照，其範圍幾涵蓋萬丹庄以南草地。⑭康熙四十四
年（1705），居於臺南府城的盧愧如與林、李二姓合資三股，合買下
淡水溪東側荒埔，並招佃開墾，墾成海豐庄、崙上庄、香楊腳庄、火
燒庄、潭頭庄、份仔庄、頂下科戈等七庄。⑮康熙四十六年
（1707），由「何周王」三姓組成之墾號，向下淡水社土目阿里莫洽
墾頓物庄草地。⑯約亦康熙四十六年前後，居於臺南府城之墾戶施世
榜占墾位於港東里一帶力力社所屬大片草埔。施氏所占墾之地界範圍
甚廣，幾乎涵蓋東港溪以東，以潮州庄與萬巒庄爲主。⑰上述這些閩
人請墾的範圍，多涵蓋了客家人墾殖的區域，在以上有限的資料中，
可以了解當時下淡水地區有能力向官府請墾，或以貼納番餉招佃開墾
者，多爲閩籍業主，而客家移民在渡臺不易及財力有限的情況下，應
多爲閩籍墾戶之傭佃。

---

⑬《臺灣土地慣行一斑》，第一編，頁93。
⑭《臺灣總督府公文類纂》，4415冊，第26號，〈大租二関スル舊記書類（阿猴廳）〉，1903年。
⑮《臺灣總督府公文類纂》，4418冊，第2號，〈臺南市盧乃聰申訴狀〉，1903年。
⑯〈康熙六十年二月下淡水社土官阿里莫、教冊施也落等全立合約字〉，收入《新港文書》（臺北：捷幼出版社，1995年；1933年臺北帝國大學理農學院原刊），頁141。
⑰陳秋坤，〈清初屏東平原土地佔墾、租佃關係與聚落社會秩序，1690-1770——以施世榜家族爲中心〉，收入陳秋坤、洪麗完編，《契約文書與社會生活（1600-1900）》（臺北：中央研究院臺灣史研究所籌備處，2001年），頁25；伊能嘉矩，《大日本地名辭書臺灣の部》，頁158；《臺灣土地慣行一斑》，第一編，頁92。據陳秋坤研究指出，由於所能掌握的資料有限，無法得知施世榜是否像其他臺南富戶一般，採先向鳳山知縣申請墾照，再招佃認墾之程序，亦無法得知施氏如何與力力社洽墾之經過。參見該文，頁26。

　　此外，由於清治臺之初，地廣民稀，在臺文武多「置田園、糖廍，召佃開墾，踞爲己業，名曰官莊」。[118] 此類官莊臺灣、鳳山、諸羅、彰化四縣均有，[119] 其中又以鳳山縣占大部分，且以田園爲多。[120] 據《重修鳳山縣志》記載，此類官莊散布在鳳山縣各里庄，但以初墾闢的港東、港西二里占多數。[121] 鳳山縣的官莊除文武出資招佃開墾之外，亦有廣東移民投獻者，如王瑛曾言「有客民侵佔番地，彼此相競，遂投獻武員，因而踞爲己有者」。[122] 不論官莊的來源爲何，就當時官員的了解，官莊所招之耕佃以廣東移民爲主，[123] 故可知，康熙年間的墾拓，客家移民除耕佃於閩籍墾戶外，亦有爲官莊之耕佃者。

　　以傭佃身分渡臺墾殖的客家移民，在當時渡禁尚寬的客觀環境下，多採短暫性的移墾模式，其中，有如藍鼎元所言「歲終賣穀、春初復來」的情形，亦有「積糶數歲，復其邦族」的例子。[124] 如墾殖萬巒有功的溫、張二姓，在墾殖有成，財富累積後，皆賣地回鄉，其中溫姓將土地售予後來之林、鍾、黃、李、劉五姓，結束了萬巒的「溫

---

[118] 王瑛曾，《重修鳳山縣志》，頁 121。

[119] 「福建布政使高山為臺屬官莊租息請照民間額減徵收事奏摺」，〈清代查勘臺灣官莊民地佃租史料〉，《歷史檔案》，1987 年第 1 期，頁 28。

[120] 據巡臺御史諾穆布等於乾隆年間之奏可知，官府在康熙六十一年（1722）將各地官莊奏報歸公，徹底清丈後的統計為：臺灣縣，有田園 286 甲，又納糖粟、租糖、廍餉等共 1,034.6 兩；鳳山縣有官莊 42 所，共田 2,333 甲，年納馬料、粟、青白糖及廍餉，共銀 6,569 兩；諸羅縣官莊 12 所，年徵糖、粟、廍餉不詳，又彰化縣自諸羅縣分出官莊 3 所，完銀 178 兩。見「巡臺御史諾穆布等為陳臺灣官莊賦重宜照民則減收事奏摺」，〈清代查勘臺灣官莊民地佃租史料〉，《歷史檔案》，1987 年第 1 期，頁 33-34。

[121] 王瑛曾，《重修鳳山縣志》，頁 121。

[122] 王瑛曾，《重修鳳山縣志》，頁 122。

[123] 「臺屬原有官莊產業，其佃丁半屬粵人」，見張伯行，〈申飭臺地應行事宜條款檄〉，《清經世文編選錄》（文叢第 229 種），頁 63。

[124] 周鍾瑄，《諸羅縣志》，頁 139。

半庄」時代；⑬ 張姓亦在開墾了萬巒的張屋田、上山田等地，積有餘息後，賣地回鄉。⑱ 此外，墾闢五溝水的熊姓族人，在後來的劉、鍾、吳等姓以祭祀公業的財力進入墾殖後，亦將土地出售，帶著錢財返回原鄉，結束了五溝水的「熊半庄」時代。⑰ 即因如此，周鍾瑄乃形容客家移民「裸體而來，譬之饑鷹，飽則颺去」，⑱ 而此言亦可為當時客家人的移墾方式稍作註記。

（二）組織化墾殖時期

自康熙末年開始，由於渡禁日嚴，兩岸往來日趨不便，客家移民兩岸往返式的耕墾模式難以維持；加上臺地易墾致富的印象，凡此，均為客家移民的墾殖事業進入組織化形態的原因。所謂的組織化，係指當時客家移民多以嘗會的組織介入土地墾殖事業，此可分為二個階段說明，二者雖有時間前後的分別，但並無明顯的分際，即二者可能同時發生。康熙末年，有客家移民先在原鄉組織祭祀公業，交由派下族人渡臺購地墾殖，後來隨著客家人在臺地的孳繁，乃漸有在臺地組織的祭祀團體及各類神明會產生。上述的嘗會組織，對於客家人在下淡水地區的土地關係或社會事務上，均扮演著相當重要的角色，以下分別說明之。

1. 原鄉醵資祭祀公業時期

客家人移墾臺灣的模式，有其階段性的演變。康熙末年之前，係採「歲終賣穀、春初之臺」的佃丁傭工的開墾形式。由於康熙年間的

---

⑬ 林會承、邱永章，〈五溝水實質環境之形成與結構〉，《臺灣史研究學術研討會論文集》，頁172。

⑱ 鍾壬壽，《萬巒鄉志》，頁2。

⑰ 林會承、邱永章，〈五溝水實質環境之形成與結構〉，《臺灣史研究學術研討會論文集》，頁138。

⑱ 周鍾瑄，《諸羅縣志》，頁139。

拓墾成果，令僻處內地的客家人認為臺地拓墾有利可圖，約於一七一〇至一七三〇年代，[129] 漸有在原鄉組織公業團體渡臺置產耕墾的情形。如康熙五十九年（1720）創立的「祭祀公業鍾德重公嘗」，係為原籍鎮平縣金沙鄉的鍾德重公第十四、十五世子孫，以每份出資銀一元，湊成 2,800 份，合共 2,800 元，交由派下子孫渡臺，至萬巒向溫、張等姓買下田地二十餘甲，後再廉租予渡臺的德重公派下子孫。[130]

五溝水的開發亦有顯見的例子，乾隆年間，原籍鎮平縣招福鄉八輪車戶之劉姓族人，有「北塘」、「愛塘」等派下成員，亦於原鄉組織祭祀公業至五溝水開墾。劉姓入墾後不久，鍾姓族人亦以祭祀公業的組織，由萬巒至五溝水發展。[131] 此類由原鄉醵資的祭祀公業，係採取股份的方式，與狹義的照房派分的祭祀公業不盡相同，而與日人所稱之「祖公會」有些相似，鍾壬壽稱之為「會份嘗」。[132] 據鍾壬壽的研究，此類祭祀公業對於萬巒、四溝水、五溝水等地的開庄及繁榮有甚大的貢獻。[133] 此種於原鄉醵資會份嘗組織至臺墾殖的模式，雖在其他客家聚落少有相關資料可證，但亦應亦占有相當比例。

2. 在臺組織嘗會時期

除了在原鄉組織祭祀公業至臺發展的模式外，下淡水地區的客家人亦逐漸發展出各類的祖先祭祀團體及神明會等組織介入墾殖事業。[134] 根據日治初期的調查統計，當時下淡水地區的客家聚落，田園

---

[129] 鍾壬壽，《萬巒鄉志》，頁 2。

[130] 鍾壬壽，《六堆客家鄉土志》，頁 269。

[131] 林會承、邱永章，〈五溝水實質環境之形成與結構〉，《臺灣史研究學術研討會論文集》，頁 138-144。

[132] 鍾壬壽，《萬巒鄉志》，頁 2。

[133] 鍾壬壽，《萬巒鄉志》，頁 2-3。

[134] 據戴炎輝的分類，「祖先祭祀團體」有三：祭祀公業、祖公會、丁仔會。前者為鬮分字祭祀團體，後二者為合約字祭祀團體。三者雖均以祭祀祖先為目的所組織而成，但其設立的方式卻不同。祭祀公業為鬮分家產時抽出一部分為祭祀公業，

半數以上屬公業地或團體業地，屬於私人業地者僅占二、三成。[135] 丸井圭次郎於大正八年（1919）對臺灣宗教團體所作的調查中顯示，下淡水地區的各類神佛會，多組織於日治之前（見表 5-1）。調查結果中，當時全臺財產最多的神明會及祖公會，均位於下淡水地區的客家聚落。前者為內埔的「老聖會」，其所置田產為 39.3225 甲，總收入19,180.2 圓（均為土地收入）；後者為內埔「劉永通祖公會」，其所屬財產有建物敷地 0.549 甲、田 26.9249 甲、園 1.405 甲，總收入為859.96 圓，[136] 自此可了解清代下淡水地區客家人嘗會組織的規模與普遍性。

表 5-1　1919 年阿猴廳轄內神佛會創立年代

	康熙 8 年（1669）	康熙 58 年（1719）	乾隆 34 年（1769）	嘉慶 24 年（1819）	同治 8 年（1869）	光緒 21 年（1895）	領臺後	不明	總計
直　轄	--	3	9	32	39	4	1	2	90
阿里港	--	--	--	25	54	24	--	24	127

依派下子孫分配，係照房派分；後二者是來自同一祖籍地的墾民，以契約的方式共同籌措資金，購置田產，派下人權僅及於出錢的族人，係照股份，見戴炎輝，〈台灣の家族制度と祖先祭祀團體〉，《臺灣文化論叢》，第二輯，頁231-236。另外，丸井圭次郎於大正八年（1919）之《臺灣宗教調查報告書》，第一卷中，將祖公會、丁仔會等納入宗教團體，且以之與神明會、父母會、共祭會等，以新的名詞「神佛會」表示。即神佛會為「神明會、祖公會及其他宗教團體之總稱」。神佛會乃以祭祀神佛為目的而組成的，故每年必有一回乃至數回的祭祀活動。其中，神明會組成的原因，有同鄉、同時渡臺者、同船者、同街庄民、同職者、同趣味者、同階級者、同種族者、年齡相近者等；祖公會則是同宗或同姓，以祭祀共同祖先為目的而組成的。而若所祭的神是祖先以外的神佛，即為神明會，見該書，頁82-92。綜上可知，祖公會與祭祀公業相同點在於祭祀的對象為共同先祖，不同點在於祖公會是以出資多寡訂定股份，其股份可繼承、買賣；祭祀公業則為同宗派下各房全員的共同財產，以房為基礎。祖公會與神明會二者間的相同點則在於均採股份的形式。

[135]《臺灣土地慣行一斑》，第三編上，頁41。
[136] 丸井圭次郎，《臺灣宗教調查報告》，第一卷，頁91。

甲仙埔	--	--	--	5	15	10	10	--	40
六龜里	--	--	--	--	6	10	--	--	16
蕃薯寮	--	5	16	105	120	27	3	--	276
潮　州	2	3	45	106	164	51	4	5	380
東　港	--	2	12	64	111	19	1	--	209
枋　寮	--	--	--	13	25	2	--	--	40
枋　山	--	--	--	--	2	--	--	--	2
恆　春	--	--	--	6	3	2	2	1	14
	2	13	82	356	539	149	21	32	1,194

說　明：當時客家聚落分布於蕃薯寮、潮州、東港、枋寮等支廳轄境。

資料來源：丸井圭次郎，《臺灣宗教調查報告》，第一卷（臺北：臺灣總督府，1919 年），頁 94。

　　清代下淡水地區客家聚落嘗會組織盛行的原因，可自二方面觀察：根據日治初期的調查，臺灣的神佛會，北部以竹北一、二堡最多，南部則以下淡水地區的客家聚落最多，竹北一、二堡中以嘗會名義為業主的土地，多則一庄七、八個，少則二、三個。[137] 自上可知，清代臺灣嘗會組織盛行的地區，均為客家移民移墾之範圍。此外，陳運棟亦言，以唐山祖為嘗名、以合約字為基礎所組成的會份嘗，在客家人拓墾苗栗內山的過程中，扮演著極重要的角色。[138] 又根據光緒七年（1881）的〈賴氏穎川族譜〉記載，該族先祖有丈公、用銓公所遺下的會分，除了臺地的「興盛始祖會」、「新孔聖會」、「新義渡會」（新埤）各一份外，另有原鄉的「薺湖祖堂會」、「蓮塘社會」各二份、「長潭口茶亭會」一份。[139] 綜上可知，組織嘗會投資土地事業，應是客家人於原鄉即已形成之慣習。

---

[137]《臺灣土地慣行一斑》，第二編上，頁 36。

[138] 陳運棟，〈三灣墾戶張肇基考〉，《苗栗文獻》，第 6 期（1991 年 6 月），頁 138。

[139]〈賴氏穎川族譜〉，猶他學會臺灣區族譜，微捲編號 1411468，卷 23，以下此資

　　另一方面，組織嘗會亦與下淡水地區客家人的危機意識有關，如《臺灣土地慣行一斑》所言，「六堆部落之粵民，因爲閩粵爭持之習，粵民爲團結一致，乃組織許多幫會，故當地屬於各類團體的土地甚多」。[140] 即下淡水地區的客家聚落，係處於閩人及平埔族的包圍之中，面對墾拓或其他原因所產生的利害衝突，客家人爲求團結一致，遂採取組織各類嘗會的方式置產耕墾。

　　客家人在下淡水地區所組織的各類公業團體，可分爲鬮分字的祭祀公業（如美濃的瑞源公嘗）、合約字的祭祀公業[141]（包括祖公會與丁仔會），及各類神明會等團體。鬮分字祭祀公業係各族分房時，另留部分產業，以供養贍或蒸嘗。根據莊英章等人在新竹及苗栗頭份的研究，此類祭祀公業多成立於 1860 年後，[142] 需渡臺祖後裔繁衍數代，且經濟情況許可方見設置。而合約字祭祀公業與神明會等團體，則是團體或個人，以入股的方式形成組織，置有田園以爲公益，或取紅利。其中，合約字祭祀公業係指同姓或同宗爲祭祀祖先而設之團體，莊英章等人認爲此類祭祀公業，表面上看似以祭祀祖先爲目的，但其實是一種共同利益團體，在移墾社會時期，同宗或同姓之人爲求共同投資、相扶相持而成立，具有強烈的經濟取向，屬於一種移殖性的宗族組織。[143] 此類團體多以共同醵資的形式成立，之後再購置田業以爲

料均以「微捲編號 - 卷數」的形式表示。

[140]《臺灣土地慣行一斑》，第一編，頁 94。

[141] 陳其南稱前者爲「開臺祖宗族」、後者爲「唐山祖宗族」，因前者的祭祀對象通常爲第一位開臺祖或其後代，後者所祭祀的祖先，世代多較久遠，以便包容更多成員，故享祀的多是從未至臺的祖先，故稱唐山祖。參見陳其南，〈宗族的形成與土著社會〉，《臺灣的傳統中國社會》，頁 143-144。

[142] 莊英章、周靈芝，〈唐山到臺灣——一個客家宗族移民的研究〉，《中國海洋發展史》，第一輯（臺北：中央研究院三民主義研究所，1984 年），頁 328；莊英章、陳運棟，〈清代頭份的宗族與社會發展史〉，《國立臺灣師範大學歷史學報》，第 10 期，頁 165。

[143] 莊英章、周靈芝，〈唐山到臺灣——一個客家宗族移民的研究〉，《中國海洋發展

孳息，如乾隆年間至美濃開庄的林氏族人，以西河系統的林山秀、林瑞源、林昌壽及濟南系統的林長佾等四人聯合發起，籌集九十九股，每股出穀一石，籌組「林評事公嘗」；又如成立於嘉慶年間之「蕭何公嘗」，該嘗會成員分布於右堆的龍肚、前堆的麟洛及左堆的六根庄等地，擁有田地總數近九甲。在五十六份會份中，龍肚方面二十六份、麟洛方面十九份、佳冬六根方面十一份，分成五組，各組依序輪流祭祖及算會。❹ 此外，表 5-2 之內埔鍾氏的「天·應漢公秋嘗」（康熙六十年成立）、「天·奕南公秋嘗」（乾隆四十八年成立）亦皆屬之。

表 5-2　下淡水地區客家人祖嘗簿序表

成立時間	姓	嘗簿名	立嘗原因	地點	出處
康熙年間	李	新·作尚公嘗出入總簿	我李姓十九世，諱作尚公，妣黃孺人，原居嘉應州松口堡雲車鄉，生五子，長曰北登、次曰北魁、三曰北樹、四曰北綸、五曰北榮。長滿在家侍奉雙親，二、三、四來臺之鳳山縣下淡水港東里萬巒庄耕種，於每年早晚收成後，即寄回家鄉雙親食用，餘息則積為一嘗，歸於祖宗，生為飲食，死為蒸嘗。	萬巒	GS 1418846-10
康熙 60 年	鍾	天·應漢公秋嘗祭典簿	合房商議每分津穀 5 升，計 42 分，放生利息，祀費有資，輪年換首掌理其事。	內埔	GS 1418846-25
乾隆 48 年	鍾	天·奕南公秋嘗典簿	爰集叔侄每分津銀 4 錢，遞年放生，俟利息盛大，制立產業，每逢八月初二祭掃墳堂，放為定例。	內埔	GS 1418846-23
道光 15 年	鍾	天·啟亮公秋嘗祭典簿	客寓臺郡叔侄股實，共題銀員，辛卯（道光 11 年）之夏寄回銀十餘元，修理祖墳，仍存有銀，放生利息。茲于壬辰（道光 12 年）仲春，叔侄復議起會一棚，湊成佛銀 150 元，至會滿期之日，為二代祖公考妣祭祀典，實為可久可大之事。……想自上代下代俱在臺立有祀典，獨漢公之秋嘗無有……竊有俲焉。爰是和邀同叔侄，每分津銀 2 員，將所收分銀湊會 200 員，俟會滿之日，置立產業，即可為漢公秋嘗祭祀典。	內埔	GS 1418846-24

史》，第一輯，頁 323。
❹ 參見蕭盛和，〈一個客家聚落區的形成及其發展：以高雄縣美濃鎮為例〉（臺北：臺灣師範大學歷史所碩士論文，2004 年），頁 23-24。

咸豐2年	鍾	正・神墩上公王祀典簿	爰是在臺聚集族人，僉釀祀典，彼此互相踴躍，遠近爭自權衡，迄今積微成鉅，置立田產，行見祀事以明，而馨香有薦。	内埔	GS 1418846-26
同治6年	楊	楊氏帳冊	爰是會議公之一脈宗支，蕃衍各房，生添新丁，三歲之後，津收桮谷5斗，聚腋可以成裘，生息立為春祭嘗祀。	美濃	GS 1411178-5
光緒年間	乾	光緒戊戌歲三月立庭政始祖祭典簿	向由聚聯族姓蕃衍之誼，共伸木本水源之德，□僉議□金津歃始祖祀會，放生利息。	内埔	GS 1418840-20
	林	瑞源公嘗派下	（偉麟公）乃召喚各兄弟叔侄前來斟酌，除三房均分之外，措出竹頭角二分埔一處，瀰濃圳下上坡田一處，二處業係作為瑞源公嘗祀，歷年祭掃，及點祖堂内油燈火，係以竹頭角埔租銀抵額開用……至若用費後，嘗内仍有存銀，不論多少，要積貯，放生利息，日後嘗内積多餘金，或做事業，或買田屋。	美濃	GS 1418843-1
明治45年	李	英華、思賢李公二代大嘗名分數目大總簿	今有蒸嘗之祖宗，人皆知之，無則人或忘之焉。適庚戌年，三嘗存銀700左右，除去隆文、文淑均去息銀一份外，餘皆我雲車之額，遂買履豐豐庄之田，以為英華、思賢二公之祀典。	萬巒	GS 1418846-20
大正4年	傅	傅家祖嘗簿	我祖興文公，由蕉嶺越臺疆，遷船斗，徙彌濃，而迄於廣興庄，終立基焉。……公生子六人，為六房，抽所分之餘田立為嘗產，合舉一人重理其事，積存租粟，收貯谷倉，永供春秋祭掃之費。迨餘息漸多，設花紅，立膏伙，或建造祠堂，修理風水，共許公用，不得侵吞。	美濃	GS1418978-35

說明：資料來源為猶他家譜學會所蒐之臺灣族譜，按其「族譜微縮編號‐卷號」之形式呈現之。

神明會成立的原因則較爲多元，或爲共同奉祀神佛，或爲交通便利，或爲賑恤救濟，或爲育英事業等等，不一而足。[145] 神明會與祖公會一樣具有合股、社團或財團的性質，[146] 臺灣北部地區多稱爲「嘗」、「季」或「黨」，南部則多以「會」稱之，亦有稱爲「社」或「堂」者。[147] 客家人在下淡水地區所組織的神明會，種類頗多，有以造橋修路爲名者，如乾隆年間之「大安橋會」、嘉慶年間之「車路

---

[145] 坂義彥，〈祭祀公業の基本問題〉，《政學科研究年報》，第三輯第一部・法律、政治篇（臺北：臺北帝國大學文政學部，1936年），頁504。
[146] 《臺灣私法》，頁556。
[147] 《臺灣私法》，頁556。

會」等；有以廟立會者，如道光元年（1821）之「老褒忠會」及萬巒的「福德會」等（參見表 5-3）。

表 5-3 清代下淡水地區客家人神明會創設原由

會名	時間	地點	由來
大安橋會	乾隆年間	蕃仔坤庄通往蕃社	由 200 餘附近庄民出資，架設橋梁。其餘資金置買田園，成立此會以掌管收益。
大成會	乾隆年間		由 200 餘人共同設立。以所屬田園租穀每年祭祀孔子，剩餘由會員分配。其他如聖人會、文武二帝會、福德會、文公會等所屬田園的管理方法，均與前者相同。
麻綢義渡會	乾隆中葉	老北勢庄	由二崙庄的李維標提供田地創設而成，其收益用於隘寮溪（萬丹、竹田）往來之筏渡。
忠勇公會	乾隆51 年	內埔	為祭念於林爽文之亂中陣亡的客族，乃於內埔南門外組織忠勇公會。二月之會，有 56 位股東，八月之會有 200 位股東。以所屬業地的收益以每年祭祀忠勇公，餘者各自分配。
阿猴義渡；坪仔頭義渡	乾隆末年	阿猴；坪仔頭	由內埔、麟洛、二崙等地的客家人，為方便渡越下淡水溪至鳳山一帶而捐金成立，原設於阿猴，故稱阿猴義渡。嘉慶 11 年，移至坪仔頭，遂改稱為坪仔頭義渡，當時係由內埔庄鍾泮東等共 40 人醵資 400 圓，購地以收益為筏渡之資。
渡船會、筏渡會	乾嘉年間	瀰濃、龍肚、中壇等庄	由右堆撥出經費置買竹子門之田地，以其收益作為嶺口與巴六兩渡維持的經費。道、咸年間再置買中壇、瀰濃之田地，以其收益作為旗尾、冷水二渡的經費，後亦以該收益作為阿里港渡的經費。
崇文典	嘉慶9 年	內埔庄	內埔庄人鍾麟江將乾隆末年其宗族捐銀十餘元收放孳息，至嘉慶 9 年已有每利 462 元，故與其宗族議立此典，於內埔庄購置水田及伙房一所，以其收息供作獎勵取得功名之該族族人。
新埤庄義渡會	嘉慶年間	六根、新埤頭	六根與新埤頭庄為方便渡越兩庄間之林邊溪，由新埤頭庄劉振發起，自二庄庄民中募集 300 股，共 600 圓，購田地 5 甲，以其收益作為支辦義渡的經費。
車路會	嘉慶年間	老東勢庄	為修繕老東勢庄附近道路，由 36 位庄民組織而成，田園由設立者子孫掌管，其租息用以支辦每年的道路修繕，餘息由會員支配。
科舉會	嘉慶年間	六堆全體	為六堆居民至福建省應試予以獎勵補助，故向六堆部落全體募集資金，購置五溝水、忠心崙、崙上等正業田，以其收息作為至閩省應試之盤費，此會代表六堆全體，故立會簿六本，每堆各執一本。
公會老褒忠會	道光元年	南岸庄	為弔慰自衛團戰歿者之靈所組織。
樹山會	道光9 年	南岸庄	此會成立，乃因該庄庄民為防風、防水及涵養水源起見，禁止採伐庄有山林，而立此會，且對違者加以處罰。
老禁山會	道光年間	昌隆庄、武丁潭	老禁山係庄民向茄苳溝土番購得，嚴禁庄甚至該庄庄民進入，俟其長出茅草，以防洪水氾濫。每年十一月，始開放庄民進入，各人刈草分取之，一戶平均可分到約二□茅草。
東振新清明會	道光中葉	東振新庄	該庄庄民為祭念於張丙、許成之亂時陣亡之客族，乃於東振新庄內立忠勇公塚，並附設清明會。該會係一人醵資 2 元，建置義塚後，餘款購田 1.2 甲，以其生息用於祭會開支。

泰安橋會	咸豐2年	內埔、頓物	內埔、頓物二庄約百人醵金創設而成,目的在布設內埔通往山地之道路、橋梁或竹筏,以方便新炭材樵之運送。日治後,因山地編為蕃界,禁止進入,該資金逐用於內埔番仔埔與五溝水、成德庄間橋梁及竹筏之布設。
廣濟橋會		內埔與老東勢庄間	由28個庄民共同設立,設立者之子孫可分配附屬田園之收利。修理該橋時,由本會支出一分,地方募集一分。
公會景福壇		南岸庄	乃清代所建之公廟,於清代,該會等即是庄本身。
美崙水會		美崙庄	為修理美崙庄內之水圳,由庄民共同設立。田園收益用以修繕水圳,屬地方全體之共同財產。
先師會		忠心崙庄	祭祀土木之神。田園屬於20位會員之共同財產,每年祭祀,餘者各自分配。
福德會		萬巒庄	此乃萬巒庄民全體所組織,有庄廟福德祠,置設經理,經理以庄老大的協贊,執行福德會名義土地及庄廟事務。將該會名義土地之收益金,供作萬巒庄公共事業之用。
元宵會、冬節會		內埔庄	前者於正月十五日,後者於冬至之日,祭祀同姓本宗的高祖,均有若干田園。

說　　明:此表中之「泰安橋會」與乾隆年間之「大安橋會」似同一事例,但因資料所載設置年代相差甚大,故一併載出。

資料來源:《臺灣土地慣行一斑》第三編(1905),頁39-42;松崎仁三郎,《嗚呼忠義亭》(1935),頁164-165;杵淵義房,《臺灣社會事業史》(1940),頁303-305;田井輝雄(戴炎輝),〈臺灣並に清代支那の村庄及び村庄廟〉,《臺灣文化論叢》,第1期(1943),頁266-275;《臺灣私法》,頁578-579;《臺灣私法物權編》,頁1466-1468;《臺灣私法債權編》,頁300-302。

　　神明會的成員不僅限於個人,亦有以祭祀公業等組織加入者,故神明會亦成為各祭祀公業的財產,如咸豐初年高樹許姓永盛號的鬮分字中,將先祖所遺之「太平福祀典」、「大轎祀典」、「鹽樹腳觀音祀典」、「義勇公祀典」等神明會份照房均分。⑭ 美濃的「瑞源公嘗」亦規定,嘗內「上庄仔清明」、「山下公王會」、「大埔國王會」、「老孔聖會」、「坑仔底橋會」各一份、「上庄仔媽祖會」二份,共七份的神明會份,由三房輪嘗,遇算會之日,係值年點油火者支理,餘皆不可紊雜。⑭ 瀰濃庄傅姓立於大正四年(1915)的祖嘗簿中,亦言其先

---

⑭ 立鬮書人為許華興等七兄弟,祖籍係汀州府,見〈許姓永盛號立七大房鬮書簿〉,猶他家譜學會臺灣族譜,GS1418847-9。

⑭ 〈瑞源公嘗派下〉,猶他家譜學會臺灣族譜,GS1418843-1。

祖興文公嘗內附有「本處關聖會」、「東清明會」、「西清明會」、「老伯公會」、「瀰濃庄聖母會」、「船斗庄天燈會」、「老文昌會」、「元宵會」、「義塚春分會」、「永興橋會」等神明會會份。[150]

在客家人以組織性的嘗會介入墾殖事業的同時或不久後，臺地的土地關係漸演成大租戶、小租、耕佃三級制的形式。臺灣初期的墾佃關係，業主權在墾戶之手，佃戶僅有永耕及土地的收益權，之後佃戶逐漸取得土地實權，漸有招佃收租的情形發生，而演變成佃戶之下有現耕佃人之現象。此時，墾戶雖仍保有業主地位，並負擔正供，但對土地已無任何實權，僅稱大租戶或大租業主。[151]《臺灣私法》認為，臺地墾闢之初，佃戶雖名為佃，但實際上被墾戶賦予土地使用權，故不能視為純粹的佃耕。後來佃戶之下另有現耕佃人時，始發生真正的主佃關係，這種現象的產生，似始於乾隆年間。[152]

事實上，清代臺灣土地開發史上，佃戶取得土地實權的情形在康熙末年已有跡可循，如《諸羅縣志》記載當時潮州府耕佃情形時，言「莊主多僑居郡治，借客之力以共其狙」，[153] 又「久之佃丁自居於墾主，逋租欠稅；業主易一佃，則群呼而起，將來必有久佃成業主之弊」。[154] 除了民業中墾戶對土地權利的逐漸式微外，官莊的情形亦復如此。[155] 清廷於朱一貴事件後下令清查臺灣各地官莊，嚴禁在臺文武不准仍掌莊業，致擾番民。[156] 乾隆九年（1744），復派福建布政使高

---

[150] 〈傳家祖嘗簿〉，猶他家譜學會臺灣族譜，GS1418978-35。

[151] 〈大租的性質〉，《臺灣私法》，第一卷，頁 171-172。

[152] 〈贌佃〉，《臺灣私法》，第一卷，頁 313。

[153] 周鍾瑄，《諸羅縣志》，卷八，〈風俗志〉，頁 136。

[154] 周鍾瑄，《諸羅縣志》，卷六，〈賦役志〉，頁 95。

[155] 李祖基，〈清代臺灣之官莊〉（下），《臺灣研究集刊》，1992 年第 4 期（1992 年 11 月），頁 69。

[156] 李祖基指出，各種資料記載官莊奏報歸公的時間頗有出入，有載康熙六十年、康熙六十一年、雍正三年者，從官莊的數量及分布的範圍來看，應是自康熙六十一

山渡海履畝勘丈，以「民業歸民、番地歸番，與民番無礙者，聽原佃照舊」的方式處理官莊問題。於是演至後來，各地官莊佃人亦漸取得土地的實權，官府僅存收租權而已。[157]

隨著此種情勢的發展，原先耕佃於官莊或閩籍墾戶的客家移民，逐漸掌握田業實權，並累積財富。即如陳秋坤對萬巒庄鍾瑞文及高樹庄劉懷郎等兩個客籍家族的研究指出，清代屏東平原之客家墾佃，一方面配合「一田二主」的地權結構，向閩籍大租業主納租，並利用「永佃為主」的租佃制度，逐漸取得實際管理田園的權利。上述二個家族皆是利用半耕半賈的方式，投資小租田業，或利用典押形式，取得田主權利，逐步累積財富，而爬升至中小型田主階層。[158] 客家墾佃逐漸升為小租戶的地位，在財富累積到一定程度時，甚至有收買大租的情形，如乾隆四十九年（1784）六月，時任長興庄管事的邱永鎬之孫，向業主李鍾龍承買長興、火燒、歸來等庄墾地的大租及陞科隘口谷共 93 石 1 斗 8 升。[159]

小租戶在客家聚落中扮演相當重要的角色，不論是六堆出堆時的花費，或築圳修繕，皆由小租戶負責大部分的經費。故光緒十四年（1888）劉銘傳清丈時，六堆地區絕大部分皆以小租戶承領。[160] 當時客家聚落中的小租戶，除少數為個人外，多以嘗會為主體，清代的土

年（1722）起奉旨清查，至雍正三年（1725）奏報歸公完畢，較符合實際情形。見李祖基，〈清代臺灣之官莊〉（上），《臺灣研究集刊》，1992 年第 3 期（1992 年 9 月），頁 62。

[157] 〈官莊租〉，《臺灣私法》，第一卷，頁 228。

[158] 陳秋坤，〈清代臺灣地權分配與客家產權——以屏東平原為例（1700-1900）〉，《歷史人類學學刊》，第 2 卷第 2 期（2004 年 10 月），頁 8-23。

[159] 〈乾隆四十九年六月業主李鍾龍立杜絕賣租契〉，收入王世慶輯，《臺灣公私藏古文書影本》，v5-101。

[160] 當時下淡水地區係由誰負擔租賦、領取丈單，在《臺灣慣行一斑》中有詳細的調查記載，見《臺灣土地慣行一斑》，第二編，頁 70-72。

地契字中多可見有許多以嘗會組織介入土地買賣的例子（見表 5-4）。
以李端義將老東勢庄的水田按與該庄「清明祀典」的契字為例：

> 立按字人李端義，今有承祖父遺下分授有田一處，坐落土名老東勢莊
> 西片門首，原帶田甲四分九釐，又帶西圳水灌蔭，東至阿六界為界，
> 北至端仁兄田為界，南至李開二兄田為界，四處界址面踏分明。情因
> 此田於壬申年，按與新東勢莊邱學古；至丙子年早，向上手贖回。今
> 因乏銀應用，轉按與老東勢莊清明祀典出首承接，當日言定按價每元
> 六八瓣佛銀一百大元正，即日銀兩交明白。自按之後，將此田對佃，
> 每年早季有贌穀十石，冬季贌穀十石，共穀二十石，即交於祀典經管
> 為業。其每年應納大租穀五石，係祀典內之事。倘有上手來歷不明及
> 租粟不清，不干祀典之事，係出按者一力抵擋。[161]

自此可以明白看出，該祀典在取得田地後，係處於小租戶的角色，向
上需繳納大租，向下得招佃徵收贌谷。

表 5-4　下淡水地區客家人嘗會買賣土地契字表

時間	契類	立契人	受契人	坐落	備註	出處
乾隆 7/4	永遠杜賣契	吳明三	達摩爺祀典內經理人吳開三等	五溝水西盛庄南柵邊		公 07-4
乾隆 30/1	絕退田契	邱仰義	孝友祖	火燒庄塘賀角	出退與孝友祖為嘗	公 05-58

乾隆39-4	杜絕賣契	葉魁義	鍾姓錦俊、輝麟等祖嘗會內	東振新庄土地公後側上邊	今因回籍,賣價銀210員。	臺DTC04270063
乾隆40/11	永遠杜絕田契	吳益光	賢、梅二公嘗內經理人必三、增三、蘭三	泗溝水正分尾底埔		公07-19
乾隆41/5	永遠杜絕增契	吳益光	賢、梅二公嘗內經理人必三、增三、蘭三	泗溝水底埔正分尾		公07-151
乾隆45/5	分單字	邱麒書、麟書、慶書、凰書		長興庄大窩裡	承祖父遺下水田一處,原帶田甲4合,今因兄弟分爨年久,敦請房族前來面踏鬮分。其大分一分,留為創訓公蒸嘗,永為定例。	公05-376
乾隆45/11	絕賣契	邱正昌	孝友祖會內人傑來、祀安、正輝、乃振等	塘箕子角		公05-91
乾隆57/5	賞伙房屋契	五顯會吳源公嘗、梅峰公嘗會內經理人朋三、必三、臺俊、魁泰、國潮等	嘗內人吳蘭三	(五溝水)西盛庄伙房	今因嘗內人不能居住。	公07-33
嘉慶8/10	分單字	叔侄正賢、正隆、乃接、乃喜、乃元		塘箕角	先年孝友公嘗買得此田,三股內載田甲8分7厘正。輝分一股,內載田甲2分9厘,乃元分一股,內載田甲2分9厘。近年其瞨分租,茲各要田自耕為業,席請房族前來劃界分授。	公05-377
嘉慶20/5	杜絕契字	邱端書	輝公嘗內裔孫	塘箕角		公05-190
嘉慶24/閏4	永遠杜贈契字	吳廷杞兄弟	賢、梅公嘗內經理人龍川、嘉泰、坤元	四溝水低埔腳下	父益光先年賣出。	公07-155
嘉慶25/8	典田契字	張允琇	關爺會內人曾孝揚、邱宗信、曾孝芳、邱國禎等,又邱姓祠堂會內人邱宗海、俊雅、立敏、國標等	南岸庄打鐵庄尾溝外	年供納業主大租粟11石2斗正。	公07-350

道光 10/7	杜絕賣田契	曾元貴	年節祀典內人黃官麟等	新北勢庄東柵溝背	承父先年續買水田一處，經文1甲7分7厘5毫，年納大租14碩8斗零1合，價銀750大員。	民 ET0496
道光 11/4	永遠杜贈字	吳廷揆、廷科、珍香、廷楊、廷秀，仝侄偉振、仁振等	賢、梅公嘗內經理人伸夫、坤元、清江	泗溝水低埔腳下	大租載明。	公 07-159
道光 23/10	復增田契字	黃徐氏仝男黃鼎龍	本庄福德元宵祀典內人侯廷才、李傳伯、鍾佳皇、賴賢裕	新北市庄伯公背	嘉慶19年祖母黃古氏與父黃方云賣出，因祖母、夫父既故，家貧子幼，養育無需，增過佛銀65元，又谷35石。	民 ET0545
咸豐 1/5	合約字	長房、四房、五房等		橫份	今有伯淵嘗田一處，係長四五房等津歛會，共買田甲1甲5分7厘正，共田三過，請得叔侄前來酌議，此田均作三分平分。	公 07-305
咸豐 4/7	杜贈田契字	宋員冠、□官、瓜匏、傳官、阿謙、阿捷等	劉應璠	四溝水下橫分	舊去出賣宋伯淵公祖嘗內田。	公 07-160
咸豐 8/2	合仝分單字	清榮、清祿、纘紳、纘春、連輝、坤緒、纘官、英萬等		泗溝水下橫	先年承祖父在臺經拈有五顯祀典、併源公嘗、賢梅公嘗，共買田一處。因道光4年6月，依前輩鬮定合同三張，歸為各耕各管，則予等各存孝敬，另招別姓耕管，勿致祀典廢壞。其田願作四大股均分：五顯祀典一股、源公嘗二股、賢梅二公嘗一股，各管各業，另招別佃（有納大租）。	公 07-296
咸豐 9/8	杜絕賣田契字	邱曾氏，仝男邱發讓、孫邱建振、建敬	下屋橫龍崗福德祀典內人林清良、邱忠科、邱連登、邱清桂	三塊厝門首小份	供納大租粟8碩正。	公 06-76
咸豐 9/12	贈田契字	宋春魁等	劉應璠		先年有伯淵祖嘗田。	公 07-162
咸豐 10/3	洗增字	和順林庄宋廷琳	劉應璠	橫份	因咸豐年間，叔姪前來賣去伯淵嘗田。	公 07-163

咸豐10/6	永杜賣契字	西盛庄吳坤緒、清祿	本庄劉應璠	十五份	承祖父遺下津歛達摩祖師老爺會續買。	公07-88
咸豐10/6	出典田契字	鍾舉觀等	內埔庄中元祀典內人鍾振灝等；鍾曰華公嘗內人鍾岑江等；鍾明晏公嘗內人鍾振鴻等；鍾聖鵬公嘗內人鍾振福等	新北勢庄伯公背大車路中心梗	承父叔兄買有水田一處，經丈1甲3分，今因乏銀應用，四條共典出銀340元，5年一贖。	民ET0546
咸豐11/12	出典嘗田契字	嗣孫吳連輝、清榕、清祿、纘冠、纘紳等	嘗內嗣孫纘春、瓚奎、進興	泗溝水上泜埔	因先年前輩在臺津歛有梅峰公大蒸嘗，置買雙冬水田一處。納頭溝水大租。	公07-390
同治1/5	為鬮定立合同字	喬孫國金、國麒、國鳳、國龍、國麟等			我象山祖嘗先年津歛，立買有嘗田既久。席請叔姪前來鬮定田業，作五股均分（有大租）	公07-297
同治1/7	限欠字	盧安專	鍾高觀		因欠鍾高觀佛銀40員，言定媽祖會半分對抵銀20員，餘20員限作四季完清。	民ET0811
同治1/7	退媽祖會字	盧安專	鍾高觀		承父分授三月三媽祖會半分，今因乏用，出退會價銀20員，批明會內每年利息歸于鍾高觀分的。	民ET0831
同治1/12	杜賣田契字	吳清榕、英萬、華榮、纘冠	劉應璠	五溝水西盛庄十五份下	承祖父遺下置買五帝祀田。	公07-92
同治5/12	杜賣田契字	吳梅峰公嗣孫嘗內人清溶、連輝、纘紳、纘冠、友川等	嘗內人纘春、纘奎、進興	泗溝水上低埔	今因乏銀寄回鄉修整祖堂。	公07-95
同治6/5	贈田契字	鍾璈公嘗內經理人鍾孔來等	劉懷郎		今因嘗內費用不敷，生過佛銀10元。	臺T304D251029
同治8/12	典田契字	劉新郎，仝姪連春等	大林庄福德祀典內人李友添、宋昭喜、林阿五、黃興雲等	新庄背	歲納大租谷2石3斗5升庄栳，管事辛勞谷2斗5升。	公07-404
同治9/1	典大租契字	鍾臺觀、鍾舉觀、鍾高觀	福德祀典內人黃重陽、劉興良		將自己承典柯德容大租，佃戶名祠堂會，年該納租粟107石2斗8升，典出銀60元。	民ET0503
同治10/12	增田契字	大林庄宋登錦、和昌、盛和等	劉辛郎	下橫份十五份	承祖父遺下均定有伯淵祖嘗田。	公07-171

光緒 1/9	增田契字	宋傳寬	劉應璠		先年有伯淵祖立有嘗田一處，係傳寬房內人等，向嘗內眾叔侄均出賣。	公 07-178
光緒 2/6	按字	李端義	老東勢庄清明祀典	老東勢庄西片門首		私 879
光緒 3/11	出典田契字	五溝水庄劉辛郎	泗溝水庄寬祖嘗內經理人林榮官、林添發、林榮秀等	下橫份十五份		公 07-408
光緒 4/5	出典田契字	五溝水庄劉辛郎，仝姪連春等	新古老祀典經理人劉冠仁、吳芳賢、吳清榮、劉振貞，暨會內人等	下橫份西南片西邊第二分		公 07-409
光緒 4/5	贈田契字	涂宗禎	鍾賢觀等	新北勢庄東柵門首路下第三過	道光 15 年仝叔侄等杜賣出有均分潭公嘗田一處，今因宗禎叔無可祭掃，贈出六八佛銀 17 元。	民 ET0761
光緒 9/6	永遠杜賣田契字	黃慶宜、黃定隆、涂添增、李端義等	內埔庄李攀榮	老東勢庄	昔年津斂有義倉祀典，買有水田一處。東至車路橋典田為界、西至本祀田為界、南至關聖祀田為界、北至初十聖母祀典田為界。	私 603-604
光緒 11/2	退會字	劉阿福	鍾高觀		承父遺下老元宵會一分，因家父身故，無所措辦，向於鍾高觀承頂，價銀 28 員。	民 ET0758
光緒 11/4	替年節福德祀典字	盧七姑暨兄弟叔侄等	鍾高觀		因老母祖婆終壽乏用，將上年德平祖湊有年節祀典半份交鍾高觀承頂，價銀 25 員。	民 ET0754
光緒 13/12	杜賣田契字	瀰濃庄宋鼎昌、貴昌等	劉冠欽、盛昭	下橫份	承父遺下均得有伯淵祖嘗田。	公 07-121
光緒 14/12	杜賣田契字	宋伯淵四房嘗內人宋員冠、麟觀、瓜匏、捷芳等	五溝水庄劉應璠	五溝水庄下橫分		公 07-80
光緒 15/7	按田契生銀字	阿秀、阿雲兄弟	源發號	老東勢庄	昔年承父手買有義倉祀典均水田一處。	私 878-879
光緒 16/3	杜絕賣田契字	林寬生、林和生，仝侄逢春	冬至會評事公內人偉麟、洪寶二、奔生、生財三、生那	瀰濃庄十份埔第四份	帶田甲 3 分 8 厘零 8 絲正。	田

光緒 19/2	退割會分字	廖福龍	鍾興官		承祖母遺下中元祀典一分,暨買過鍾細香及楊氏水田二過,因欲經營生意缺乏資料,割與鍾興官,收到佛銀 16 元。	臺 T385D316007
光緒 19/12	贈田契字	陳長生嘗房內人寬元、行元、敏元、德元等	碧珮祖嘗	上河埧	上手出賣雙冬水田一處,因房親進元滋事,加贈六八銀 16 元。	臺 DTC427036
明治 31/2	轉典田契字	泗溝水庄陳洪福	五溝水庄劉維卿	上河埧	承祖父遺下長生嘗水田一處,上年杜賣于碧珮祖嘗,後碧珮祖嘗又出典于本庄林集景,茲因家中拮据,無力向贖,于五溝水庄劉維卿備價向贖,出首承典,典價銀110員,自戊戌年二月典起,至戊申年十二月方得備足原價取贖。	臺 DTC427039
明治 34/1	典田契字	打鐵庄黃昆祥、鳳祥兄弟	南岸內庄仔中秋福德會經理人邱禮隆等	內庄仔北片		公 07-434
明治 34/6	退會字	鍾錦春	鍾高觀	加冬樹下	承父遺下曾道井平津歛大成祀典,今因母身故,退出價銀 11 元。	民 ET0750
明治 34/6	出贖回字	大林庄經理福德祀典人李阿分、朱秀那	劉冠欽	五溝水庄劉新郎新庄背		公 07-435
明治 36/5	杜賣並贈田契字	鍾光前等	鍾高觀	新北勢庄東柵門首	承芳園公嘗買水田 3 甲零 5 厘 5 毫,上年典與正祥號及各祖嘗,經贖回經鍾高觀、鍾舉觀、鍾臺觀三股均開,今向高觀叔領到一股銀 290 元,並贖回找來 833 元 3 皮 3 尖。	民 ET0548
明治 37/2	杜賣田契字	大林庄宋耀生	五溝水庄劉順春	大林庄背下橫份伯公	承先父祖均份有象山嘗田。	公 07-138
明治 37/2	按田契生銀字	四溝水庄林九旺	保生祀經理人鍾神添	新竹山溝庄門首	因家中乏銀應用,生過 200 大員,每員每季納利息谷 6 升。	臺 DTC04270052-001

明治 38/4	杜賣盡根田契字	港東上里五溝水庄五溝水無祀會管理人劉順春,劉炳香	劉應璠管理人劉阿麒	泗溝水	承上年共津歛有無祀會明買有田二筆。	公 07-139
明治 39/7	杜賣田契字	打鐵庄黃鼎祥	南岸庄中董會經理人邱三妹	南岸庄北片五則地番 204		公 07-143
明治 40/10	合約均耕輪派收賸事	港東上里鹿寮庄賴連秀、賴老元、賴阿雲兄弟等			承父遺下水田一處,此田永為公嘗,以為祭掃之需,不得因事瓜分變賣,今議定作三股均耕,賸谷三股均納。	臺 DTC04270057
大正 14/4	賣渡證	鍾祿生	萬巒庄鍾瑞文		先祖父有義學嘗名份春福一份,賣渡于鍾瑞文。	臺 DTC04270062

資料來源:公 - 王世慶輯,《臺灣公私藏古文書輯》;力 -《力力社古文書契抄選輯》;私 -《臺灣私法物權編》;田 -《臺灣史田野研究通訊》14,封面;臺 - 中研院臺史所藏古文書;民 - 中研院民族所藏古文書。

　　在許多客家聚落的嘗會簿中,多明文規定會內田園土地的管理方式。以美濃地區的「瑞源公嘗」為例,當時嘗內置有瀰濃中圳下上坡雙冬水田一處,及竹頭角二份埔一處,賸谷每年計共 80 石,埔租銀10 元。對於嘗內田業的處理規定要者有二:一、嘗內三房人等公舉有能之人出任該嘗管理人,凡嘗內銀錢出入、田埔異動,均由管理人處理;若管理人行為不端,三房得公議,將其具票退名。二、三房人等若要賸耕嘗內田地,需向管理人賸出,不僅埔租需按季供納,不得拖欠,賸谷亦必風乾燥淨,不可糊塗塞責;若不遵者,不拘嘗內外之人,管理人得將其起耕,另招別佃。[162]

　　綜上可知,下淡水地區客家聚落的租佃關係,非如舊論係跳脫墾首之制,而是以嘗會的組織介入土地的墾殖買賣(見表 5-4),此亦即

---

[162] 〈瑞源公嘗派下〉,猶他家譜學會臺灣族譜,GS1418843-1。

該地客家人開墾組織的特色之一。過去學者認為下淡水地區的客家人係以嘗會組織向官府請墾的說法，或與當地的客家聚落有許多地方未有大租之負擔有關。自現有的契字中可以發現，有相當部分的土地並未言明大租之負擔（如五溝水、美濃部分區域），此情形係當地確無大租關係，抑或其他原因，尚待進一步的研究。但根據日治初期土地調查局的統計，臺灣不附帶大租的土地面積約占調查總面積的一半，可見清代不附帶大租的情形頗為普遍。⑯然而卻不能因此否定該地客家人的墾殖方式係獨立於大小租制之外，因為清代客家聚落中，仍是有相當比例的田園需負擔大租。

　　由於資料缺乏，如今很難全面建構出當時客家聚落負擔大租的種類與區域，但自表 5-5 可見，長治、崙頂、潭頭、香楊腳等庄需負擔李、陳、鄭等姓業主的大租；大林庄需負擔鍾姓業主的大租；鹿藔庄一帶需負擔達三堂、肇和堂等業主之大租；頭崙庄有業主許、吳之大租；高樹一帶則需負擔東振館之大租。

表 5-5 下淡水客家聚落之大租負擔表

時間	大租業主名	租粟	坐落	出處
乾隆 21/4	業主李		長興火燒橫圳下	公 05-61
乾隆 42/5	業主李振山	大租粟 17.2 碩	塘箕子角	公 05-81
乾隆 49/6	業主李鍾龍	租粟陞科隘口谷 93.18 石	長興、火燒、歸來等庄	公 05-101
乾隆 49/6	業主李楊氏	大租粟 39.6 石庄栳	潭頭庄	公 05-103
嘉慶 1/5	業主李哥官	大租粟 8 碩庄栳	橫圳下單份仔	公 05-406

---

⑯《臺灣私法》說明不負擔大租的可能原因有：一、墾戶自行投資開墾；二、力墾者占據無主土地開墾的田園，私墾後向官府自首時免罰，且認定其管權，恆春及臺東地區的土地多為此類；三、位於附帶大租關係土地之間的零星地，因面積甚小，業主不積極過問；四、業戶分給佃戶自墾的土地（北部茶園或宜蘭地區）；五、墾戶贈送的土地；六、政府禁止設定大租的土地（宜蘭）。參見〈與大租無關的特例〉，《臺灣私法》，第一卷，頁 211-212。

嘉慶 1/5	業主李哥官	大租粟 8 石庄栳	長興庄塘箕角單份仔	公 05-407
嘉慶 5/12	李頭家	大租粟 39.6 石庄栳	潭頭庄	公 05-149
嘉慶 9/6	李業主	大租粟 8 石庄栳	火燒單份仔石頭埤	公 05-161
乾隆 30/11	業主邱清萬	租粟幷陞科及辛勞粟 24.7 石庄栳	香楊庄門首西南勢水溝墘	公 05-60
嘉慶 3/4	業主邱祿生兄弟		橫圳下下番埔	公 05-409
嘉慶 11/7	業主邱賢武		崙上庄橫圳下	公 05-167
嘉慶 19/3	邱業主	大租粟 5.96 石庄栳	長興庄橫圳下	公 05-425
嘉慶 19/3	邱業主	大租粟 5.96 石庄栳	長興庄橫圳下	公 05-426
嘉慶 19/11	邱映蘭	大租粟 86.5 石	香楊腳長興庄	公 05-189
道光 19/11	業主邱藕、邱映華	大租粟 7.75 石、3.25 石		公 07-360
咸豐 10/1	邱映模	大租粟 27.84 石	香楊腳門首西南畔	公 05-251
同治 13/8	業主邱	大租粟 39.6 石，帶納陞斗隘口租 5.92 石	潭頭釣鹿仔庄後北畔	公 06-89
嘉慶 16/3	趙天生	大租粟 1 石庄栳	煙墩腳庄前	公 06-121
嘉慶 21/1	趙天生	租粟 79.9 石	煙墩腳下崙頂庄	公 05-193
嘉慶 19/3	陳業主	大租 44.875 石	火燒庄崙頂	公 08-186
嘉慶 19/3	陳業主	大租 24.85 石	火燒庄崙頂	公 05-187
道光 30/4	業主陳	大租粟 44.875 石	火燒庄崙頂洋	公 05-467
咸豐 2/2	陳頭家	大租粟 27.6 石庄栳	崙頂庄東畔第二份	公 05-469
咸豐 2/10	業主陳	大租粟 44.875 碩庄栳	火燒庄崙上洋	公 05-351
咸豐 8/5	業主陳	大租粟 27.6 石庄栳	崙上庄東畔第二份	公 05-256
道光 15/4	潘萬	大租粟 0.2 石	香員腳西畔	公 05-229
道光 18/5	鄭元奎	大租谷 17.5 石	香員腳洋	公 05-344
道光 29/1	業主鄭	大租粟 17.5 石庄栳	香揚腳庄洋	公 05-464
同治 1/1	業主鄭和記		東埔洋	公 06-208
同治 2/6	業主鄭	大租粟 17.5 碩庄栳	香揚腳庄洋	公 05-479
同治 3/11	業主鄭	大租粟 17.5 碩	香揚腳庄洋	公 06-83
同治 4/4	業主鄭	大租粟 17.5 碩	香揚腳庄西畔	公 06-84
光緒 12	業主鍾	大冬課租粟 0.56 石庄栳	大林庄	公 07-276
光緒 13 年	業主鍾	大冬課租粟 0.56 石庄栳	大林庄	公 07-276
道光 25/12	達三堂	大租谷 21 碩 1 斗 1 升 9 合	鹿蓁洋西畔	臺 DTC427011

同治 10/12	達三堂業主吳陳	大冬租粟 27 石 7 斗	鹿藔庄	臺 DTC427021
光緒 13/4	達三堂	大租粟 29 石 1 斗 7 升	鹿藔庄西畔	臺 DTC427027
光緒 18/8	肇和堂	大租粟 13 滿正	鹿藔庄西畔洋	臺 DTC427033
明治 31/2	肇和堂	大租谷 2 石 2 斗 2 升 2 合	上河垻	臺 DTC427039
明治 35/6	林義鳳	大租粟 7 石 6 斗 9 升 1 合滿	瓦窯藔崗仔上	臺 DTC427044
嘉慶 14/3	業主許	課租粟 1 石 5 斗正	頭藔庄	臺 DTC409006
明治 35/12	業主吳	大租粟 12 石公平	頭藔庄	臺 DTC409041
道光 22/10	業主許	大租粟 2 石	頂武洛庄	臺 DTC409017
同治 3/10	東振館	大租粟 8 石零 7 升	水流庄邊南畔新庄伯公背	臺 T304D251025
同治 6/2	東振館	大租粟 2 石零 3 升 1 合	茭樹庄頂內埔仔	臺 T304D251028
同治 10/11	東振館	大租粟 12 石 4 斗零 5 合	東振新庄	臺 T304D251036

資料來源：公 - 王世慶輯，《臺灣公私藏古文書影本》，第五至七輯；臺 - 中研院臺史所藏古文書。

　　此外，自日治初期對臺灣各類官大租及財團性質大租所做的調查，亦可了解火燒等庄分布有隆恩、城工、抄封等官租；二崙、大路關、老北勢、頓物、老東勢等庄則有育嬰堂的業地（參見表 5-6），自此可稍微了解當時下淡水客家人的租賦情形。咸豐年間，甚至有嘗會為大租戶的情形，如咸豐十年（1860），在下埔頭庄賴玉山於三間屋庄的水田，需帶納「埔頭庄文昌會大租 2.5 石道栳正」及「東埔庄媽祖會大租 6 石道栳正」。[164]

---

[164] 〈咸豐十年六月下埔頭莊賴玉山立找杜絕田契字〉，收入王世慶輯，《臺灣公私藏古文書影本》，v7-89。

表 5-6 下淡水地區之官大租與財團大租表

租名	堡里位置	街庄位置	備註
官大租（屬國庫收入）			
隆恩租	港西上里	九塊厝、三塊厝、後庄、東寧等庄	隆恩租始於雍正 8 年，總鎮王郡奏准發帑銀，於臺都購置田園、糖廍、魚塭等業，歲收租息，除抽出正供繳縣外，餘額六成存於營都，充作在臺戍兵賞恤經費，四成解送布政使司，為戍兵家屬賞恤經費。港西上里的隆恩租，一部分原為三山國王廟的大租權，後因信徒不信任住持曾萬師，導致甚多佃人抗繳租穀，曾萬師遂將該大租權捐給鎮標中營。另一部分原為某業主所有，因其無後嗣，故當其回原鄉時，將該地賣予澎湖水師，故稱水師隆恩。
	港西中里	阿猴、彭厝、德協、火燒等庄	此隆恩租係雍正 13 年，下淡水營都司衙門向盧、林、李三姓收買之大租權。
	港西下里	甘棠門	原為店仔口劉家所有，道光年間，因小租戶抗繳大租，故以 3、4 百元的代價賣給鳳山協臺。
抄封租	港西上里	武洛、中崙、土庫、三張廍、月眉、阿拔泉、埔羌崙等庄（林案）	此租係指人民為亂，遭官府沒收的租權或業地等，稱為「叛產」或「逆產」，官府通常將其賣給人民或招佃收租，在招佃收租時即發生抄封租，下淡水地區的抄封租主為乾隆 51 年林爽文案、乾隆 60 年陳周全案，及咸豐年間於臺中一帶作亂的羅龍鳳一案後沒收者。
	港西中里	歸來、阿猴、大湖、火燒等庄（林案）	
	港西下里	新庄仔庄（林案）	
	港東上里	佳佐庄（陳案）	
	港東中里	三西和、內關帝等庄（羅案）	
	港東下里	水底寮庄（羅案）	
五豐館租	港東中里	車路墘、三西和、下廍、七塊厝、大潭新、新街、羌園、田墘厝、牛埔、溪洲、竹仔腳、嗠子口、新埤頭、建功等庄	臺南吳昌記原擔任彰化縣下林案抄封租的佃首，因同治 3 年戴潮春事件發生，林案抄封地的佃戶皆響應，以致吳欠繳官府的抄封租高達 8 萬餘元，吳昌記在無力完納舊欠的情形下，於光緒 16 年，將其原有振豐、恆豐、啟豐、益豐、慶豐五所租館的產業任由官府封收，此即五豐館租之由來。
官大租（屬地方收入）			
城工租	港西中里	歸來、阿猴、德協、大湖、火燒等庄	清代建造縣城時多置買田園，以租穀充作城池的保養經費，即為城工租。乾隆 40 年，臺灣知府蔣元樞與海防分府暨臺灣、鳳山、嘉義、彰化四縣縣令商議，募得公捐 12,000 元，平均分配四縣置買田園，徵收城工租以為臺南府城保養及勇丁守夜之費。其中臺灣縣置買港西里田地 100 甲，年收租銀 470 兩；鳳山縣則置買柳仔、巒巒等庄的田園及大租，年收租 330 餘兩。其後該租逐漸減少，至日治初期，鳳山縣只剩港西中里部分的租地而已。

管事租	港西下里	下蚶、萬丹、新庄仔	管事原係代業主收租之人，後人民為避免管事藉機私收租銀，乃以辛勞穀名義向其繳納若干租穀或銀兩，此即管事租。
學租	港東中里	羌園、牛埔、大武丁、茄苳腳（六根）、塭仔、建功、打鐵等庄	鳳山縣之儒學始自康熙23年知縣楊芳聲創設，康熙43年，知縣宋永清更向紳民募資增建。該儒學為支付考試及香燈祭祀的費用，均置有一定田園，該田園若招佃收租，即為學租之來源。
各種財團大租			
書院租	港東上里	過溪仔、洲仔、崁頂等庄（鳳儀書院）	鳳儀書院係嘉慶19年候選訓導歲貢生張廷欽、鄭朝清等倡議創設。
	港東中里	南屏庄（崇文書院）；新埤潭、濫頭、車路墘、下鄔、七塊厝、牛埔、溪洲、竹仔腳、嗂仔口、昌隆等庄（鳳儀書院）；犁頭鏢庄（蓬壺書院）；阿猴（屏東書院）	1. 港東中里南屏庄負擔崇文書院租者係一約400餘甲的烏樹塭。其附近的土地原為平埔族占管，嘉慶年間，該社番目潘忠義因事遭臺南府拘禁，乃透過崇文書院董事謝姓等與知府王來面交涉，潘忠義將其烏樹塭的產業寄附於崇文書院，知府則同意將其釋放。 2. 蓬壺書院原稱引心書院，位於臺南府城內。係於光緒13年由紳商募資建成。 3. 屏東書院係於嘉慶19年由吳、郭、林、蕭、劉諸姓倡議創立，於翌年建成。
	港東下里	水底寮、大庄、北旗尾等庄（鳳儀書院）	
育嬰租	港西上里	埔羌崙、田仔、中壇、彌濃等庄	下淡水地區的育嬰租均為臺南育嬰堂所有，原稱養生堂。係於咸豐4年，由臺南府吏員石時榮倡議勸捐而成。該業地皆設置董事管理，且置贌戶處理收租事宜。位於港西上里的田業，則係咸豐6年3月間，由臺南五帝廟街的富紳陳宗成捐出。
	港西中里	二崙、大路關、鹽埔等庄	
	港西下里	老北勢、頓物、老東勢、南勢等庄	港西下里的田業係於咸豐6年，由阿猴街許源振及南勢街富戶黃某捐出。

說　明：此表內容係依照《臺灣土地慣行一斑》之分類，其中國庫收入的官大租另有官莊租、屯租等，地方收入另有生息租、八房租、施侯租、石汛租、百甲租、道永昌租、鯽魚潭租、獻田租、實興館租、樂局租；財團大租另有留養租、養濟院租、恤嫠租、義塚租、祠廟租，其中下淡水地區雖有官莊租及屯租的關係，但無法確知其分布的區域，其他則因下淡水地區無相關事例，故均未載出。

資料來源：《臺灣土地慣行一斑》，第二編，頁181-374；《臺灣私法》，頁214-253。

　　由以上的討論可知，嘗會等組織在下淡水地區客家人的土地租賦關係中，扮演相當重要的角色。[165] 客家人習以嘗會的組織介入田園的

---

[165] 關於嘗會在六堆地區墾拓過程中之重要性，另可參見陳秋坤，〈土著地權、族群關係與客家公產：以屏東平原為中心，1700-1900〉一文。此外，在近幾年針對六堆地區區域研究的學位論文中亦多所觸及，如羅娟芝，〈清代屏東內埔地區社

買賣，後由嘗會繳納大租，向下則可將田業招佃耕贌，藉收租積息以為祖嘗之祭祀或各種目的之應用。由於所招之佃多係派下、會內或同籍耕佃，故租谷少有強索留難的情形，於是客家人在下淡水地區自成一租佃體系，財富均衡分配；[166] 加上客家婦女不似閩族婦女有纏足之風氣，男婦共同勞動耕種，故生活較同地區的閩族富足。[167] 因此，乾隆十四年（1749），清廷官員對臺灣閩粵人民，有以下的看法：

> 惠潮之人列庄而居，戶多殷實，不致流於匪僻。漳泉之人窮窘而散處，或代人傭作，或佃人地畝，或搭蓋寮廠，養鴨取魚以資生，甚至覬覦生番田土，侵墾番界，大抵不肖生事之輩，多出於漳泉。[168]

　　客家人的嘗會組織不僅在土地關係中扮演重要的角色，亦是積極參與社會事務的主體，由六堆地區存留的各類碑記中，可以了解清代不論是興廟立碑，或是忠義亭的興修，嘗會的捐題多占半數以上。[169]

會經濟的發展與變遷〉（臺北：臺灣師範大學歷史所碩士論文，2002 年）；張添雄，〈高屏六堆客家的歷史文化與民情風俗〉（臺東：臺東大學教育研究所碩士論文，2003 年）；黃建德，〈萬巒鄉客家聚落嘗會之研究〉（臺南：臺南師範學院臺灣文化研究所碩士論文，2004 年）等。

[166] 根據曾坤木對高樹老庄一帶嘗會的走訪研究，可知該地區以往每個夥房都有嘗會組織及嘗田，目前許多大家族的祭祀公業亦仍持續運作，其中如楊朝進、楊朝達公嘗，或由高樹、內埔、竹田、佳冬等地賴姓族人集資三十一股創設之賴千一郎公嘗等，其所擁有嘗田之耕作者，多仍以派下後裔子孫或同姓宗親為主。參見曾坤木，《客家夥房之研究——以高樹老庄為例》（臺北：文津出版社，2005 年），頁 170-177。

[167] 《南部臺灣誌》（臺南：臺南廳，1902 年），頁 15。下淡水地區粵人較閩人富足的情形至日治時期仍是如此，據昭和初年，日人對當時潮州郡內閩粵二籍漢民的看法，仍是表示粵人的生活狀態較閩人良好，窮人極少。見〈潮州郡概要〉，《高雄州時報》4（1928），頁 54。

[168] 〈福建巡撫潘思渠奏整頓地臺地情由〉、《宮中檔乾隆朝奏摺》，第 1 輯，頁 21。

[169] 如嘉慶八年（1803）的〈建造天后宮碑記〉、嘉慶二十五年（1820）的〈港東里襃忠碑〉、道光三十年（1850）的〈重修敬聖亭碑記〉、咸豐二年（1852）的

以道光三十年（1850）的〈重修敬聖亭碑記〉爲例，該次捐題的聚落
分布於今佳冬、新埤二鄉境內，而自各庄捐題數額的統計可知，嘗會
捐題的比例占總數的八成以上（參見表5-7）。

表 5-7　道光三十年（1850）〈重修敬聖亭碑記〉捐題情形　　（單位：元）

	新埤頭	下埔頭	四座屋	東埔	港口	千三	南岸	半見	上埔頭	合計	比例（%）
神明會	78	--	--	4	3	4	--	2	4	95	45.89
祖　嘗	15	53	--	6	--	--	--	--	1	75	36.23
商　號	14	--	--	--	--	--	--	--		14	6.76
個　人	2	8	4	--	1	--	4	1	1	23	11.11
合　計	109	61	4	10	4	4	4	4	7	207	

資料來源：〈重修敬聖亭碑記〉，《臺灣南部碑文集成》（文叢第218種），頁288-291。

　　綜上可知，客家人初墾臺灣，因爲官府禁粵渡臺的現實環境，及
初時客家人僅作短暫移墾的情形下，來臺拓墾者多爲在原鄉貧不能措
者，渡臺後不能與閩籍有勢之家相較，亦少有能力作組織性且大規模
的請墾動作，故多數只能爲閩籍或官莊之耕佃。康熙末年，客家人開
始以在原鄉組織公業團體的方式渡臺墾殖，或是在臺地以嘗會等組織
介入土地的買賣。隨著客觀情勢的演變，客家人的嘗會組織至乾隆年
間，在當地的土地關係中，多扮演小租戶的角色。由嘗會購地置產，
負擔租賦，再藉由招佃耕贌以收租孳息，於是財富分配平均，少有貧
困無業之民。客家人的嘗會組織不僅在當地的土地關係中扮演重要的
角色，亦是積極參與社會事務的主體。

〈捐修天后宮芳名碑記〉、光緒二十年（1894）的〈重修忠義亭碑〉等，其中因
碑文多有脫落，但自各庄來看，仍有部分完整的紀錄，可由此了解嘗會在其中扮
演相當重要的角色。見《臺灣南部碑文集成》，頁164-178、216-219、288-291、
294-305、748-750。

二、拓墾的成果

客家人入墾下淡水地區的時間，雖較閩人稍晚，但至康熙末年，已形成「十三大庄、六十四小庄」的規模，甚至有凌駕閩人之勢，如當時鳳山縣令李丕煜所言「自淡水溪以南，則番漢雜居，而客人尤夥」、[170]臺灣縣令陳文達所言「南路自淡水溪而下，類皆潮人聚集以耕」，[171]發展至清末，更是「丁壯累十數萬」，聚落「大者幾萬戶、小亦不下三、兩千」的規模。[172]其實，客家人在下淡水地區的拓墾，除了空間的拓展外，更有深度的成長。客家人在墾拓土地的同時，亦致力於水利設施之興築，故客家人所墾之下淡水地區，是清代臺灣最早而普遍收穫早稻的地區。

客家人在下淡水地區水利設施盛行，有其客觀與主觀的因素。在主觀因素方面，因為客家人在原鄉生活方式的經濟基礎，完全建立在對山坡地及河谷平原的有效利用上，故解決用水的問題是當務之急，[173]即如《嘉應州志》中所言：

> 嘉應無平原廣陌，其田多在山谷間，高者恆苦旱，下者恆苦潦。當洪波驟長，其衝決之患無可如何，旱則有補救之策，故必講水利。[174]

客家人在原籍地的取水方式與水利經驗（諸如陂、圳、塘或水車等），在各府州縣的志書中均有詳細記載，於此不加贅述。值得注意

---

[170] 李丕煜，《鳳山縣志》，頁 80。

[171] 陳文達，《臺灣縣志》，頁 57。

[172] 鄭蘭，〈請追粵砲議〉，《鳳山縣采訪冊》，頁 433。

[173] 施添福，〈客籍移民的原鄉地理環境和生活方式〉，《清代在臺漢人的祖籍分布和原鄉生活方式》，頁 174。

[174] 溫仲和，《嘉應州志》（臺北：成文出版社，1968 年），頁 66。

的是，在原鄉解決用水的過程中，客家人累積了豐富的興築水利設施的經驗，對於其在下淡水平野的拓墾上應有相當的助益。

客觀因素方面，由於清治臺之初，臺灣各地普遍園多田少，稻蔗競作的情形十分嚴重，分巡臺灣道高拱乾因此曾曉諭臺民力種田禾。[175]化園爲田，水利之設是必要步驟，而其推動因素可由人口成長的壓力及官方的政策兩方面觀察。

在人口成長的壓力方面，臺灣各地田園，在大量移民入墾之後，原本不需施糞、力作的田地，至雍正初期，亦須加糞培植；加上渡臺移民日多，爲確保相對的生產量，且減少如風、水、旱之類的自然災害之影響，農民必須改變種植作物，以增加可能的生產量。[176]

官方的政策對臺灣人民普遍化園爲田的影響有二個階段：先是雍正二年（1724），因爲閩省福、興、泉、漳四府，民食常感不足，乃下令臺灣每年由倉穀碾米五萬石，運赴泉漳等內地平糶；雍正四年（1726），復下令臺灣每年運米十萬石存貯邊海地方，且允許臺灣商販至內地等府貿易。[177]臺灣米穀輸閩之禁解除，代表著臺地生產的米穀升格爲商品作物，因其獲利不下蔗糖，處理的過程亦較簡便，故臺地化園爲田的情形日形普遍。另外，雍正九年（1731），清廷詔准臺灣自雍正七年（1729）開始，改照同安則例，計畝徵銀，然實際繳納時，須代納以粟。於是，爲保障正供的完納，無形中刺激農民改種水稻，此亦是雍正以後，水田耕作成爲此後臺灣農業主流的重要背景。[178]

---

[175] 高拱乾，〈禁飭插蔗并力種田示〉，《臺灣府志》，頁 250-251。

[176] 陳秋坤，〈臺灣土地的開發（1700-1756）〉，《十八世紀上半葉臺灣地區的開發》，頁 72。

[177] 洪美齡，〈清代臺灣對福建供輸米穀關係之研究（1725-1860）〉（臺北：臺灣大學歷史學研究所碩士論文，1987 年），頁 54。

[178] 陳秋坤，〈臺灣土地的開發（1700-1756）〉，《十八世紀上半葉臺灣地區的開

　　客家人在下淡水地區的開圳作坤，可說是與其拓墾事業同步進行，見表 5-8 可知，邱永鎬於康熙年間率眾墾殖長興、德協一帶時，即已開鑿了大湖、火燒、竹葉等圳。據乾隆十二年（1747）福州將軍新柱奏稱：

> ……惟鳳山縣境內，港東、港西兩處，引水得源，四時流注不竭，稻穀一年數穫，民間十一月內接種田禾，名曰雙冬稻，至次年三、四月收穫，得穀較多。縣境府治咸賴接濟，是臺灣稻田果皆引水得法，不獨夏秋無庸慮旱，即冬時亦可種蒔，似見在水泉之利應亟加講求興舉也。[179]

自上可知，乾隆十二年（1747）左右，屏東平原的客家地域，雙冬稻作日趨普遍，並被視為臺灣引水灌溉得法之模範。[180] 此外，自乾隆十三年（1748）閩浙總督喀爾吉善所奏，亦可知在當時臺灣府縣、諸羅縣及鳳山縣治北境，因地勢高亢，無泉可引，故水田甚少的同時，鳳山縣治南境（即下淡水地區）「悉從內山開圳築壩，引流灌溉，凡可興之水利無不盡開」。[181] 鳳山知縣王瑛曾亦言，當時下淡水地區的客庄「治坤蓄洩，灌溉耕耨，頗盡力作」，[182] 可知直至乾隆二十年代之前，下淡水地區水利設施皆已興築，日後新築者應僅限於近山荒埔或

發》，頁 73。
[179] 〈福州將軍新柱奏「請興臺灣水利」摺〉，收入國學文獻館編，《臺灣研究資料彙編：第一輯》，頁 10880-10881。
[180] 施添福，〈國家與地域社會──以清代臺灣屏東平原為例〉，頁 79。
[181] 〈閩浙總督喀爾吉善等議覆福州將軍新柱奏請興臺灣水利一摺〉，《清高宗實錄》（文叢第 186 種），頁 65-66。
[182] 王瑛曾，《重修鳳山縣志》，頁 284。

浮復河床，抑或是舊圳圯壞，重新修築者，自此亦可了解客家移民對開置埤圳的積極程度。

表 5-8 清末下淡水地區水利設施一覽表

圳名	源流	入注	灌溉面積	成立年代	備註
港西上里					
獅仔頭圳	尖山溪下游	番仔寮，注二重溪	28.0 甲		又名塗庫圳。
九芎林圳			70.0 甲	同治11 年	由九芎林庄鍾卓利等人，集六股各出資百圓築成，水租每甲 2.5 石。
彌濃圳	彌濃溪下游	注本溪	61.3 甲		粵圳。以上三圳位於今高雄縣美濃鎮。
龍渡圳	彌濃溪上游	彌濃溪	52.2 甲	乾隆3 年	粵圳。因龍肚庄民常與鹽樹腳、三張廍等庄民因水事鬥殺爭訟，乾隆 26 年，鳳山縣令規定六皆溪的引水量，將水份作十股均分，鹽樹腳、三張廍等庄得六股，龍肚、卓佳等庄得四股。
中壇庄圳	源於撻口	注入龜仔頭圳，再入龍肚圳		乾隆年間	粵圳。由中壇庄劉某開設，因此圳為龍肚圳之水尾分水，故每年幫納龍肚圳 120 員。後龍肚、中壇二庄因圳數起爭執，咸豐 3 年，由鳳山縣令發貼曉諭，規定其區域及權限。
舊寮圳	尖山溪上游	蒲薑崙注二重溪	160.0 甲		
老圳	源於六龜山中		數百甲	乾隆初年	由廖亞元開鑿，灌溉舊寮、東振新、高樹下一帶。
新圳	源於卓口山溪水		80 餘甲	嘉慶中葉	由陳陶蘭開築，與新圳所溉水田，負擔 1 甲谷 5 石的水租，由小租戶負擔。以上三圳位於今屏東縣高樹鄉。
頂陂圳	二重溪上游	下陂圳	50.0 甲		位於磚仔地東北。
新泰豐埤、新南埤、新北埤	源於二重溪水源			乾隆年間	均位於武洛庄，日治初期因溪流變遷，圳路塞閉，佃農乃共同改築圳路，且置埤長一名以資管理。
下陂圳	二重溪下游	搭樓、臺九窟	72.0 甲		又名大港圳。
新庄圳	臺九窟	淡水溪	23.0 甲	道光21 年	由業主林道生首倡，與各業戶協議，邀請藍三會、洪德亨等人出資，由各小租戶每甲年納粟 5 石的水租。後藍三會等人將圳權賣卻，其業權歸於阿里港街藍高月所有。此圳灌溉三塊厝、搭樓、阿里港一帶。

圳名	水源		面積	年代	說明
南陂埤				咸豐8年	位於搭樓庄，此係就舊圳改築，由田甲於咸豐8年共議重築，就田甲均攤，於翌年築成。後設埤長巡顧埤岸，每甲田每年貼出谷3斗，以為埤長辛勞谷。以上七圳位於今屏東縣里港鄉境內。
南圳	巴六溪第一支水	淡水溪	12.0甲		位於鴨母寮庄北。
耆老圳	巴六溪第二支水	淡水溪	85.0甲	乾隆年間	原稱橫仔腳埤，由搭樓社潘光明出資開築，後輾轉買賣，日治初期歸阿里港街鄭贊來所有。設置埤長一名管理，食水田小租戶負擔1甲5石的水租，佃戶支付予埤長的報酬費1甲0.8石。又修繕之際，埤主支辦竹木等材料，佃戶出力役。
關帝廳埤	係耆老埤之支流			嘉慶中葉	由該圳庄民共同開設而成，為之共有物。光緒17年，阿里港街鄭贊來於楊登輝手上買下耆老埤及此埤。
隆恩圳	巴六溪第三支水	淡水溪	58.0甲		又名後庄圳。
中冷圳	巴六溪第四支水	淡水溪	12.0甲		
九塊厝圳	巴六溪第五支水	淡水溪	46.0甲		以上六圳位於今九如鄉。
港西中里					
漏陂圳	隘寮溪上游	番仔埔溪	600.0甲		
杜君英圳	隘寮溪下游	番仔埔溪	200.0甲		
大道關圳	隘寮溪上游	仕隆庄，注海豐溪	500.0甲		與漏陂、杜君英等圳，係光緒12年，由撫墾局董陳國馨率衆開築者，約於今屏東縣鹽埔鄉。
海豐圳	番仔寮溪中游	阿猴溪	100.0甲		
科科林橫圳			100餘甲	乾隆17年	位於海豐庄，舊圳建於乾隆17年，後被洪水沖毀；道光10年，該庄業佃乃計畝鳩集銀兩，置地開築橫圳一條。
崇蘭圳	番仔寮溪下游	淡水溪	80.0甲	嘉慶2年	由崇蘭庄吳傳為首，糾集業佃，共集6千元開築而成，道光至同治年間，均由業佃共同經營管理。光緒初年由洪水破壞，光緒中葉，崇蘭庄番崁、阿猴街林慶記、尤永吳等投資1千元再築。
永安圳	源於番仔寮溪			嘉慶年間	後因故荒廢，明治36年，社皮庄豪農林德水得官府補助1千元，再業佃集資4,670圓，再築新的圳路。

大湖圳	份子南方的米貽泉窟	本庄洋	100.0甲	康熙中葉	由邱永鎬投資私財築成。乾隆3年，大湖庄陳元祖等人共同出資360元向邱永鎬收買，至光緒20年，公館庄陳福成又以595元向陳元祖等購買圳權。明治34年，移為林少獨所有，改歸業佃共同經營。
頂柳仔林圳	米篩泉窟	注龜屯、龍鬚、麻芝丹、大湖、下柳仔林五圳	50.0甲		
下柳仔林圳	第五支	本庄洋	30.0甲		
龜屯圳	第一支	本庄洋	24.0甲	乾隆年間	
龍鬚圳	第二支	龍鬚洋	15.0甲	乾隆年間	
麻芝丹圳	第三支	牛埔洋	40.0甲	乾隆年間	
連連圳	衝天泉窟北支	社皮圳	40.0甲	乾隆年間	
濫仔圳	連連圳分支	社皮圳	24.0甲	乾隆年間	以上十一圳位於今屏東市。
火燒圳	隘寮溪上游			康熙中葉	由邱永鎬以私財開築而成，後均由其子孫繼承管理。
竹葉圳	火燒圳上游			康熙中葉	亦邱永鎬獨資築成，後因隘寮溪氾濫毀壞嚴重，咸豐末年，竹葉庄民出資修復，後為庄民共同經營。
河唇埤	德協附近的泉窟			康熙中葉	邱永鎬創設而成。
番仔厝圳				乾隆10年	由墾首邱文琳自出工本，投資開鑿。光緒17年因洪水崩壞，附近資以灌溉之水田漸變成園。以上四圳位於今屏東縣長治鄉。
玲珞陂	番仔寮溪	西勢溪	200.0甲		粵陂。
老水埤	潭底新園北方泉窟	經麟洛、竹架，至徑仔入隘寮溪		嘉慶年間	粵埤，由業佃共同築成。以上二埤位於今屏東縣麟洛鄉。
港西下里					
社皮圳	連連、濫仔二圳	本庄洋	20.0甲		
廣安圳	衝天泉窟南支	本縣廊圳	80.0甲		
橋頭陂	西勢溪	東溪	124.0甲		
萬丹陂	雨水	冷水坑溝	8.0甲		
濫庄圳	西勢溪上游	本縣廊圳、頭前厝溝	73.0甲		位於濫庄西北。

濫圳	柳仔林附近泉窟及大湖附近消水溝			雍正年間	
圍圳	竹圍西方無名溪			道光中葉	臺南人黃謀投資私財獨力開成，明治 43 年由萬丹庄季南之收買，改為業佃共同經營。
本縣廊圳	濫庄圳分支	合廣安圳，注萬丹陂	52.0 甲		
頭前厝圳、客厝圳	蜊仔田泉水	東溪	42.0 甲		上有三橋。
甘棠門陂	東溪	大潭堰、後寮溪	416.0 甲		位於後廊庄西。以上十圳位於今屏東縣萬丹鄉。
新陂等十五圳	八壽陂	皆入田洋灌溉	1,384.0 甲		粵圳，此十五圳分別為新陂、漏陂、新庄、新東勢、老東勢、旱仔角、內埔、中心崙、二崙、和順林、新北勢、老北勢、頭崙、尾崙、西勢、南勢等圳，位於今竹田、內埔二鄉境內。其中，老東勢、老北勢、忠心崙等庄附近的水圳，均由業佃共同開設，故亦由業佃共同管理，其或組織水會、埤會的團體負責管理，或公選埤甲長掌理其業。
頓物潭	羅廣牽陂	東溪	256.0 甲		粵潭。
新東勢圳				乾隆年間	由邱敬業獨力開成，若食水量一分，需負擔 1.8 元的水租銀，其全水量共 153 分，可得水租總額 270 元，由小租戶負擔，圳主需支付圳路的修繕費 20 元。新東勢庄的水圳僅有此圳有水租關係，餘皆由業佃共同開設，若須修繕，採小租戶七分、佃人三分的比例支出費用。
港東上里					
王爺陂	頭溝水溪上游	萬巒陂	36.0 甲		粵陂。五溝水庄中有以王爺會為小租戶的團體，清末因乏水灌溉，乃自宋守業地疏通圳路，王爺會每年付 2 石的水溝租予宋守，均由小租戶負擔。
萬巒陂	王爺陂	梨郎崎、羅廣牽二陂	200.0 甲		粵陂。
三、四、五溝水圳	東溪上游	本庄洋	120.0 甲		粵圳。
梨郎崎陂	萬巒陂	東溪	180.0 甲		粵陂。
羅廣牽陂	萬巒陂	頓物潭	100.0 甲		粵陂。以上七圳位於今屏東縣萬巒鄉。
北勢廊圳	頭溝水溪上游	東溪	24.0 甲		
漢沙陂	濫林陂、上下二池	南門陂	37.2 甲		
南門陂	漢沙陂	加釣陂	60.6 甲		位於潮州庄南門橋下。
加釣陂	南門陂	東溪	24.0 甲		位於八老爺庄地。

濫林陂	石陂仔	漢沙陂	14.0甲		
石陂仔	九甲溪上游	濫林陂	12.0甲		
什華陂	九甲溪上游	後寮溪	20.0甲		
沙崙陂	九甲溪上游	東溪	14.0甲		
陂內陂	九甲溪上游	梓潼圳、石頭陂	65.0甲		
梓潼圳	陂內陂	東溪	20.0甲		
石頭陂	陂內陂分支	七塊厝陂	82.0甲		以上十一圳位於今屏東縣潮州鎮、崁頂鄉境內。
港東中里					
下廍陂	後寮溪上游	本陂	40.0甲		位於車路墘庄東。
七塊厝陂	石頭陂	九甲溪	45.0甲		
巷仔內陂	活泉	本庄洋	20.0甲		以上三陂位於今屏東縣南州鄉。
三仙庄陂	後寮溪上游	薑園溪	24.3甲		
嘉禮陂	活泉	番仔寮洋	40.0甲		位於番仔寮庄北。
四塊厝陂	活泉、番仔寮田水	本庄洋	6.0甲		
海埔陂	石公徑窟	本庄洋	18.0甲		
大武丁上陂	擺律溪上游築隄為陂		22.0甲		
大武丁下陂	擺律溪下游築隄壅水	八甲頭陂	76.0甲		以上六陂位於今屏東縣佳冬鄉。
新圳				道光21年	八甲頭、田墘厝、塭尾等庄因境內水田90甲乏水灌溉,乃由眾田主議開新圳,由眾田主就甲攤銀築成。
八甲頭陂	大武丁下陂	本庄洋	10.0甲		
磘仔口陂	後寮溪上游	本庄洋	1.2甲		以上三圳位於今屏東縣林邊鄉。
港東下里					
漏圳、新田圳	率芒溪上游	率芒溪	311.0甲		此二圳係於乾隆54年,由楊光興開築。其水租由圳主向業佃收租。
大武烈陂	力裡山泉	本庄洋	50.0甲		
石頭下陂	活泉	下苦溪	115.0甲		位於水底寮庄西南。
頭陂仔	活泉	下苦溪	65.0甲		位於水底寮庄東南,與石頭下陂均為嘉慶16年,由王飛虎開築。
擺律陂	擺律溪分支	下苦溪	100.0甲		以上四陂位於今屏東縣枋寮鄉。

資料來源:《鳳山縣采訪冊》(1960),頁65-71、87-91、105;《臺灣公私藏古文影本》05-557、05-558、06-475、06-476;《臺灣私法物權編》,頁1124-1125、1152-1154;《臺灣土地慣行一斑》,第二編,下(1905),頁582-589;《高雄州水利梗概》(1930),頁14-27;《美濃庄要覽》(1938),頁45-47。

表 5-8 中的資料絕大部分引自光緒二十年（1894）《鳳山縣采訪冊》的記載，其他則自契字及日治初期所作的調查資料中，就設置時間與沿革部分予以補充，自此表可稍窺清代下淡水地區的水利設施的數量與規模。根據《鳳山縣采訪冊》的記載，可知當時下淡水地區的水利設施中，閩圳（包括埤）有 60 例，灌溉面積 4,480.3 甲；粵圳（包括埤、潭）有 26 例，灌溉面積 2,589.5 甲，分別占六成弱與三成強。然而，此數據並不能真實地呈現當時下淡水地區閩粵所有水利設施的比例，因為據該書作者盧德嘉自言：「粵圳二十條，約記作四條……其餘遺漏甚多，因各粵紳全不到局，姑就附近居民采訪數條而已」，[183] 可見當時采訪的結果，對粵庄部分的水利設施多有疏漏，如建於乾隆年間的中壇圳、築於嘉慶年間的老水埤均未載入。由日人在日治初期的觀察：鳳山縣下淡水溪兩岸皆灌溉充沛，溪南（下淡水地區）的粵人尤重水利，灌溉之興築遠勝於閩人，[184] 於此或可了解《鳳山縣采訪冊》中對於粵庄埤圳的缺漏甚大，亦可稍微推測清代客家人在下淡水地區水利設施的規模。

水利設施的普遍興築，使得下淡水成為臺灣最早而普遍栽植早稻的地區。康熙末年，黃叔璥曾言，當時臺灣縣僅種晚稻，而諸羅與鳳山縣下淡水地區近水埤田，可種早稻，「然必晚稻豐稔，始稱大有之年」。[185] 另一方面，諸羅知縣周鍾瑄亦言，當時諸羅縣境內新築埤圳雖多，但一年兩熟的情形仍屬少數，而當時下淡水地區有種於十月、十一月插秧，翌年三、四月收穫的早熟稻，然亦「未有良取陂田而遍

---

[183] 盧德嘉，《鳳山縣采訪冊》，頁 71。
[184] 臺南廳編，《南部臺灣誌》，頁 17。
[185] 黃叔璥，《臺海使槎錄》，頁 51。

試之也」。[186]可知直至康熙末年，下淡水地區已出現收雙冬早稻[187]（黃叔璥言此早稻名為「安南蚤」），[188]儘管尚未普遍栽種，卻已有一年兩熟之情形。

其實，早稻的栽植在臺灣有其天然的限制性，因為臺灣春雨不足，不似內地春季多雨氣暖，故早稻難播，[189]而下淡水地區至乾隆年間時已有早稻普遍豐收的情形，實與當地水利設施的興築密切相關。乾隆二十年代，下淡水地區的早稻所收漸豐，「自淡水溪以下，各客莊早稻所收，幾不歉晚收矣」。[190]值得注意的是，當下淡水地區早稻豐收之時，臺灣其他地區多仍處於一熟的階段，如《小琉球漫誌》的作者朱仕玠即言，當時臺地稻止一熟，只有鳳山東西港間有再熟者，「早冬種于十月，收于三四月，亦惟東西港可種」。[191]王瑛曾亦言當時鳳山縣城附近「早種不多」，而「南路下淡水間，有上冬種，四月即收者，名為雙冬；又為他邑所無也」；「自淡水溪以下，各客庄早稻所收，幾不歉晚收矣」，[192]可見早稻的生產至乾隆年間，僅有下淡水地區普遍栽種，且收穫量漸與晚稻相當。一年二熟表示墾地單位面積的生產量增加，即農業有其深度的成長，亦可對當時客家人的墾殖成果稍作見證。

---

[186] 周鍾瑄，《諸羅縣志》，頁 294。
[187] 臺灣俗呼穀熟日「冬」，有「早冬」、「晚冬」，兩熟則稱為「雙冬」，見何澂，〈臺陽雜詠〉，《臺灣雜詠合刻》（文叢第 28 種），頁 66。
[188] 黃叔璥，《臺海使槎錄》，頁 52。
[189] 周鍾瑄，《諸羅縣志》，頁 294。
[190] 王瑛曾，《重修鳳山縣志》，頁 283-284。
[191] 朱仕玠，《小琉球漫誌》，頁 48。
[192] 王瑛曾，《重修鳳山縣志》，頁 283-284。

小結

綜上可知，下淡水地區閩粵移民尚未入墾之前，多爲鳳山八社活動的區域，亦是官方眼中的瘴鄉。但其平原廣闊、土地饒沃、氣候暖熱等良好的地理條件，使得該地在清領臺之後，成爲閩粵移民競相進墾的地區。客家移民入墾下淡水地區雖較閩籍移民稍遲，但在康熙末年已形成十三大庄、六十四小庄的規模，墾殖的規模漸有凌駕閩人之勢。加上客家移民習以嘗會等組織達成醵集資金及互助互利的目的，且在清代土地關係漸走向大小租制的客觀情勢下，各類嘗會漸成爲小租戶，向上繳納大租，向下招佃耕墢，且由於所招之佃多爲派下、會內或同籍耕佃，租谷少有留難強索的情形，於是客家人在下淡水地區自成一租佃體系，少有強宗大族，財富平均分配，故生活普遍較閩籍移民豐足富裕。此外，客家移民對興築水利之熱衷及下淡水地區雨水充沛、氣候溫暖等有利條件，使得下淡水地區於乾隆二十年代已普遍水田化，一年二穫。

第三部
六堆組織的形成與演變

　　六堆是臺灣史上是十分特別的民間組織，但今人對六堆的認識與了解，卻多仍停留在明治三十二年（1899）出版的《臺南縣志》中的記載，對於六堆形成的原因、其組織的內容及演變，及六堆組織對下淡水地區客家移民的影響等範疇的研究仍十分貧乏。造成此種情形的原因，當然與資料的缺乏有關，然而綜合部分史籍的記載，亦可對這些問題建構出初步的輪廓，即使未能深入分析，亦能對歷史上的六堆組織作一個概略的還原。以下分別就六堆形成的原因、六堆組織的內容分別說明，其中，六堆組織內容方面，先對六堆之堆制何時形成進行分析，再就六堆戰時組織及平時自治組織二方面進行了解。

第六章　六堆形成之因

　　六堆組織形成的原因，從未有明確的史料說明，本章將從客家人固有的特質及歷史發展的軌跡中試圖鉤勒，以下分原鄉自衛尚武之習性、助官平亂、護衛鄉里三個面向，探討下淡水地區客家移民六堆組織形成的原因。

一、原鄉互助與尚武自保之習性

　　由於客家人自中原南遷至汀、潮等府時，當地人跡罕至，且主要為「山都木客」、「洞蠻」、「蠻僚」（宋以後所稱之畬族）等少數民族的活動區域，[1] 加之居地多處山間谷地，四界之重山峻嶺多為盜賊流竄淵藪。面對如此險惡的生存環境，當地客家人乃形成特殊的生活方式，即聚族而居與習武自衛。施添福對客家移民原鄉生活方式的研究即指出，客籍居民的原鄉生活既不安逸亦不平靜，嘉、汀兩地以其地理位置重要，又形勢隱蔽，常成為盜賊土寇的淵藪。因此，客籍居民為求自保，除聚族而居、團結互助之外，並傾向習武以自衛。[2] 客家籍民尚武風氣在相關志書中皆有記載，如《福建通志》中言汀州府

---

❶ 孔永松，〈略論明中葉後客家的家族制的發展〉，《中國客家民系研究》（北京：中國工人出版社，1992 年），頁 158。

❷ 施添福，〈客籍移民的原理環境和生活方式〉，《清代在臺漢人的祖籍分布和原鄉生活方式》（臺北：國立臺灣師範大學地理學系，1987 年），頁 174。

「崇山複嶺，民生尚武」。❸而黃釗所著之《石窟一徵》更言，三代之後不可復見的寓兵於農與井田之制，竟於鎮平農婦間的合作中可見：

> 鄉中農忙時，皆通力合作，插蒔收割，皆婦功為之，惟聚族而居，故無畛域之見，有友助之美，無事則各爨，有事則合食；徵召於臨時，不必養之於平日，屯聚於平日，不致失之于臨時，其餉則瓜蓏芋豆也，其人則姒娌娣姒也，其器則箐車錢鏄也，井田之制，寓兵于農，三代之後，不可復矣，不意于吾鄉田婦見之。❹

由此可知，客家人在原籍地面臨生存環境的威脅時，常採取團結合作，且習武自衛的生活方式。客家移民入墾下淡水地區之後，面對相同的移墾處境、相似的生活環境，不難想像其可能將原鄉的生活習性轉移至臺灣，康熙末年黃叔璥即言「南路澹水三十三莊，皆粵民墾耕……習拳勇，喜格鬥」。❺然而，與原鄉不同的是，在臺地共同合作的對象，少是同宗同族之人，乃是以方言為人群認同的標準。

二、依恃官方力量

由史籍所載，下淡水客庄歷次出堆的情形看來，不難察覺其欲與官方結好之心理，如朱一貴事件期間，不僅於立營堵禦之初，即拜叩天地，立大清旗號，供奉聖旨牌，❻在康熙六十年（1721）六月十九

---

❸ 陳壽祺，《福建通志》，卷五十七，〈風俗〉，頁 26。
❹ 黃釗，《石窟一徵》（臺北：臺灣學生書局，1970 年），卷九，〈日用〉，頁 7。
❺ 黃叔璥，《臺海使槎錄》（文叢第 4 種，1722 年原刊），頁 93。
❻ 覺羅滿保，〈題義民效力議敘疏〉，收入王瑛曾，《重修鳳山縣志》（文叢第 146 種，1764 年原刊）。

日，得知官兵已抵郡城，更以侯觀德、李直三爲首，率三千人護送聖旨牌至臺灣府，奉入萬壽亭。❼自此而後，下淡水客庄歷次設堆，均循此模式。下淡水客庄此種從官向義的舉動，不僅使客民之鄉團組織師出有名，將其軍事組織與行動正當化，更可藉此與官方形成良好的互動關係。即如陳盛韶所言「粵人明于利害，不拒捕，不戕官。閩人爲叛民，粵人即出爲義民，保護官長，衛守城池」。❽若深究其因，可能與客家人在臺灣仍屬少數族群，且爲異省遷徙之移民，原本在社會資源與生存條件上已不如閩人之優渥，故在生存危機的驅使之下，多明于利害，傾向與官府結合，以求保衛鄉里及既墾成果。若自此面向切入，則不難了解下淡水客庄爲何於朱一貴事件中組織鄉團，採取助官平亂的立場了。

三、保衛鄉里

綜觀下淡水客庄鄉團組織之形成，最主要且根本的原因，應是基於護衛生存空間之心態。即如劉妮玲所言，當有大規模的民變事件發生時，社會上自然會產生反破壞的力量，以阻止變亂事件所帶來的戕害與侵蝕作用，而此反破壞力量即爲義民團體。❾下淡水客庄鄉團組織形成的主因，亦是爲防止起事勢力侵犯其生存空間，此可由朱一貴及吳福生事件期間，當地客庄之鄉團組織兵力部署的情形得到印證。

閩浙總督覺羅滿保在描述下淡水客民於朱一貴事件時的兵力配置

---

❼ 覺羅滿保，〈題義民效力議敘疏〉，《重修鳳山縣志》，頁 345。

❽ 陳盛韶，〈分類械鬥〉，《問俗錄》（北京：書目文獻出版社，1983 年），頁138。

❾ 劉妮玲，〈清代臺灣民變事件中的義民問題〉，《臺灣風物》，第 32 卷第 3 期（1982 年 9 月），頁 3-4。

時，明顯指出其係於下淡水溪沿岸分設七營，列營固守❿（參見圖
6-1）。雍正十年（1732）的吳福生亂起後，下淡水客民的駐守地點，
在文獻上雖僅見「分駐八社倉廠」，但由分布的地點看來，仍是沿襲
朱一貴事件期間的部署，以下淡水溪沿岸爲主要戍守範圍（參見圖
6-2）。由此可知，下淡水客民設營堵禦的目的，在於阻絕反清勢力影
響到其生存空間，即其保衛鄉里的立意十分明顯。

　　此外，有論者認爲下淡水客民鄉團組織之設，與分類意識有關。
關於此點，最早由道光朝之林師聖提出，他認爲下淡水客民舉義旗，
助官平亂的目的，主因爲分類：

> ……君英敗死，粵籍奔竄南路，合眾藏匿一莊，曰「蠻蠻」。聞大兵
> 至，起義旗，協攻閩賊有功。蒙賞頂戴纍纍，遂搆聖恩亭於莊中。此
> 閩粵分類所由始也。⓫

上述說法之成立，係建立於朱一貴事件後期舉義旗協攻閩人的客民，
與之前隨杜君英豎旗，後遭朱一貴等人圍剿竄逃的餘眾是同一批人的
假設上。此說有兩點值得討論：一、在朱一貴等人的逼逐下，杜君英
並未敗死，日後尚爲藍廷珍所捕；二、杜君英及其所率粵人在被朱一
貴所逐後是往北路奔竄，並非南路。顯然林師聖以敗走的杜君英及其
夥黨，與下淡水客民同是粵籍，應爲同夥，故有此論。

　　伊能嘉矩則認爲，此期下淡水客民的民團陣營中，有部分係爲原
從杜君英倡亂，後背離還鄉的潮陽、海陽、揭陽及饒平等粵籍移民。⓬

---

❿ 覺羅滿保，〈題義民效力議敘疏〉，《重修鳳山縣志》，頁345。

⓫ 林師聖，〈閩粵分類〉，《臺灣采訪冊》（文叢第55種），頁34。

⓬ 伊能嘉矩，〈特殊之鄉兵〉，《臺灣文化志》上（臺中：臺灣省文獻委員會，
　1985年），頁272

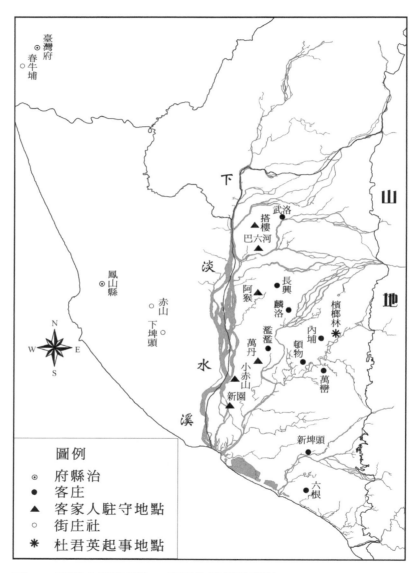

圖6-1 下淡水客庄與朱一貴事件關係示意圖

製圖：劉揚琦

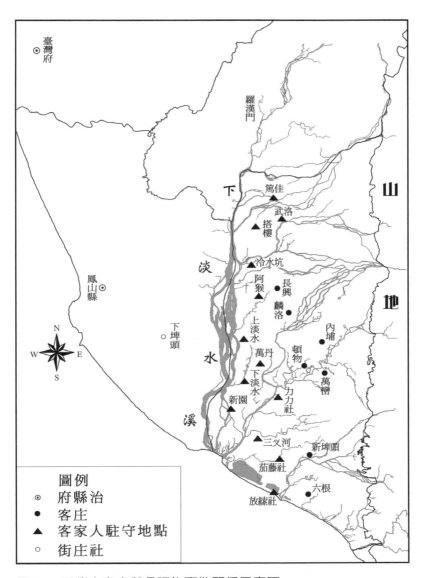

圖 6-2 下淡水客庄與吳福生事件關係示意圖

製圖：劉揚琦

石萬壽亦有類似論點，且言在府城被驅逐的杜君英陣營，除一部分隨杜君英北走虎尾溪外，大部分遁回下淡水，隨客庄對抗閩人之進逼。此外，石萬壽更認為覺羅滿保所言下淡水客庄於五月十日立大清旗號，設營堵禦的說法，有偏袒客庄之嫌，故相信王必昌之《重修臺灣縣志》中所載，認為下淡水客庄係在朱、杜陣營勢同水火，且朱一貴遣人進犯下淡水之後，方於六月十九日豎大清旗號。石萬壽此說，實由於其認為此時下淡水客庄鄉團組織之成形，肇因於起事集團閩客分類火併的結果。[13]

關於此點，若根據當時的閩浙總督覺羅滿保所言：

> 康熙六十年四月二十二日，賊犯杜君英等在南路淡水檳榔林招夥豎旗搶劫新園，北渡淡水溪侵犯南路營，多係潮之三陽及漳、泉人同夥作亂。而鎮平、程鄉、平遠三縣之民，並無入夥。[14]

自此可知，當時杜君英倡亂於南路時所糾之人，多係屬潮州府三陽的粵東種地傭工，另有新園、小琉球等地的閩人舉旗來會，而下淡水鎮平、程鄉、平遠等縣，即後來立營固守的客民，並未入夥。

下淡水客民未參與杜君英陣營豎旗倡亂的情形，是不難了解的。從本書第一部中的討論可知，鎮平、程鄉、平遠，甚或是閩屬汀州府民，在語言、文化上皆與粵省潮州府的潮陽、海陽、揭陽等地移民有所差異。即如覺羅滿保於康熙年間的觀察，鳳山縣下淡水地方雖有漳、泉、汀、潮四府移民於此墾田居住，但潮州府潮陽、海陽、揭

---

[13] 石萬壽，〈乾隆以前臺灣南部客家人的墾殖〉，《臺灣文獻》，第 37 卷第 4 期（1986 年 12 月），頁 76-77。

[14] 覺羅滿保，〈題義民效力議敘疏〉，《重修鳳山縣志》，頁 343-344。

陽、饒平數等縣，因與漳、泉人語言聲氣相通，**⑮** 故與同屬客語系的潮屬鎮平、平遠、程鄉等縣，及「附粵而不附閩」的汀州府移民，**⑯** 均各自守望，未同夥相雜。關於此點，姚瑩亦曾指出：「臺灣之民不以族分，而以府為氣類，漳人黨漳，泉人黨泉，粵人黨粵，潮雖粵而亦黨漳」。**⑰**

此外，覺羅滿保係當時的閩浙總督，以當時人言當時事，具有一定的可信度，故覺羅滿保以上所言，及下淡水客民係於五月十日立大清旗號，結營堵禦的內容，應是較符合真實情境的。另一方面，藍鼎元曾言，當時杜君英與林沙堂等率眾敗走虎尾溪時，曾「率粵賊數萬人」，**⑱** 可知當時隨杜君英豎旗倡亂的粵屬移民，絕大部分已隨之北竄，此與石萬壽所言大部分竄回下淡水地區的說法有所抵觸。

總之，由當時下淡水客民設營堵禦的範圍，係沿下淡水溪列陣聯防，遇朱一貴遣人越溪來攻時，方與之拚戰的情形來看，可知在堵禦的同時，應並未與竄走北路的杜君英等有所聯繫，更無串連合攻閩人之事。是以，下淡水客民在朱一貴事件期間設營之目的，應是面對叛亂勢力所造成的社會騷動及擾害，以保鄉衛里為目的的自保行為。然而，在下淡水地區閩粵關係已呈緊繃狀態的同時，不免有生事之徒乘機挾嫌報復，或因疑懼、而引發的分類事件。

---

⑮ 覺羅滿保，〈題義民效力議敘疏〉，《重修鳳山縣志》，頁 343。
⑯ 〈閩浙總督孫爾準奏為查辦械鬥完竣籌議善後事宜〉，故宮博物院藏，《道光朝軍機處檔摺件》，文獻編號 058972。
⑰ 姚瑩，《東槎紀略》（文叢第 7 種，1829 年原刊），頁 111。
⑱ 藍鼎元，《平臺紀略》（文叢第 14 種），頁 10。

第七章　六堆之組織

　　本章主要的重點在討論六堆組織的內容。由於六堆堆制形成的時間，至今仍有所爭議，故本章先就六堆堆制係成於何時，做初步的探討，之後再就六堆戰時組織的內容及平時自治的情形分別說明。

一、堆制的形成

　　下淡水客庄的六堆堆制究竟起於何時？似乎是尚未被究明的問題。據朱一貴事件發生當時的閩浙總督覺羅滿保所言，下淡水客民係於康熙六十年（1721）朱一貴與杜君英起事後，於五月十日，由李直三、侯觀德為首，集十三大庄、六十四小庄，共一萬二千餘名之客家人，於萬丹拜叩天地，立「大清」旗號，供奉萬歲聖旨牌，並設營抵禦朱一貴等之勢力。❶❾ 當時下淡水客民的組織，係分設七營，每營設統領二人，此外，有劉懷道率領鄉社番民固守八社倉廒（見表7-1）。❷⓿ 雍正十年（1732），吳福生亂起，下淡水客庄亦由侯心富為首，糾同萬餘名客家人，分守八社倉廒❷❶（見表7-2），此期的兵力配置單位為何，史籍中並未交代。自以上討論可知，在康雍年間，下淡水客民的鄉團組織，始終未見有以堆為組織單位之名。

---

❶❾ 覺羅滿保，〈題義民效力議敘疏〉，《重修鳳山縣志》，頁344。
❷⓿ 關於朱一貴事件期間，下淡水客庄的「七營守備戰」，施雅軒在〈客家戰場〉一文中有詳盡之分析，參見施雅軒，《區域・空間・社會脈絡：一個臺灣歷史地理學的展演》（高雄：麗文文化事業公司，2007年），頁113-127。
❷❶ 王瑛曾，〈義民〉，《重修鳳山縣志》，頁270。

表 7-1 朱一貴事件期間下淡水客庄兵力的布署（康熙六十年）

編　制	領導人	兵力配置	駐守地
中　營	賴以槐、梁元章	1,300 餘	萬丹
前　營	古蘭伯、邱若瞻	6,100 餘	水流沖
後　營	鍾沐純	1,500 餘	搭樓
左　營	侯欲達、涂定恩	1,500 餘	小赤山
右　營	陳展裕、鍾貴和	3,200 餘	新園
先鋒營	劉庚甫	1,200 餘	阿猴
巡查營	艾鳳禮、朱元位	1,700 餘	巴六河
	劉懷道	帶領鄉社番民	八社官倉
8 單位	統領 1-2 人	約 12,000 餘	

資料來源：覺羅滿保，〈題義民效力議敘疏〉，《重修鳳山縣志》，頁 343。

表 7-2 吳福生事件期間下淡水客庄兵力的部署（雍正十年）

編制	領導人	兵力配置	駐守地
	鍾南魁、陳石豪、陳石揚、鍾泰英	2,000 餘	上淡水
	林宣拔、何紹季、張日純、曾啓越	4,000 餘	萬丹街、放索社、茄藤社
	李炳鳳、涂廷琛、李紹珀	2,000 餘	下淡水、龍肚崎
	林有仁、鄭元雯	800 餘	冷水坑、搭樓社
	劉伯成、鍾瓊祥、林石德	1,000 餘	篤佳、武洛、羅漢門
	邱永浩、黃登伯、謝必鳳、邱廷偉	1,000 餘	巴六焦、阿猴社
	林永清、葉春林	3,000 餘	三叉河、烏樹港、力力社、新園汛
7 單位	2-4 人不等	約 13,000-14,000	

資料來源：王瑛曾，〈義民〉，《重修鳳山縣志》，頁 257。

　　清代史籍中，首見六堆之名，可追溯到乾隆五十一年（1786）的林爽文之亂發生時。當林爽文起事彰化後，臺灣道永福、同知楊廷理即謀遣人赴下淡水粵庄招集義民，護衛府城。有原居下淡水，[22] 時擔任海東書院掌教的嘉應州舉人曾中立願往，永福另派諸羅縣教諭羅前

---

❷❷ 松崎仁三郎，〈總副理略傳——曾中立〉，《嗚呼忠義亭》（高雄：盛文社，1935年），頁 211。

蔭及粵人劉繩祖隨之。其一行人至下淡水不久，鳳山縣城即被莊大田率眾攻陷，故暫留當地。未久，莊大田遣涂達元、張載柏等至港東、港西里招誘客民，客民將其捕殺。之後，下淡水客民於十二月十九日齊集忠義亭，選庄中壯丁八千餘人，分爲中、左、右、前、後及前敵六堆，❷❸ 以舉人曾中立總理其事，每堆每庄各設總理事、副理事，分管義民，糧餉係按照田畝公捐，❷❹ 此爲「六堆」名稱首次出現於文獻記載中。

　　林爽文事件發生期間，臺灣除下淡水客庄之六堆組織外，在北部、中部另有二個堆制的例子，如《淡水廳志》之〈義民〉中曾言：

> 鍾瑞生，後壠七十分莊人，籍鎮平，與劉維紀、謝尚杞里居相近。林爽文亂，瑞生同維紀、尚杞，招集後壠一十八莊義民二千五百人，在地設堆於南北河、西山等處，擒殺賊黨邱圭、黃寧等，復帶勇，截途搜緝，破大甲賊巢，平塹南，分卡堵禦。❷❺

另外，在當時的彰化縣中，亦有設堆之例：

> 廣東嘉應州監生李喬基，當林爽文倡亂之初，即在彰化縣岸裡社地方，首先倡義，捐貲招募民番，分設七堆，並分撥義勇協守鹿仔港海口，接候官兵，與賊打仗數十次，殺賊甚多。❷❻

---

❷❸《平臺紀事本末》（文叢第 16 種），頁 25。
❷❹《欽定平定臺灣紀略》（文叢第 102 種），頁 905。
❷❺ 陳培桂，〈義民〉，《淡水廳志》（文叢第 172 種，1871 年原刊），頁 275。
❷❻〈福康安、徐嗣曾奏為查明殉難最烈之幕友義民貞女等奏請思恤事〉，《宮中檔乾隆朝奏摺》，第 68 輯，頁 204。

　　以上後壠、彰化縣岸裡社地方及下淡水客庄設堆堵禦的事例，三者間有著兩個共同點：一是均發生於林爽文事件期間；二是均爲嘉應五屬的客家人所主導設立。因此，可以推論堆制可能係客家人保衛鄉里的自衛組織。雖在客家原籍的各類志書中未見堆制之相關記載，但此三例分別發生在臺灣的北、中、南部，此論點應是可以成立的。

　　由於康雍年間時未見有堆制的記載，以及上述三例的堆制均見於林爽文事件期間二點看來，是否可以此證明下淡水客庄的堆制應始於乾隆年間？關於此點，若與乾隆五十二年（1787），留營隨征的六堆鄉勇，曾以副總理劉繩祖、周敦紀、曾秀爲首，向將軍常青所上之呈文相對照，則又見矛盾之處：

> 粵民等祖父，自康熙六十年、雍正十年，逆匪朱一貴、吳福生等先後倡亂，屢從征剿，皆邀議敘職銜……。今賊首林爽文、莊大田等南北肆擾……<u>粵民等因遵康熙、雍正年間各義民祖父設堆堵禦之例</u>，推舉人曾中立爲總理，分設六堆，統計義民八千餘人，屢經打仗殺賊。**㉗**

由呈文可知，若其所言此次的行動係遵前人「設堆堵禦之例」屬實，則下淡水客庄的堆制應於康雍年間即已成立。

　　又據光緒年間宋九雲編纂之《臺南東粵義民誌》中收錄有〈臺南粵庄義民始創六堆及設立章程〉，其中對六堆組織的說明如下：

> 康熙六十年匪首朱一貴等揭竿倡亂之時，全臺之地，爲賊所有，改元僞稱永和元年。我等南路粵人無幾，又誓不從賊，誠恐難以堵禦，故李直三公傳集粵莊紳者，商議將粵庄分設六營，聯絡堅守。擬以田賦

㉗《欽定平定臺灣紀略》，頁 573。

出兵，助官滅賊。眾議已定，爰是李直三及侯觀德，即將粵莊劃定六區：曰前營、後營、左營、右營、中營、先鋒營。另設中軍營以為統轄六營之軍務，并舉正副總理兩人，總理六營軍務糧草……及太平無事之日，俱各散回歸田，議定規約，永遠遵行。<u>後將營改成堆，以別官營之目</u>。❷❽

上述關於六堆組織的內容，如分成六營，另設中軍營，以及各營係正副總理之設，均與當時閩浙總督覺羅滿保所言有所出入，其原因如何，待進一步分析釐清。然其所言朱一貴事件當時係設營堵禦，且決定自此而後，將營改堆，「以別官營之目」的說法，倒是能解釋以上的矛盾。

另外，還有一種可能是：下淡水客庄的堆制形成於康熙末年，但因堆制係客家人獨有的組織名稱，故在乾隆年間以前，堆的稱呼尚未為官方所接受，乃以習稱的組織名稱冠之，如朱一貴事件期間稱其為「營」；而林爽文事件期間，官方對下淡水客庄鄉團組織的稱呼，除「堆」之外，亦時有以「隊」稱之的情形出現。如當時兼理府事，積極參與平亂的臺防同知楊廷理即言，下淡水客民「分為中、左、右、前、後及前敵共六隊，計畝捐餉，以曾中立總理其事。每隊、每庄各設總理一、副理二，分領義民」。❷❾ 其內容與大學士福康安所言大致相同，差異只在「堆」與「隊」之別。此外，當時乾隆帝之上諭中亦

---

❷❽ 〈臺南粵庄義民始創六堆及設立章程〉，收入宋九雲，《臺南東粵義民誌》。《臺南東粵義民誌》（或稱南粵義民誌）係宋九雲於光緒六年（1880）編纂而成，當時長治邱永鎬家族第二十世邱維藩收藏有該文獻之手抄本。明治三十八年（1905），邱維藩子邱炳華將《臺南東粵義民誌》重新抄錄，並曾提供鍾壬壽編纂《六堆客家鄉土誌》之參考，之後邱炳華再將該文獻傳給其姪邱福盛收藏。

❷❾ 楊廷理，〈東瀛紀事〉，收入中國人民大學清史研究所、中國第一歷史檔案館合編，《天地會》（五）（北京：中國人民大學出版社，1980 年），頁 176。

言下淡水客民係由「義民首等帶領各庄民人，分隊堵截」。❸❿ 可見直至林爽文事件發生當時，下淡水客庄雖已見堆制，但官方對「堆」的認知卻仍時有差異，未盡統一。甚至在咸豐年間，臺灣道徐宗幹仍是認爲「粵民自立各營曰堆」、「粵人六堆，分前後左右之六營」。❸❶ 綜上可知，「營」、「隊」與「堆」對官方而言，是意義相同的軍事組織單位；然而，前二者是官方對兵力配置單位的一般認識，「堆」制則可能是客家人慣用的組織單位。因此，下淡水客庄的堆制有可能早於康、雍年間即已形成，卻遲至乾隆末年方見載於官方文獻中。

下淡水客庄鄉團組織中，「堆」的意義爲何？一般的說法是，因「堆」與「隊」音仿意同，故客家人在下淡水地區所墾成之聚落，乃依地勢及區位不同而分爲六個單位，以「堆」名之，有區別官民之意。❸❷ 除此之外，亦有論者認爲，由於下淡水客庄之堆制，有地方自治自衛之意，使用兵制上的「營」或「隊」都不甚洽切；或是由於客家人於下淡水地區的聚落分布，在地形上不完全集結一地，不易劃分，故稱爲「堆」。❸❸

其實，清代的兵制單位中也有「堆」制，是城內重要的據點，「凡城內置兵宿守者曰堆」，臺灣僅府城內可見堆制，如嶽帝廟堆、府衙邊堆、十字街堆、關帝廟堆、枋橋頭堆、開山官堆等。❸❹ 清廷兵制中的「堆」與六堆組織的意涵不盡相同，二者之間有無相互影響的關係，由於文獻不足，尚難進一步釐清與分析。❸❺

---

❸❿ 〈諭內閣分別獎賞福康安及出力人員〉，《天地會》（四），頁 387。

❸❶ 徐宗幹，〈癸丑日記〉，《斯未信齋雜錄》（文叢第 93 種），頁 91-92。

❸❷ 臺南縣誌編纂委員會，《臺南縣志》，頁 23。

❸❸ 鍾壬壽，《六堆客家鄉土志》，頁 86。

❸❹ 謝金鑾，〈汛塘〉，《續修臺灣縣志》（文叢第 140 種，1831 年原刊），頁 251。

❸❺ 張菼認爲下淡水客庄的堆制之得名，實仿於清廷駐軍單位的「堆」制。但因未提出論證，在未有進一步證據之前，暫不予採信。見張菼，〈清代臺灣分類械鬥頻

　　然而，儘管下淡水客庄的堆制可能於朱一貴事件期間即已出現，但由康雍年間，其兵力配置的單位有七至八個，駐守之地不僅遠離客庄本身，且各營的駐紮地點與後來各堆所屬聚落的分布差距甚遠，如朱一貴事件期間，係以右營駐紮最南的新園等情形看來（參見圖6-1），當時的堆制似乎尚未成為各個聚落自我認同的地域組織。❸❻換言之，即使自朱一貴事件之後，下淡水地區的客家人藉此鄉團組織的成立，有了自我認同與團結的標準，卻未必於康熙末年各中、左、右、前、後、先鋒各堆即已成為各個聚落自我認同的區域，此應是日後內化而成的。在《臺灣總督府公文類纂》檔案中，我們看到一則關於六堆性質的描述，其中提到：

> 六堆記源乾隆五十一年始，西勢連零仔角，及新北勢，中堆；火燒、凌洛、□□林、潭頭等全庄，前堆；新東勢、竹圍仔、新庄仔、內埔等全庄，後堆；萬巒、五溝水等十余庄，先鋒堆；六寮、新埤□、昌隆庄等十余庄為左堆；湄濃、龍肚、新威、楠仔、大路關、社寮、九塊厝、茄苳仔、半份仔等二十余庄，右堆。❸❼

據之可知，至少在乾隆五十一年（1786）時，六堆各堆已與在地的各客家聚落產生連結關係。加之，〈邀功紀略〉中曾記載「前堆麟洛等

繁之主因〉，《臺灣風物》，第 24 卷第 4 期（1974 年 12 月），頁 79。

❸❻ 施雅軒近期對下淡水客庄在朱一貴事件之列戰情形的研究亦表示，一般人習將「六堆」命名的文化脈絡歸因於朱一貴事件，但此種說法無法真實呈現當時的歷史情境，因朱一貴事件當時，客庄係採以下淡水溪為主要屏障，分列河邊防止敵軍上岸之「七營」陣型防禦，並無法與現今「六堆」的聚落分布相對應。參見施雅軒，〈客家戰場〉，收入氏著，《區域‧空間‧社會脈絡：一個臺灣歷史地理學的展演》，頁 125-126。

❸❼ 〈六堆堆費延滯處分ニ関スル件〉，《臺灣總督府公文類纂》，第 9774 冊，第 9號。

表 7-3 光緒年間六堆規模表

堆名		庄名	庄數
先鋒堆		萬巒庄、三溝水、五溝水、番仔角、大林庄、頭溝水、二溝水、四溝水、鹿藔下、硫磺崎、新庄仔	11
前堆	前堆上	竹葉林庄、崙上庄、火燒庄、新老潭頭、香楊腳庄	6
	前堆下	麟洛庄、上下竹架庄、老田尾庄、徑子庄、田心庄	6
後堆		內埔街、新東勢、新庄仔、樹山仔庄、檳榔林庄、番仔埔、老東勢、早仔角、忠心崙	9
中堆	上中堆	新北勢、竹頭角、西勢庄、竹圍仔、四什份、老北勢、楊屋角、頂頭屋、八壽坡、四坐屋、七座屋	11
	下中堆	二崙庄、南勢庄、頓物庄、和尚林、新街庄、頭崙庄、美崙庄、達達庄、頓物潭、溝背庄	10
左堆		南岸庄、打鐵庄、新埤頭、茄冬腳、六根庄、千三庄、石公徑、下埔頭、半徑仔、倉籠庄、建功庄、沙崙	12
右堆		瀰濃庄、中坛庄、竹子門、大埔庄、新圍庄、大路關、竹頭背、龍肚庄、牛埔子、新庄仔、新藔庄、武洛庄、九芎林、柚仔門	14
合計			79

資料來源：宋九雲編纂，《臺南東粵義民誌》。

莊及左堆潮州、林后等莊，均遭賊人攻打，請發兵救援」，[38]亦顯見各堆已有歸屬之聚落。由上述的討論看來，六堆各堆成爲各個聚落自我認同的情形，應於乾隆末年之前即已形成。

下淡水地區六堆所涵括之聚落，以今人之分法，即今萬巒鄉一帶爲先鋒堆；竹田鄉一帶爲中堆；麟洛、長治二鄉一帶爲前堆；內埔鄉一帶爲後堆；佳冬、新埤二鄉一帶爲左堆；美濃、高樹一帶爲右堆

[38] 其所言潮州、林后時屬左堆的情形，與今之認知亦有差距，此是否表示當時此二庄為客庄，及其曾為六堆聚落所屬，因無資料佐證，無法進一步了解，見黃袞、廖芳所著之〈邀功紀略〉，原載於 1990 年之《客家雜誌》第 3 期，後經收入曾彩金總編纂，《六堆客家社會文化發展與變遷之研究》歷史源流篇（屏東：財團法人六堆文教基金會，2001 年）中。參見該書，頁 95。該文對乾隆末年下淡水客庄參與林爽文與莊大田事件的來龍去脈有詳細且生動的描寫，郭維雄認為該文係極少數流傳至今當事者第一手的原始記載，然該文所載部分內容與官方奏摺檔案有所出入，在使用時或仍需參照斟酌。關於該文中所載六堆參與林爽文事件之情形，可參閱郭維雄，〈黃袞《邀功紀略》所載清代臺灣南路六堆義軍參與平定林爽文事件始末研究〉一文，收入賴澤涵、傅寶玉主編，《義民信仰與客家社會》（臺北：南天書局，2006 年），頁 39-81。

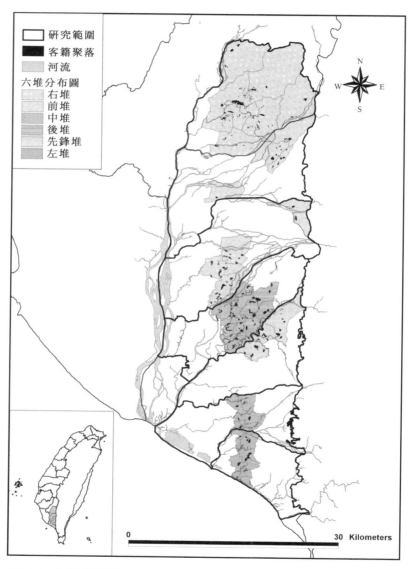

圖 7-1 六堆分布圖
製圖：劉揚琦

表 7-4 日治初期六堆規模表

堆名		庄名	庄數
先鋒堆		萬巒、新庄仔、鹿寮、下硫磺崎、頭溝水、二溝水、四溝水、五溝水、上硫磺崎、鼎興、糖廍、大林、流唐	13
前堆	上前堆	火燒、三塊厝、潭底、煙墩腳、新潭頭、竹葉林、山豬毛、老潭頭、营蕉腳、新園、加冬仔	11
	下前堆	麟洛、田心、上竹架、下竹架、老田尾、徑仔	6
後堆		内埔、新庄仔、塘肚仔、竹山溝、上樹山、加冬樹、下樹山、檳榔林、左仔角、老東勢、新東勢、番仔埔、埤頭	13
中堆	上中堆	西勢、南勢、竹圍、虞埔、新北勢、老北勢、楊屋角、四十分、上竹頭、八壽碑（埤）	10
	下中堆	上和順林、中崙、二崙、頓物、下和順林、崙上、羅羅、溝背、尾崙、新街、頭崙、頓物潭、羅經圈	13
左堆		六根、武丁、干三、打鐵、新埤頭、半嶐仔（半見？）、見光、石光見、南岸、沙崙、下埔頭、昌良（隆）、上埔頭	13
右堆		美濃、新寮、崁頂、力社、大埔、中壇、蔡葵、龍肚、鹽樹下、大路關、竹頭背、刺仔腳、新大路關、八老爺、刺桐坑、九营林、上武洛、苦瓜寮、柚仔林、楠仔仙、隘丁藔、下武洛、板（叛）產、新圍、新庄仔、老匠寮、九塊厝	27
合計			106

說　明：表内標明右堆所屬之力社、八老爺、苦瓜寮應非屬右堆所轄，而係屬先鋒堆之附堆；又刺桐坑、叛產、崁頂、新庄仔、大埔、九塊厝、鹽樹下等庄則係屬於右堆之附堆（關於附堆之說明，請參後述）。

資料來源：《臺南縣誌》（1899 年），頁 24-27。

（參見圖 7-1）。光緒年間宋九雲編纂之《臺南東粵義民誌》中，曾就「臺灣府鳳山縣屬，凡粵人居住之庄，六堆所屬」清楚開列，並明言只是「約略舉其大者」（參見表 7-3），此記載為目前所見最早將各堆及所屬聚落具體標明的文獻。

　　六堆各堆區分的疆界，主要為河流，或非客籍聚落。因此，屏東平原客家人聚落中，各堆所屬聚落，可能因河流的改道、異籍聚落的遷異，或行政區劃的變化等因素而所有改變。如原屬閩籍聚落的西勢、八壽埤、四十分（今竹田鄉）、牛埔（今美濃鎮）等庄，在客家人強勢入居後，亦先後屬於六堆之轄屬。此外，由表 7-4 及表 7-5 對照看來，原屬中堆的羅經圈後來改屬後堆，原非屬六堆範疇的塭子、餉潭、糞箕湖後來亦劃入六堆。上述之例雖為日治之後的情形，但自

表 7-5 昭和年間六堆規模表

堆名		庄名	庄數
先鋒堆		萬巒、三溝水、五溝水、高岡、大林、頭溝水、四溝水、鹿寮下、硫磺崎、得勝、二溝水、成德	12
前堆	前堆上	竹葉林、崙上、火燒、新潭頭、下厝、香楊腳、老潭頭、溪埔、新威、田寮、三座屋	11
	前堆下	麟洛、上竹架、下竹架、老田尾、徑仔、田心	6
後堆		內埔、番仔埔、檳榔林、早仔角、忠心崙、羅經圈、茄苳樹下、竹山溝、下樹山、泥埤仔、新東勢、東片新、景興、上樹山、老東勢	15
中堆	上中堆	新北勢、竹頭角、西勢、竹圍子、四什份、楊屋角、八壽陂、四座屋、和順林、老北勢、頂頭屋	11
	下中堆	二崙、南勢、頓物、和尚林、新街、頭崙、糶糶、頓物潭、溝背、履豐、崙上、美崙	12
左堆		南岸、打鐵、新埤頭、茄苳腳、石公徑、下埔頭、半徑仔、昌隆、建功、餉潭、糞箕湖、胡蘆尾、塭子	13
右堆		瀰濃、牛埔仔、埤頭下、山下、中壇、三降寮、上下竹圍、柚仔林、石橋仔、南頭河、龍肚、木瓜坑、橫山、竹頭角、九芎林、金瓜寮、上下清水、吉洋、上下九寮、上下溪埔寮、大埔、月眉、新威、東振新、新寮、武洛、大路關	27
合計			107

資料來源：松崎仁三郎，《嗚呼忠義亭》，頁 5-6 頁。

此不難察知，各堆之轄屬是可能因爲天然界限的改變、閩客族群勢力的消長，或行政區劃的變化而有所增減遷異的。

　　另外，值得一提的是後期發展出的「附堆」組織。由於渡臺耕墾的移民源源而來，在原本的客家聚落發展飽和後，乃有部分客家移民被迫與閩人同庄居住。其所居之聚落並不屬於六堆的編制之內，但因同鄉之誼，且遇事時必須互相幫援，故發展到後期，乃有附堆組織的產生。據《臺灣總督府公文類纂》之相關資料顯示，楠仔仙等十三庄是六堆右堆的附堆；海豐等二庄爲前堆之附堆；潮州等七庄爲先鋒堆之附堆（見表 7-6）。附堆與六堆之間，有著權利義務的關係，六堆遇事需出堆時，附堆的客民需依其各庄的大小及人口的多寡，決定領旗的額數，幫派堆費、堆米，負擔部分六堆出堆時所需的食料及其他費

用，六堆則派出旗丁保護其庄里。❸❾

表 7-6 六堆之「附堆」表

堆 名	附堆聚落	庄數
右 堆	楠仔仙、莿桐坑、莿仔藔、月眉、叛產厝、崁頂、新庄、大埔、九塊厝、大路關、上武洛、下武洛、鹽樹	13
前 堆	海豐、茄冬仔	2
先鋒堆	潮州、八老爺、力社、加左、苦瓜藔、林后、四塊厝	7

資料來源：〈附堆ニ関スル事項〉，《臺灣總督府公文類纂》，9785 冊，第 8 號，〈鳳山縣管內治政一班（元臺南縣）〉，1897 年，甲種永久。

　　由表 7-7、7-8 可知，據 1897 年的調查，當時六堆地區戶數計 7,603 戶，人口則有 42,859 人。而附堆的部分，包括前堆、右堆、先鋒堆在內之附堆，其戶數計有 2,170 戶，10,016 人。附堆成立的年代在史籍上未見有明確的記載。然而，若自同治八年（1869）的〈重修忠義亭樂助緣碑〉中所載，該碑係八老爺庄庄耆柯積善、楊媽願、賴全復等人幫費予六堆建醮而立。文中有「恭入義民，永結同心」、「左堆毗連」及「倘日後賊匪擾亂，亦不得反悔，藉端致擾滋事」❹❶的字樣。其與六堆的關係是否即為後日所言之「附堆」，值得進一步探究。若當時八老爺庄即為六堆之附堆，則有三點意義值得探討。一、六堆的「附堆」組織在同治八年（1859）以前即已形成；二、各庄所附之堆是有可能改變的，即同治八年（1869）該庄附屬左堆，至清末已改為先鋒堆之附堆；三、附堆客民可能不僅在六堆遇事出堆時方需資出銀谷，平時遇有喜慶或建醮，亦需幫出經費。

---

❸❾〈附堆ニ関スル事項〉，《臺灣總督府公文類纂》，9785 冊，第 8 號，〈鳳山縣管內治政一班（元臺南縣）〉，1897 年，甲種永久。

❹❶〈忠義亭碑〉，《臺灣南部碑文集成》（文叢第 218 種），頁 700-701。

表 7-7 日治初期六堆戶數人口表（1897 年）

堆區	里名	戶數	人口
前堆	港西中里	1,329	5,633
中堆	港西下里	1,151	7,167
後堆	港西下里	1,044	6,544
左堆	港東中里	1,349	7,067
右堆	港西上里	1,807	10,468
先鋒堆	港東上里	923	5,980
合計		7,603	42,859

資料來源：〈附堆ニ關スル事項〉，《臺灣總督府公文類纂》，9785 冊，第 8 號，〈鳳山縣管內治政一斑（元臺南縣）〉，1897 年。

表 7-8 日治初期附堆戶數人口表（1897 年）

堆名	里名	戶數	人口
前堆	港西中里	266	1,249
右堆	港西上里	910	4,329
先鋒堆	港東上里	994	4,438
合計		2,170	10,016

資料來源：〈附堆ニ關スル事項〉，《臺灣總督府公文類纂》，9785 冊，第 8 號，〈鳳山縣管內治政一斑（元臺南縣）〉，1897 年，甲種永久。

　　另一方面，若由表 7-6 之附堆聚落與表 7-4 與表 7-5 互相參照，可以了解，日治初期原屬於附堆的聚落，部分後來直屬於六堆，如屬於右堆之大埔、大路關、武洛等庄；或分出六堆之外，如原為右堆附堆的楠仔仙、莿桐坑等庄，原為前堆附堆的海豐、茄苳仔，及原為先鋒堆附堆的潮州、八老爺等庄。此現象或許可以如此推論，原有的附堆聚落在明治三十年至三十二年（1897-1899）之間，已依其聚落福、客勢力之多寡分別劃於六堆或六堆之外。

　　綜上可知，無論朱一貴期間下淡水地區客民的鄉團組織是否已稱為「堆」制，該鄉團組織已成為當地客家人自我認同的指標，且於乾

隆末年之前，更成爲當地客家聚落自治的範圍。隨著墾拓事業的發展，至後期遂發展出附堆之組織，而各堆所屬聚落有可能因地理環境的改變或是閩客勢力的消長而有增減遷異。

二、六堆戰時組織之建構

日治時期對於清治時期下淡水客庄的六堆組織，最早作有系統論述的，應是明治三十二年（1899）出版的《臺南縣志》，其中對於六堆的組織內容，有以下的記載：

> 各堆公選總理、副總理，六堆更推選大總理、大副理。地方有事之
> 日，大總理指揮一切，各堆總理協辦軍務。各堆選拔壯丁，以五十名
> 爲一旗，以六旗爲一堆。糧餉由庄民自行負擔，其中大租戶二分、小
> 租戶五分、佃戶三分，屬於一種自治獨立的屯田組織。[41]

此後，有關六堆的記載，率皆以此爲本，如伊能嘉矩所著之《臺灣文化志》，[42] 及村上玉吉編著的《南部臺灣誌》。[43] 此外，松崎仁三郎《嗚呼忠義亭》中，對於六堆的內部組織有更深入的說明：

> 每堆設總理、副總理各一名外，另有持旗之正副旗手二人、率隊之正
> 副先鋒二人、專司聯絡的長幹一人、專司備糧事務的督糧一人。六堆
> 大總理由各堆總理六人協議推薦學識、名望、財產、剛勇兼備之人。

---

[41] 臺南縣誌編纂委員會，《臺南縣志》（臺北：成文出版社，1899 年原刊），頁 23-24。

[42] 伊能嘉矩，〈特殊之鄉兵〉，《臺灣文化志》上，頁 272-273。

[43] 村上玉吉編，《南部臺灣誌》（臺南：臺南州共榮會，1934 年），頁 22-25。

專司內務的大副總理及管理堆丁的指揮使、文案、督糧、長幹等人，由大總理與各堆總理協議決定。❹

綜合以上的說法，六堆組織內容的要點有三：一、遇事時由各堆先設總理、副總理，由他們推舉代表六堆全體的大總理、副總理；二、組織的主要編制係每堆置六旗，每旗五十名壯丁，即每堆共三百名壯丁；三、糧餉來源係由庄民以大租戶二分、小租戶五分、佃戶三分的原則攤派。

然而，僅自以上幾本論著的內容概論六堆的組織是頗有問題的，因其所描述的，可能只是清末或日治時期六堆組織的面貌，因此，並未能從中了解六堆組織形成與演變的過程。故以下分領導人之推舉、旗之規制、兵力之配置、糧餉之來源四個面向，進一步探討六堆組織形成與定制的過程。

（一）領導人之推舉

朱一貴事件時期，下淡水客庄以李直三為首，另推侯觀德籌劃軍務，各營以統領二人領之，此時尚未有六堆及各堆總副理之制。吳福生事件期間，每個駐守單位的領導人有二至四人不等（見表7-2）；又蔡牽事件期間，擔任六堆總理的有賴熊飛及鍾麟江二人，副總理有黃觀光、劉及昌二人。❺自此可知，六堆各期的領導者人數，在嘉慶年間之前，仍尚未發展成固定的編制。

另一方面，六堆大總副理及各庄總副理的推舉方式亦有其演變之歷程。在朱一貴、吳福生事件期間，下淡水客庄鄉團組織形成的方

---

❹ 松崎仁三郎，《嗚呼忠義亭》，頁4。
❺ 松崎仁三郎，《嗚呼忠義亭》，頁91。

式，乃有識者登高一呼，眾人響應的模式。乾隆年間，眾議以曾中立為首，總理六堆事務，另於各堆各庄分設總、副理，分管庄眾；蔡牽事件期間，亦是由六堆大總理推派各堆總副理。綜上可知，嘉慶之前六堆大總理與各堆總副理的產生方式，與《臺南縣志》等所言：六堆大總理係由各堆總理推舉才學兼備之人的說法有所出入。此或因六堆大總理、總副理係有事之時方需設立，且事平之後，常因其義民首的身分而屢獲榮賞，分發異地，不似各堆各庄總副理，可能隨著時間演變，逐漸與當地聚落結合，而成為各區域的領導階層。故發展到後期，六堆組織領導人之產生，會由以往由上而下的推舉過程，演變為由下而上，即由各堆總理推舉六堆大總理的模式。

（二）旗之規制

　　下淡水地區六堆組織中，「堆下制旗」的編制係起於何時，頗值探討。關於六堆旗制的記載，最早見於乾隆年間，如〈邀功紀略〉一文中，已見有旗的編制。在林爽文、莊大田起事時，旗已是民間糾眾的常用編制。起事者或義民皆有旗的組織，如「莊大田手下的，約有四、五萬人，分作二百餘杆旗子，每旗頭目一名，帶二、三百人不等」。❹ 義民方面，亦多以旗統眾，故有論者言，臺灣史上義民旗的規制，奠定於林爽文事件期間。❹ 當時有許多義民首以旗得名，如蔡奪等人的五色旗、張爵所領之「白甲旗」，及「澎仔船義民旗」、「鄭其仁旗」等，均是林爽文事件中助官平亂的主要力量。且自此而後，「閩粵紳富之仗義急公者，均以義民旗著名」。❹

---

❹〈審訊金娘等四人供詞筆錄〉，《天地會》（三），頁 129-130。

❹ 陳慧兒，〈林爽文事變中之義民〉，《臺南文化》，第 4 卷第 1 期（1954 年 9 月），頁 15。

❹〈團練〉，《安平縣雜記》（文叢第 52 種，1895 年原刊），頁 102。

　　然而，六堆的旗制，或應早於此時。「旗」制本爲臺灣民間有事號召的一種標幟，[49] 在康、雍年間，朱一貴、吳福生倡亂時，除以豎旗之行爲號召群眾外，亦有以旗統眾的編制。如「杜君英遣楊來、顏子京執旗二竿，往會朱一貴」；[50] 吳福生等「聚有一二桿旗，每桿旗約有十多人、二三十人不等」。[51] 其中，吳福生倡亂時的編制，是以營統旗，在旗制之上有左、中、右三營。[52] 康、雍年間，下淡水客庄動員的兵丁有萬餘人之多，若僅以七、八個單位的營制管理，未免太過鬆散。相應於杜君英及吳福生的旗制，及吳福生「以營統旗」的編制，當時的下淡水鄉團組織應亦已發展出旗之編制。六堆之旗制發展至後期，逐漸定制化爲每堆設六旗，每旗領五十名壯丁，並置有正副旗手等編制。

　　此外，若自日治初期的檔案觀之，旗制後來亦成爲分派堆費的單位。如《臺灣總督府公文類纂》，第9774冊，第9號之〈六堆堆費延滯處分ニ關スル件〉中，提及右堆堆費支開規則：

> 六堆堆費本無定額，若逢地方擾亂，則分旂額均派，而右堆旂額約共有五十餘旂。大村者旂多，小村者旂少。夫湄濃一大村庄也，旂額十二支，其龍肚庄旂額五支，東振新庄五支，竹頭背旂五支，至小庄者九芎林旂二支，柚仔林、大埔、大路關、九塊厝、茄冬仔及楠仔仙、月眉、崁頂、合新庄，或三支，或二支、一支不定。新寮、新威及中壇、牛埔皆有旂額也。[53]

---

[49] 陳慧兒，〈林爽文事變中之義民〉，《臺南文化》，第4卷第1期，頁15。

[50] 〈朱一貴供詞〉、〈朱一貴謀反殘件〉，收入《臺案彙錄己集》（文叢第191種），頁2-17。

[51] 〈吳福生等供詞〉，《臺案彙錄己集》，頁43。

[52] 〈吳福生等供詞〉，《臺案彙錄己集》，頁44。

[53] 〈六堆堆費延滯處分ニ關スル件〉，《臺灣總督府公文類纂》，第9774冊，第9號。

自上可知，至少遲至日治初期，旗制已成為地方遇事時均派堆費的單位。基本上，聚落規模大者分配旗數多，規模小者分配旗數少，而當時的右堆共有五十餘旗。

（三）兵力之配置

自表 7-1、7-2 中可知，朱一貴及吳福生事件期間，下淡水客庄鄉團組織的兵力分配，每個駐守單位有兵力八百至六千不等，如此懸殊的數目差異，或與駐守地區的重要性及難易程度有關。乾隆末年林爽文事件期間，下淡水客庄選壯丁八千餘名，分六堆部署，每堆人數若平均分配，約有千餘名。綜上所言，至乾隆末年之前，六堆尚未發展出一堆六旗，三百名旗丁的規制。據《嗚呼忠義亭》之記載，每堆置三百名旗丁之制，或成於嘉慶十二年（1807）的蔡牽之亂時，當時各堆的編制為，每堆設隊長一名，領義民三百餘名。❺❹ 值得注意的是，自康、雍以來，六堆兵丁的數目有逐漸減少的趨勢，由康、雍時期的萬餘、乾隆年間的八千多，至嘉慶末年已發展成各堆僅三百餘人的編制。如此數目的改變，應與六堆組織逐漸制度化，及臺灣亂事逐漸北移有關。

（三）糧餉之來源

康、雍時期，下淡水客庄出堆時所需的糧餉來源，若據《臺南東粵義民誌》之相關記載，似自朱一貴事件期間，即已形成由田甲派出糧餉之慣例。❺❺ 就官方文獻來看，出堆時糧餉照田畝公捐之例，在林

---

❺❹ 松崎仁三郎，《嗚呼忠義亭》，頁 92。

❺❺ 宋九雲編纂，《臺南東粵義民誌》內所收〈臺南粵庄義民始創六堆及設立章程〉中，有「每營義勇之多寡，均按田甲派定」的記載。

爽文事件期間已有清楚的記載，❺❻但彼時是否已明確地規定大、小租戶及佃戶的額度，尚待進一步釐清。下淡水地區的租佃關係，大租戶多爲閩籍或不在地地主，在事起之初，共議糧餉由田畝公捐時，該大租戶是否亦熱衷其事是值得懷疑的。故《臺南縣誌》中所言大租戶二分、小租戶五分、佃戶三分的分配原則，應是經多次折衝後，至後期逐漸成型的。

此外，隨著遇事攤派成爲慣例，各堆各庄至後期亦可能形成醵出款項之標準，個別的負擔比率漸趨固定，以利於資金之醵集。據日治初期〈六堆堆費延滯處分ニ関スル件〉中可知，六堆地區在承平時期不徵收堆費堆谷，若遇地方擾亂，則依各庄人口及田園大小比例分配堆旗，並按旗數撥派米穀雜費。按當時規定，一旗額約定派出堆費五十石、堆米十石、堆銀三十元。即若一庄分配三支旗者，則出谷一百五十石、米三十石，及銀九十円。按旗醵集之米穀雜費，用以支付該堆大總理、總副理、先鋒旗首每月飲食之資。此外，各庄尚需按田甲提供每甲或八石，或五元，或五斗米等，作爲各庄總理、先鋒、旗首、壯丁之用費。❺❼在先鋒堆方面，鍾壬壽亦曾提及，後來萬巒庄分爲四面旗，林姓兩旗，鍾姓一旗，黃李及雜姓共一旗，負擔款項各爲四分之一。公捐總額決定後，由各姓代表者，招集該姓大小公業的管理人及地主合議攤派，連萬巒福德祠祭典輪值負責人，亦由四旗分派較有資力者擔任。❺❽

---

❺❻《欽定平定臺灣紀略》，即載明「粵民一百餘莊，分爲港東、港西兩里……挑選壯丁八千餘名，分爲中、左、右、前、後及前敵六堆，按照田畝公捐糧餉」。見《欽定平定臺灣紀略》，頁 904-905。

❺❼〈六堆堆費延滯處分ニ関スル件〉，《臺灣總督府公文類纂》，第 9774 冊，第 9號。

❺❽鍾壬壽，《六堆客家鄉土志》，頁 275。

綜上可知，自朱一貴事件之後，下淡水地區六堆組織的戰時規制一直在因地制宜，因時調整。故伊能嘉矩等人所言之組織內容，其實是隨著時勢演變而逐漸定制的。此外，道光以後，因清廷政治力低落，官兵怯弱，加上外國勢力頻擾，政府財政匱乏，故在臺官員紛紛倡行聯庄、團練等政策，試圖藉著民間力量，組織民兵，達到維持社會治安及抵禦外力侵略的目的。團練以保甲為基礎，由各戶派出團勇，施以軍事訓練，一面防守鄉土，一面補兵防之不足，是一種民兵制。❺❾下淡水客庄在同治初年戴潮春亂後，直至光緒二十一年（1895）間，未見有出堆的行動。因此，令人不免懷疑，在清末團練之制方興未艾的當時，對六堆組織是否有所影響？

臺灣自道光二十年（1840）至光緒二十年（1894）間共舉辦過六次團練。其中，光緒十年（1884）之前所辦歷次團練，多襲義民舊制，即無事守庄、有事聽調，尚未發展出嚴謹的組織及規模。光緒十年（1884），中法戰役起，臺灣海防吃緊，兵備道劉璈乃頒布「全臺團練章程」，令全臺各府縣均設團練總局，章程中對團練的組織、任務、經費均有明確的規定。❻⓿其中規定粵籍聚居之地，准另設「粵團」，下淡水客庄是否於此際曾組織「粵團」，因資料不足，無從了解。但自團練組織的內容，如團勇由庄中男丁擔任，無事自衛身家，遇亂赴敵打仗，及口糧經費由庄民捐資等方面來看，與六堆的基本組織相去無多，故即使此時下淡水客庄需聽令組織團練，應仍能維持六堆組織的基本架構。

光緒二十年（1894）五月，中日甲午戰爭爆發後，臺灣官員除積極籌辦海防，亦多方募集鄉勇，以備官兵之不足。面對如此局勢，下

---

❺❾ 戴炎輝，〈團練〉，《清代臺灣之鄉治》（臺北：聯經，1992 年），頁 89-90。

❻⓿ 劉璈，〈議辦全臺團練章程由〉，《巡臺退思錄》（文叢第 21 種），頁 246-253。

淡水客庄亦有人民練團響應,光緒二十一年(1895)二月,粵籍生員江福森、李鎔經、黃耀垣、黃應香、例貢生鍾德棠、千總林超勝、軍功林信保、鍾庚龍、曾耀東、徐聯超等「於粵籍各莊招集義勇五千名,編列十營」。**⑥¹** 此十營義勇是當時六堆組織議派,抑或是當地庄眾在紳耆倡議下的自願行為,因無資料佐證,已無法得知。但自此我們可以了解到,道光以來臺地的團練之風,對六堆必有相當的影響。

三、六堆平時之自治組織

六堆鄉團組織的成立,對下淡水客庄最重大的意義,在於其可藉由此種遇亂設堆的推力,使其內部趨於團結。嚴格來說,最初六堆組織應只是臨時的軍事組織,在遇有與客家人全體利害相關的威脅時,乃設置大總理統轄全體庄民,以求在單一的領導下同心共濟;事息之後,盡皆撤堆歸農。然而,自朱一貴事件之後,此鄉團組織已成為當地客家人自我認同的指標。下淡水客庄在設堆之後,經推舉而成的六堆大總理、總副理,或各堆各庄的總、副理,亦逐漸成為當地的最高仲裁者,除負責平亂的相關事宜之外,亦負責維持社會秩序。

由六堆中軍於咸豐三年(1853)七月,在海豐庄發貼的曉諭中可知,原居住於宗蘭庄的廣東貢生義首蕭珍記(即蕭文鳳),在搬入閩粵雜處的海豐庄後,時常遭人乘農忙耕作時搶捕牛隻,或擄捉勒贖。六堆見此,乃由總副理聯名諭示「為此諭仰該庄及外庄人等知之,再

---

⑥¹ 江福森一營編為「儀」字正中營、李鎔經一營編為「儀」字正前營、黃耀垣一營編為「儀」字正左營、黃應香一營編為「儀」字正右營、鍾德棠一營編為「儀」字正後營、林超勝一營編為「儀」字副中營、林信保一營編為「儀」字副前營、鍾庚龍一營編為「儀」字副左營、曾耀東一營編為「儀」字副右營、徐聯超一營編為「儀」字副後營,見《劉銘傳撫臺前後檔案》(文叢第276種),頁241-242。

示之後，該貢生蕭文鳳、蕭文蘭所有田園、廬舍任其耕種自便，斷不許較擾勒索，致生事端，如有此情，一經指稟，本中軍立撥大隊嚴拏究懲，決不姑寬，毋違特示」。⑥ 自上可知，在設堆之後，下淡水客庄的大小事務，該大總理、副理有仲裁之權。

設堆後的總、副理有權管理社會秩序，而六堆散堆後，社會秩序的維護則歸各戶各庄甚或各堆自行裁斷。嘉慶年間，翟灝向下淡水客庄詢問其何以在諸多亂事久安無恙的原因時，所得到的回答是：

> 我莊有成約焉，事無巨細，人無遠近，必須痛養相關，軌以正而無至於邪；有則自懲之，不敢勞吏問也。⑥

自此可知，因為鄉團組織與聚落的結合，使得當地客民有休戚相關、榮辱與共的密切關係。故若遇社會騷亂，皆採自行處理的原則。在昇平之時，因為沒有最高的領導階層，故這些制衡起事的力量，應是由各庄或各堆自行處理。

下淡水客庄平時的自治自衛特性，可自各庄民居的形式、各庄的防衛工事等面向加以了解。據李允斐對下淡水客庄民居的研究，認為該地客庄的民居特色以合院為主，對內採開放式的平面格局，在外則環繞以刺竹，係集體聚禦的型態。⑥ 其實，客家移民對環境不安的心態由原鄉許多大型土樓的構築即可窺見。客家原鄉的許多大型土樓，係由土砦發展為民居的家與砦（堡）相結合的建築，具有很強的防衛

---

⑥ 〈咸豐三年六月六堆中軍為曉諭事〉，收入王世慶輯，《臺灣公私藏古文書影本》，V6-1。

⑥ 翟灝，〈粵莊義民記〉，《臺陽筆記》（文叢第 20 種，1811 年原刊），頁 3。

⑥ 李允斐，〈從六堆的開拓歷史談六堆民居風貌的演變〉，《客家雜誌》，1990 年第 3 期，頁 18-31。

性功能,其外牆高大、厚實,外形封閉,內部通達,是一座自成防禦體系的堅固堡壘。❻❺下淡水客庄由於家族發展的時間太短,加上屏東平原地勢平坦無山陵,沒有建造圍龍屋之地理條件,因此尚未能形成如原鄉般的大型土樓,整個下淡水地區只有內埔有二座大型的圍龍屋,❻❻其餘多為各式合院。❻❼然而此種自我防禦的民居型態,在客家人移民臺灣,居處於閩人及原住民聚落的生存空間中,亦被承續下來。因此下淡水客庄各式合院,多採圍屋形式維持客家建築文化之形制。❻❽

此外,由於下淡水地區的客家聚落多與閩人及原住民聚落相接壤,在分類意識形成後,為求自我防衛,故在各大庄中,常見有完固的防禦工事,如道光初期的林師聖對當時下淡水客庄聚落特色的描述:

> 粵大莊多種刺竹數重,培植茂盛,嚴禁剪伐,極其牢密。凡鳥鎗、竹
> 箭無所施,外復深溝高壘,莊有隘門二,豎木為之。又用吊橋,有警

---

❻❺ 孔永松,〈略論明中葉後客家的家族制的發展〉,收入邱典權編,《中國客家民系研究》,頁 162。

❻❻ 忠心崙曾屋為二堂六橫三圍之大型圍龍屋;上樹山黃屋則為二堂四橫一圍的圍龍屋,參見李允斐,〈客家族群與民居〉,收入徐正光編纂,《高雄縣客家社會與文化》(高雄:高雄縣政府,1997 年),頁 269。

❻❼ 大陸學者房學嘉曾於 1999、2002-2003 年兩次至六堆地區,就當地民居形式進行考察,就其考察分析認為,六堆地區雖僅見兩座圍龍屋,但該地之夥房、民居、宗祠等,實具有與原鄉圍龍屋相同的建構文化要素。如六堆地區的夥房,不論是世俗空間如正身、廳下、橫屋、禾坪、化胎、水塘等,或是非世俗空間,如天神、三官、土地龍神、仙師、公王、五星石伯公等,皆與其粵東梅縣、蕉嶺等原鄉之圍龍屋建構文化要素相同。其明顯的差異僅在,六堆夥房建築形式上少見在化胎後連弧形的圍龍間,及鮮見在夥房內設觀音壇等。參見房學嘉,〈從高屏六堆民居看客家建築文化的傳衍與變異──以圍龍屋建構為重點分析〉,《臺灣研究集刊》,2004 年第 2 期,頁 74-80。

❻❽ 李允斐,〈客家族群與民居〉,收入徐正光編纂,《高雄縣客家社會與文化》,頁 269。

即轆起固守，欲出門則平置，歸仍轆起。其完固甲於當時之郡城矣。[69]

此種庄社的防禦工事，多形成於與閩籍或原住民聚落交接，易起紛爭之大庄，如美濃、佳冬等。如美濃庄係建庄於河岸，以瀰濃河爲護城河，且於兩岸周遭遍植刺竹以爲籬，四向建柵門；佳冬庄以石牆環繞整個庄社成圓形聚落，四向開設東、西、南、北四個柵門，整個聚落景觀呈現出「防衛聚落安全」的意義。[70]

綜上可知，下淡水客民的自我防衛意識充分表現在六堆鄉團組織的形成，及庄社民居的型態上。除了因六堆鄉團組織形成的自我認同意識之外，下淡水客民亦藉由各類嘗會組織達到彼此聯繫的效果。如本書第五章所言，客家移民的嘗會所有土地，在清末日治初期，約占田園面積的六、七成以上，其普遍性無庸置疑。客家移民藉由各類同宗同族同姓，或同信仰、同一公益事業等種種目的所組織之嘗會組織，達成跨庄或跨堆的連繫，更因此增加彼此的認同意識。嘗會組織所涵蓋的範圍可大可小，或限於一庄，或跨庄，亦有以整個下淡水客家聚落爲範圍的，如「科舉會」。

科舉會係黃驤雲考取進士後，與閩省士子爭訟時，由下淡水各客庄共同醵出一筆資金，後該筆資金未用，乃將之購買田地三甲多，加之內埔某婦人捐出三甲田，以此成立六堆科舉會，藉其收息，供赴省鄉試及上京會試的客家學子以爲旅費。[71] 據《臺灣私法債權編》中所收錄的〈科舉會規約書〉所載：

---

[69] 林師聖，〈閩粵分類〉，《臺灣采訪冊》，頁 34。

[70] 鄭旭宏，〈屏東縣佳冬鄉閩客的文化互動〉（臺北：臺灣師範大學地理學研究所碩士論文，1994 年），頁 74。

[71] 鍾壬壽，〈江昶榮進士事略〉，《六堆客家鄉土志》，頁 199。

……第我粵文士，多守貧寒，每值三年大比，常以資斧維艱，不能往省鄉試，故科費之設雖曰無，而亦未始非前程之一力也。雖然我粵人文蒸蒸日上，諸父老又合議再行捐題，兼期樂助，加買得中心崙及崙上二處，每年兩季出息租贌，聯合五溝水大租穀額，為文武鄉試諸生在省分給盤費……規條開列：

一議，每年清理一次，準定舊曆十二月初六日設席算數記簿，六堆之簿要帶來記明，以便領回均息寄附，立議；

一議，五溝水大租多北路糯，每車作九石；其崙上莊及牛埔下之小租，不得作九折，立議；

一議，經理所收之穀，依照大成祀典結價，不得加減，立議；

一議，收大租，幫車工二圓，辛金四圓，收小租，幫辛金二圓，不得幫工，立議；

一議，立會簿六本，每堆各執一本，立議……。❼❷

　　此規約書雖未明言立約時間，但自內容看來，應是清代所立自無疑義。自上除可得知該科舉會所收租息有大租及小租二類外，更重要的是，我們可以了解當時「六堆」已成為下淡水客民自我認同的指標，且該會係由下淡水客庄共同參與，所立會簿亦由六堆各執一本。

　　除科舉會之外，鍾壬壽言「大聖會」亦係六堆鄉紳皆有出資，可代表六堆全體的神明會組織。❼❸此外，若遇忠義亭需重修等事宜時，亦聚集全體客庄參與，且各堆推舉總副理以籌辦相關事務（見表7-9）。

---

❼❷〈科舉會規約書〉，《臺灣私法債權編》，頁 300-302。
❼❸ 鍾壬壽，《六堆客家鄉土志》，頁 270。

表 7-9　重修忠義亭時六堆及各堆總副理表

	同治 8 年（1869）	同治 12 年（1873）	同治 12 年（1873）
六堆總理	曾光祖	邱鵬雲、謝兆鳳	邱鵬雲
六堆副總理	鍾樹齡、鍾召棠	林容照、鍾月祥	林容照、鍾月祥
中堆總理	鍾棣棠、林其英	鍾發春	鍾發春
左堆總理	林業中	賴茂長	張金鰲
右堆總理	梁心全	劉奇才	劉奇才
前堆總理	邱鵬雲	陳必廷	邱紹華、邱必廷
後堆總理	鍾里海	鍾里海	□孝先、鍾里海
先鋒堆總理	林相元	林祥光	林祥光
備註	八老爺庄耆耈等幫費醵緣，恭入義民	四十份庄紀淵源題銀修宮	海豐庄鄭元奎樂善助捐

資料來源：〈忠義亭碑〉、〈重修忠義亭樂助緣碑〉、〈忠義亭碑記〉，收入《臺灣南部碑文集成》，頁700-701、704-705；王世慶輯，《臺灣公私藏古文書影本》，v5-566、567。

　　綜上所述，清代下淡水各客家移民聚落，在鄉團組織成立後，有了共同的認同指標，遇事時得依此達成團結一致的行動與力量；平時無事時，自治自衛的工作則由各堆各庄自行處理。此外，各堆、各庄間，可藉由各類嘗會組織，達到彼此交往、聯繫的目的。故客家人在清代的下淡水地區形成緊密結合的關係，即如林師聖所言「閩人散而粵人聚」，遇事時常能不令侵犯到其生存空間，「惟鳳山縣南有粵民數十村，結寨自守，賊約不犯」。[74]

　　此外，根據施添福的研究指出，下淡水客民多傾向在客家地域內部尋找合適的通婚對象（參見表 7-10），藉由長期的通婚及其他各種親屬關係的建立，一方面繼續維持與原鄉密切的聯繫，另一方面則結合成一個休戚與共的血緣共同體。[75]

[74] 趙翼，〈論臺灣要害〉，《天地會》（五），頁 247。
[75] 施添福，〈國家與地域社會──以清代臺灣屏東平原為例〉，收入詹素娟、潘英海編，《平埔族群與臺灣歷史文化論文集》，頁 82。

表 7-10　清末至日治初期屏東平原客家地區親族和親子關係的空間範圍

契類	立契者	承受者	年代
贖身字	西勢庄李阿德	內埔庄林鼎昌	光緒 21.6
贖回字	內埔庄林順奎	同庄鍾成桂	光緒 31.3.25
寡婦改嫁字	四溝水庄鍾保廷五溝水庄鍾帶郎	新東勢庄涂成二檳榔林庄溫得郎	光緒 27.12
出嫁字	塘肚庄廖秋霖等	南勢庄張贊二內埔庄謝順官	光緒 31.12
出嫁字	新庄仔梁安生	中坑庄劉源春	光緒 27.12
嫁賣字	中壇區金瓜寮竹圍仔劉阿妹	瀰濃庄陳教化龍肚庄邱假黎	光緒 32.4.9
賣妻字	新北勢庄黃阿春	內埔庄李九冉	光緒 32.2.1
預立嗣書字	二崙庄二崙李煥聯	萬巒庄黃阿玉妹萬巒庄番仔角林阿鼎	光緒 31.12.18
婚書字	檳榔林庄馮門林氏	本庄溫泰鳳	光緒 14.8
招女婿字	茄苳腳庄李即義	半見庄楊阿棍	光緒 27.5
招孫贅字	頓物庄傅德興	本庄張阿寶	光緒 27.12.30
招贅婿字	頭崙庄張純德	美崙庄邱安連	光緒 28.10.14
招姪婿字	履豐庄陳佑郎	二崙庄宋壽興頭崙庄謝水生	光緒 28.11
招贅孫婿字	東振新庄曾金團	大車路庄陳德龍	光緒 30.10.18
招婿字	龍肚庄蕭劉氏	瀰濃庄徐添福	光緒 16.12.30
入贅字	四溝水庄賴傳妹	萬巒庄鍾陳氏	光緒 28.1
招婿字	番仔埔楊阿成	內埔庄賴鳳祥	光緒 32.1.26
承招字	港西下里頓物庄江安清	萬巒庄萬巒林鍾玉妹	光緒 31.11.28
招夫字	茄苳腳庄鄭連五	本庄曾椪生	光緒 31.6.29
招字	和順林庄溫秀七等	內埔庄李金郎	不詳
招夫字	內埔庄陳學丁	番仔埔庄徐桂生	光緒 29 閏 5
招婚字	內埔庄李成冉	本庄廖運連	光緒 30.10
招字	羅經圈曾添盛	本庄徐丁長	光緒 24.8
繼嗣字	港東上里萬巒庄李恩裕	本庄李鴻祥	光緒 30.8.19
過嗣字	四溝水庄林炳郎	萬巒庄梁恩元	光緒 28.5.3
遜讓嗣子字	西勢管內蒙下庄鄭假梨	內埔庄張福郎	光緒 30.12.9
遜讓嗣子字	麟洛新庄戴阿春	內埔庄鍾燕郎	光緒 30.6.20
繼嗣字	金瓜藔庄鄧運金	瀰濃中庄吳彩芹	光緒 27.10
賣男字	港西中里火燒庄邱榮福	內埔庄謝德官	光緒 30.9.26
出嗣字	新威庄邱郎般	龍肚庄張阿郎	光緒 32.7.2
遜嗣子字	港東上里五溝水庄黃天來	港西下里內埔庄劉鉅孫	光緒 31.12.28
出賣嗣子字	瀰濃庄李添登	本庄宋福康	光緒 32.6

資料來源：《臺灣私法人事篇》，文叢第 117 種。轉引自施添福，〈國家與地域社會——以清代臺灣屏東平原為例〉，收入詹素娟、潘英海編，《平埔族群與臺灣歷史文化論文集》，頁 83。

　　至於清領臺時期，下淡水客庄平時地方自治的領導層級爲何？《重修鳳山縣志》中曾載，清代下淡水地區的客家人聚落中，有里正、副之設。**❼⑥** 戴炎輝認爲此里正、副似屬自治的鄉職，但對各聚落其他領導人有無指揮監督權，則未能斷定。**❼⑦** 姑且不論嘉慶、道光之後，下淡水客庄是否如臺灣其他地區，亦有官設總理以負責堡里事宜，自已有的資料可知，對下淡水客庄地方自治握有實際權力的，除上述各堆總、副理外，各庄長及各姓族長應亦扮演十分重要的角色。由於嘗會組織的普遍，下淡水客庄各公嘗族長或神明會組織的經理人，亦均爲下淡水客庄地方自治的主要人物。鍾壬壽即言，由於各姓祭祀公業管理人握有資金的運用權，故各姓管理人的意見普遍受到重視。**❼⑧** 又，根據明治二十九年（1896）六堆總副理與各庄庄長、族長在日方壓力下，爲防止「匪徒」滋事而共同釐訂之規約可知，當時無論是約束地方、治拿「土匪」，皆係責成各庄庄長、各姓族長及各堆總副理，由該規約中亦可知，當時各堆各庄自成一自治單位，若遇需加賞銀元或支付養老銀、養家銀時，則係「各堆各庄自行給領，堆內各庄出七，本庄出三」。**❼⑨** 該規約立於日領臺之初，故應頗能說明清中葉之後六堆之自治情形。

　　再者，由於六堆地區「邑之大戶，多僦居府城」，**⑧⓪** 多藉管事爲其收租，因此造成管事在六堆甚有權勢。長興庄邱永鎬一族中有多人曾任長興庄管事，且因此積累財富；《美濃庄要覽》中亦言，美濃於清治時期，庄治設有管事，推選庄內有資產名望之人擔任，處理庄內

❼⑥ 王瑛曾，〈義民〉，《重修鳳山縣志》，頁 268。

❼⑦ 戴炎輝，〈鄉治組織及其運用〉，《清代臺灣之鄉治》，頁 12。

❼⑧ 鍾壬壽，《六堆客家鄉土志》，頁 275。

❼⑨ 〈爲約束地方以禦外患以靖內奸事〉，收入〈北林囑託外一名六堆地方民情視察復命ノ件（元臺南縣）〉，《臺灣總督府公文類纂》，第 9774 冊，第 10 號。

⑧⓪ 卞寶第，〈閩嶠輶軒錄〉，《臺灣輿地彙鈔》（文叢第 216 種），頁 89。

公共事業，維持一般安寧秩序，處理人民的爭訟、刑罰事件等。第一代管事爲開庄始祖林桂山之孫林長燧，第二代管事爲長燧之子林向選、第三代爲向選之子林日錢。❽《南部臺灣誌》中亦載，六堆聚落平時庄中事務多由管事負責，管事權大甚於鄉長。❽

根據咸豐年間老東勢庄所立之庄規合約字中，亦不難了解該庄管事之地位：

> 立合約字，老東勢庄管事黃粵欽、業主吳恆記，暨塘堵、新屋等庄頭家，為會議章程，以嚴約束，以安善良事。……我粵庄僑居臺陽，食毛踐土，涵濡乎聖化，已數百年矣。茲我老東勢等庄，得安無事，自宜各營其業，守分安命，以享昇平之福。雇禮義生於勉皇，而奸宄由於放縱，間有無知不法之徒，恃強藉端滋擾，擅敢糾惡，踰庄搶奪，此等舉動，凶橫何極！況我庄中，耕種之人居多，凡牛隻、什物，所關甚鉅。近屢遭不法之輩強搶，於此不究，其何以堪？為此會集我老東勢等庄公議，各行約束，嚴立規條，倘有不法之徒，未經投明庄中公親辦理，擅敢恃強，藉端滋事，糾惡搶奪，無論本庄、各庄匪徒，登即鳴鑼，統眾捕拿，輕則議罰，重則鳴官究治。其一切用費，除事主出三分外，餘俱係通庄田甲均派。力懲橫逆，斷不稍寬緩。立合約數紙，各執為照，庶強橫息，善良以安也……。
>
> 咸豐十年五月
>
> 立約字老東勢庄管事黃粵欽圖記、業主吳恆記圖記，共立四張。
>
> 元黃玉龍、亨賴廣水、利李祥讓、貞廖台淑各執一張。❽

---

❽《美濃庄要覽》（高雄：美濃庄役場，1937年），頁4。
❽ 村上玉吉編，〈六堆の組織及び區分〉，《南部臺灣誌》（臺南：臺南州共榮會，1934年），頁25。
❽〈咸豐十年五月老東勢庄管事黃粵欽、業主吳恆記、暨塘堵、新屋等庄頭家立合

　　該合約字係由該庄管事主導，參與者有該庄大租業主，及各庄頭家（戴炎輝言係爲小租戶）。[84] 由此可稍稍印證《美濃庄要覽》及《南部臺灣誌》之說法。根據陳秋坤近期之研究亦顯示，清代下淡水客庄一直維持由業佃分攤出資，聘請管事代表承辦全村地賦稅務及各種對外接洽事務的傳統。因此，平時村民典賣土地多需管事在場，並在契約上蓋章，表示交易之合法性。此外，亦有管事需負責協調水利灌溉用水之分配及水圳堤岸維修之事例。可見下淡水客庄管事亦爲社會經濟勢力核心及共同領導階層之一。[85]

　　綜上可知，下淡水客庄之堆制形成的原因，主要是基於生存危機感的自保自衛行爲。原鄉的生活經驗、下淡水地區聚落的錯落、族群間勢力的相當，都是促使當地客家人自覺團結方能自保的因素。而下淡水客庄的鄉團組織在朱一貴事件期間形成後，雖僅是一個臨時性的軍事組織，然而卻以此組織凝聚了全體，形成以語群爲界定範圍的自治團體。六堆組織表現於有事之時，係助官平亂的鄉團組織，平日無事時，客家人在各堆各庄有其自治組織與防禦工事，並且藉由土地關係或嘗會組織，以及同方言人群內的通婚關係，達成跨庄跨堆的交流與聯繫，增強下淡水六堆客庄實質的團結力，亦因此使得客家移民在下淡水地區，成爲一個相對強勢的族群。

　　　　約字〉，收入王世慶輯，《臺灣公私藏古文書影本》，V7-02。

[84] 戴炎輝，〈鄉治組織及其運用〉，《清代臺灣之鄉治》，頁 150-151。

[85] 陳秋坤，〈土著地權、族群關係與客家公產：以屏東平原爲中心，1700-1900〉，發表於行政院客家委員會主辦、屏東科技大學客家文化產業研究所協辦，「六堆歷史文化與前瞻學術討論會」，2007 年 9 月 20-21 日，頁 25-28。

第四部
客家人與官府的關係

　　下淡水客民自康熙末年朱一貴亂起後，每遇亂事，皆設堆在鄉堵
禦，或助官征剿。乾嘉之前，六堆客民的表現，對平息亂事有一定程
度的助益，故均榮獲清廷封賞旌獎。但自道光十二年（1832）的張
丙、許成之亂後，六堆的出堆對亂事之平抑已無建樹，反專注於與不
同方言人群的械鬥。由於其所引致的社會騷動，不下於民變，且因六
堆各總理開始任事驕縱，漸與官府產生衝突對立。本部欲藉由六堆在
歷次民變中所扮演的角色，探討其與官府關係之演變，及其變化的原
因。以下將先探究前期客家人與官府關係良好之情形，及後期二者關
係惡化的經過，最後再就二者關係轉變的原因加以討論、分析。

第八章　客家人與官府之密切合作

　　朱一貴事件係六堆組織形成的開端，自此而後，下淡水客庄每遇亂事，皆設堆堵禦，助官平亂，與官方建立良好的互動關係。下淡水客民在地方形成自衛組織，協助官府維持社會秩序，官府則在事後給予封賞旌獎，此即乾、嘉之前六堆與官府關係的寫照。以下分別就前期歷次民變發生時六堆客民的角色，及其助官平亂、榮獲旌賞的情形說明前期六堆的官府的關係。

一、朱一貴事件期間

　　康熙六十年（1721），朱一貴與杜君英分別豎旗倡亂後，下淡水客庄先於四月二十二日，遣艾鳳禮、涂華瑄等前往府城請兵來援。但因府城於五月一日為朱一貴與杜君英合力攻陷，在求援未成的情形下，下淡水客民乃以李直三為首，於五月十日糾集當地十三大庄、六十四小庄，共客民一萬二千餘名，在萬丹拜叩天地，立大清旗號，設營堵禦。❶下淡水客民當時的防禦布置，主要是於下淡水溪沿岸連營固守，用意在保衛鄉里，以防止倡亂勢力越溪侵擾。下淡水客民的結營固守，使得起事勢力在相拒月餘後，始終無法越溪南渡（參見圖6-1）。

---

❶ 覺羅滿保，〈題義民效力議敘疏〉，收入王瑛曾，《重修鳳山縣志》（文叢第146種，1764年原刊），頁343。

　　有鑑於此，朱一貴乃於康熙六十年（1721）六月十二日，遣陳福壽、王忠、劉育、劉國基、薛菊生、郭國禎等率眾二萬餘人，在下淡水溪西岸結營，與下淡水客庄的七營隔河對壘。❷ 翌日，陳福壽等糾眾數千，陸續渡越下淡水溪，分抵新園、小赤山、萬丹、濫濫等庄，與下淡水客民發生零星衝突，各有勝負。❸ 十八日，劉育復率萬餘人自西港口潛渡新園，下淡水客民以先鋒營統領劉庚輔、右營統領陳展裕、鍾貴和等人率眾與之交戰兩次，由於當時其他各營分札他處，眾力未齊，未能取勝。之後中營統領梁元章、前營統領古蘭伯、左營統領侯欲達皆率眾來會，與起事者戰於小赤山，仍勝負未分，各有損傷。❹

　　六月十九日，陳福壽等率眾來犯萬丹，劉庚輔、陳展裕、侯欲達、古蘭伯率眾拒之，且於戰守之間，將其誘入濫濫庄。適後營統領率眾自搭樓趕來，各營分北、東、南三面夾攻，大敗來犯者。❺ 隨後官兵亦至，在合力追捕下，擒殺為首的鄭廷瑞，❻ 陳福壽等人則往下淡水溪沿岸逃竄，為邱若瞻、艾鳳禮等攔河堵殺，陳福壽等人在無船可渡，無路可退的情況下，溺死及被殺死者數千餘人，「積屍填港，後至者踐屍以渡，生還者數百人而已」。❼ 下淡水客民於此役中死傷一一二名，奪得大銃四位、砂砲四位，及許多箚、印、旗號、軍器。❽ 此役中，下淡水客民於所獲朱一貴陣營所發諭示中，得知由水師提督施世驃所統援兵已抵府治，乃於閏六月初五日，由總理李直三等人全

❷ 覺羅滿保，〈題義民效力議敘疏〉，《重修鳳山縣志》，頁 344。
❸ 王瑛曾，《重修鳳山縣志》，頁 276。
❹ 覺羅滿保，〈題義民效力議敘疏〉，《重修鳳山縣志》，頁 344。
❺ 覺羅滿保，〈題義民效力議敘疏〉，《重修鳳山縣志》，頁 344。
❻《清聖祖實錄選輯》（文叢第 165 種），頁 173。
❼ 王瑛曾，《重修鳳山縣志》，頁 276。
❽ 覺羅滿保，〈題義民效力議敘疏〉，《重修鳳山縣志》，頁 344。

帶二千餘人，護送聖旨牌至府城，將所獲箚、印等物，呈繳水師提督，經獎給委牌，後奉令將軍器繳出回庄安業。❾

由《六堆忠義文獻》內的相關資料可知，朱一貴事件之後，下淡水客庄屢因「妄殺擅殺」遭閩人控告，❿由李直三事後的呈文所言「無官命而興師，情知萬罪」，亦可知下淡水客庄於事件期間的行為雖說師出有名，但仍感戒懼惶恐，戰戰兢兢。就官方來說，下淡水客庄於事件期間之行為，實屬「奮勇殺賊，保固地方」，是以對之仍持肯定態度，因此封賞有加。

二、吳福生事件期間

雍正十年（1732）三月二十八日，吳福生等夜焚岡山營。翌日，復焚舊社汛塘，虎頭山、赤山等處「悉樹賊旗」。⓫吳福生亂起不久，下淡水客庄即以侯心富為首，糾集萬餘人合力堵禦。此期下淡水客民仍是設營於下淡水溪沿岸，以溪東為其勢力範圍，故吳福生等率眾於四月三日焚萬丹巡檢署時，即遭下淡水客民率眾追入內山。⓬臺灣總兵王郡得知吳福生等人攻鳳山埤頭甚急之後，乃決定南下攻剿，因此六堆總理侯心富，乃挑選九百餘人渡溪應援。⓭

---

❾〈具呈臺灣府鳳山縣下淡水港東港西兩里粵庄子民李直三等為泣陳興舉義師乞天轉詳部院事〉，收入邱維藩整理，《六堆忠義文獻》。
❿ 該書中，曾提及有閩人林國、林接、陳四、黃佛生等人呈告粵人，及臺灣道等人之批語。參見邱維藩整理，《六堆忠義文獻》。
⓫ 王瑛曾，《重修鳳山縣志》，頁 279。
⓬〈福建廈門水師提督許良彬奏為奏明再撥官兵過臺事〉，《宮中檔雍正朝奏摺》，第 19 輯，頁 626。
⓭ 王瑛曾，《重修鳳山縣志》，頁 279。

　　王郡於四月五日直駐埤頭，與參將侯元勳、守備張玉、林如錦等人分三路夾攻吳福生等倡亂勢力。適六堆遣派之李炳鳳、張日純、鍾南魁等數百人，執大清旗號趕至，❶在牛相觸地方（今高雄縣大寮鄉）與官兵會合，❶協助官兵搜捕逸犯。在官兵義民合力圍剿下，起事陣營大潰敗逃，四處奔竄潛匿。由當時吳福生等人的供詞中，可了解下淡水客民協剿的情形，如吳福生言，在其為王郡衝殺敗陣後，「又見客人追趕，小的同烏眼賽們各自逃散」；林好供：「初五日打仗，被官兵殺敗，又見淡水客民來得很多，大家紛紛逃走」；楊秦供：「後被總兵趕出追殺，又遇客民圍截，小的們輸陣，各自逃生」。❶此役中外委徐學聖、鄭光弘俱遭陣亡，而在官兵與下淡水客民的合作下，共殺起事分子五、六十人，帶傷三、四十人，生擒八名。❶吳福生亂平後，王郡於四月六日班師回府，由於當時臺灣北路大甲西社番亂未靖，乃抽調下淡水客庄義民赴軍前備充嚮導，共赴北路靖亂。❶

三、黃教事件期間

　　乾隆三十三年（1768）十月初二日，大目降（今臺南縣新化鎮）人黃教於岡山糾眾豎旗。初三日，鳳山知縣方輔悟原欲飭調下淡水客庄義民協擒黃教，但因恐激發閩粵對立，乃暫行諭止，並令客庄毋許

---

❶〈署福建陸路提督總兵王郡奏為奏明事〉，《宮中檔雍正朝奏摺》，第19輯，頁644。

❶〈覺羅滿保、高山奏為據實奏聞事〉，《宮中檔雍正朝奏摺》，第19輯，頁610-611。

❶〈吳福生等供詞〉，《臺案彙錄己集》，頁43-45。

❶〈署福州將軍印務海關監督郎中准泰奏為奏聞事〉，《宮中檔雍正朝奏摺》，第19輯，頁687。

❶覺羅滿保，〈題義民效力議敘疏〉，《重修鳳山縣志》，頁345。

出庄滋擾。❶⑨黃教豎旗後，陸續於雁門關、大目降、隆恩莊、斗六門、萬丹、新園等處，或焚燒汛房，或殺害弁兵，統計陸續被殺千總一員、把總一員、兵丁七十三名，營房六處。❷⓪因此，黃教事件期間，下淡水客庄雖欲設堆助官協剿，然礙於鳳山縣令之諭，而終未出堆。

四、林爽文事件期間

　　林爽文事件是六堆鄉勇出力最多的一役，相關的史料亦較為豐富，故可藉此稍窺六堆當時設堆堵禦的情形。就清廷派遣平亂大員之更易，林爽文事件約可分為三個階段：一為事起至乾隆五十二年（1787）三月間，此時係由水師提督黃仕簡、陸路提督任承恩負責平亂。由於黃仕簡、任承恩二人俱為提督，所帶水陸弁兵各顧所轄，彼此不相統攝，❷①故造成各自駐箚府城及鹿港，南北互相觀望，且不親臨行陣，僅委派將弁零星打仗，導致遷延時日，起事者得以乘隙糾結，蟻聚成群，其勢更盛。❷②

　　自乾隆五十二年（1787）三月起至十月止，為第二階段，此時由湖廣總督常青至臺親督大局。由於清廷見黃仕簡、任承恩二人領兵萬餘渡海平亂，卻遷延兩月，亂事益張，❷③乃於乾隆五十二年（1787）三月，詔湖廣總督李侍堯調任閩浙，負責軍儲事務；原閩浙總督常青

---

⑲〈為瀝陳輿情乞憲鑒察事〉，收入邱維藩整理，《六堆忠義文獻》。
⑳〈提督福建水師總兵官奴才吳必達跪奏為奏聞事〉，收入《臺案彙錄己集》，文叢第 191 種，頁 57。
㉑《清高宗實錄選輯》，頁 339。
㉒《清高宗實錄選輯》，頁 348。
㉓周璽，《彰化縣志》（文叢第 156 種，1835 年原刊），頁 12。

則以湖廣總督的身分擔任將軍，渡海督師，專司征剿事宜；㉔另命福
州將軍恆瑞、陸路提督藍元枚爲參贊大臣，領兵渡海；廣東高廉鎮總
兵梁朝桂亦奉命馳往軍前，與陸廷柱分領粵兵至臺相助平亂。㉕

　　自乾隆五十二年（1787）十一月起，至翌年三月事平止，爲第三
階段。此間由福康安主導征剿事宜，且於其督率下，全亂速平。先是
清廷見常青平亂之庸怯，乃於乾隆五十二年（1787）六月，召來福康
安，面授機宜。八月初，命福康安爲將軍、海察蘭爲參贊，率巴圖
魯、侍衛、章京百餘人，並調川、湖、黔、粵精兵近萬人，分路赴
閩。十月底，福康安率兵抵鹿仔港登岸進剿，㉖先解諸羅縣之圍；十
一月十七、十八日，克復斗六門，二十三、二十四日攻破大里杙林爽
文陣營，翌年一月獲林爽文，北路亂平，計費四十二日。後又在月餘
的時間內，將莊大田擒獲，全亂告平。㉗

　　六堆在林爽文事件中協助官府平亂的過程，亦可略分爲三個階
段：自乾隆五十一年（1786）十二月十九日設堆後，至翌年六月護送
參將瑚圖里回郡城效力止，爲第一階段，此間六堆主要的活動範圍以
下淡水地區爲主。自乾隆五十二年（1787）六月，六堆撥丁隨參將瑚
圖里等至郡城留營隨征，至十一月福康安主導征剿事宜之前，爲第二

<hr>

㉔ 周璽，《彰化縣志》，頁13。清廷原見常青處理林爽文事件，如派遣兩位提督赴
前線征剿，以其初任總督，對於此事恐怕無法料理裕如，故將李侍堯調補閩浙總
督，常青改調湖廣總督，原欲令李侍堯負責總籌平亂事宜。然因清廷復見常青處
理鹿仔港獲犯解京之事，尚屬鎮靜可嘉，認爲只要常青悉心調度，必能迅速藏
事，故欲令常青不以調任之事縈心，或稍存疑畏，遂改諭「常青於辦理善後事
宜，自不如李侍堯之諳練，而督率搜捕，則常青爲優」，故決定李侍堯抵閩後，
駐紮蚶江，而常青則以將軍之銜渡臺平亂，見〈人物傳輯錄——常青〉，收入中
國人民大學清史研究所、中國第一歷史檔案館合編，《天地會》（五）（北京：中
國人民大學出版社，1980年），頁280。
㉕《平臺紀事本末》，頁27。
㉖ 周璽，《彰化縣志》，頁13。
㉗ 周璽，《彰化縣志》，頁20。

階段。此期中,六堆除撥千餘名兵至府城協剿莊大田外,其餘堆兵均仍駐守下淡水,東港之役時,當地附近的六堆客民,亦起而協剿。第三階段是自乾隆五十二年(1787)十一月至莊大田被擒,全亂平定。此間,南路的征剿經大武壠、水底寮、柴城三役後方告底定,此期可說是六堆民兵的傾力投注,除留營隨征的千餘名堆兵外,南路各地客庄及原駐守堆中的總理及堆兵均出力參與。以下將就六堆在林爽文事件中協助官府平亂之三個階段,分別說明其助官平亂之過程。

(一)第一階段──六堆於下淡水地區的堵禦情形

乾隆五十一年(1786)十一月二十七日,彰化城陷,知縣俞峻遇害,將軍常青旋飛咨水師提督黃仕簡領兵二千,由鹿耳門飛渡進剿。黃仕簡於乾隆五十二年(1787)一月四日帶兵至府城;六日,常青另籌調提標兵一千二百名,交陸路提督任承恩帶領,由鹿港前進,常青則於泉州、蚶江、廈門一帶往來督察,以接濟兵力糧餉。❷❽

下淡水客庄於十二月中設堆堵禦後,至乾隆五十二年(1787)六月,撥千餘義民隨參將瑚圖里等至府城協助平亂前,其主要的防禦範圍僅限於下淡水地區,即使溪西戰事方酣,亦未見越溪助剿。設堆後的客庄,於此期間,對平抑亂事有功者有二方面:一是防守下淡水地區,稍抑起事勢力;二是助守下淡水營,協支營餉。

1. 防守下淡水地區

林爽文、莊大田亂起後,下淡水客庄於乾隆五十一年(1786)十二月十九日,依循舊例,舉大清義民旗幟,供奉聖旨牌,眾議推舉曾中立為大總理,總攝軍務,劉繩祖、鍾麟江為副總理,並兼管軍務糧

---

❷❽《清高宗實錄選輯》(文叢第 186 種),頁 311-312。

草事宜。❷據〈邀功紀略〉所載，下淡水客庄於設堆之初，即已明白
訂出護衛鄉里的策略，其範圍仍以下淡水港東、港西二里爲主。其策
略爲：港東里方面，以兵暗伏六根（今屏東縣佳冬鄉），俟水底寮起
事者傾出時，出兵襲之，且傳信與港西里，以八哨人馬，由山腳攻其
右，使其繞海而逃。當其沿海岸由林仔邊（今屏東縣林邊鄉）往埔頭
等地敗逃時，出兵自後擊之，「雖未得戮其全軍，當亦不敢復向水底
寮而聚黨滋事矣」。港西里方面，各撥一旗分守楠仔仙路及番薯寮隘
口，且箚營於下庄仔河岸，使瀰濃一帶固守無虞；龜仔頭一帶（今高
雄縣美濃鎮獅山里）爲瀰濃與龍肚相通之正道，故箚營於此，以防遭
兩面夾攻。另外，於鹽樹下、新庄仔、大路關等庄（均位於今屏東縣
高樹鄉）中，湊出五旗壯丁，固守地方，俟機攻打阿里港之起事陣
營。❸

　　後來六堆的兵力部署是否依此策略施行，未可得知，但自此可知
六堆之設，主要目的在保衛其生存空間。故設堆初期，主要的活動亦
僅限於下淡水地區，縱使溪西的鳳山縣城爲莊大田等人攻陷，官兵陷
入苦戰，亦未見六堆越溪助剿情事。莊大田於南路倡亂後，首先在阿
里港滋擾，❸十二月十三日，攻陷鳳山縣城。隨後，南路各處村庄多
遭搶奪，如新園、金京潭、下埤頭、楠仔坑及打狗港、竹仔港等地，
皆爲莊大田夥黨所占據。❸下淡水六堆見此，乃於十二月二十二日分

❷ 松崎仁三郎，《嗚呼忠義亭》，頁60。關於林爽文事件時六堆副總理之設，〈邀
　功紀略〉中有不同的說法，該文表示除曾中立任大總理外，黃袞、廖芳任總副
　理，二人並與劉繩祖同任中軍參謀，籌劃軍務。參見〈邀功紀略〉，收入曾彩金
　總編纂，《六堆客家社會文化發展與變遷之研究》歷史源流篇（屏東：財團法人
　六堆文教基金會，2001年），頁93-96。
❸ 黃袞、廖芳，〈邀功紀略〉，收入曾彩金總編纂，《六堆客家社會文化發展與變
　遷之研究》歷史源流篇，頁95。
❸ 《欽定平定臺灣紀略》，頁893。
❸ 《宮中檔乾隆朝奏摺》，第67輯，頁366。

三路出兵,第一隊由劉繩祖率四百餘名攻三頂廍(位於今里港鄉)之東;第二隊由鍾麟江率四百名攻三頂廍庄之南,大總理曾中立則率五百名攻三頂廍庄之北,三路夾擊下,先攻破三頂廍庄,繼破篤佳庄等莊大田、張基光等夥眾之巢穴,牽掣其勢。**❸❸** 莊大田在攻陷鳳城後,原欲於二十日往攻郡城,然於二十五日聞廣東義民燒庄,乃即行撤回。**❸❹**

2. 協守下淡水營

總兵郝壯猷自乾隆五十二年(1787)二月初十日起,率領副將丁朝雄、參將那穆素里等官兵二千餘名,自府城往南進剿,力圖克復失陷的鳳山縣城。然而,在大湖紮營月餘,始終未能前進,後經黃仕簡遣游擊鄭嵩率兵五百名助戰,始於二十一日抵鳳山,**❸❺** 且與循海道前來,於打狗山登岸的游擊鄭嵩南北夾攻,克復鳳城。**❸❻** 二月二十四日,**❸❼** 郝壯猷派參將瑚圖里領南路福寧兵六百人赴下淡水營,以期與都司邵振綱會合後,往水底寮征剿起事勢力。**❸❽** 然而,瑚圖里至下淡水多日,株守無功,郝壯猷乃令其回鳳山。瑚圖里帶兵回縣,途經新園時,為莊大田夥黨所阻,敗回下淡水。不久,由於提督黃仕簡令副將丁朝雄、遊擊蔡攀龍等帶兵七百回郡城,郝壯猷恐鳳城兵力單薄,又催調瑚圖里、邵振綱領兵至軍前聽遣。瑚圖里則以新園、萬丹等地有起事勢力安營阻擋,請郝壯猷發兵接應。**❸❾**

---

❸❸ 松崎仁三郎,《嗚呼忠義亭》,頁 61;〈兵部「為內閣抄出將軍福康安等奏」移會〉,《臺案彙錄庚集》,頁 109-100。
❸❹ 《欽定平定臺灣紀略》,頁 893-894。
❸❺ 〈欽差湖廣總督常青奏鳳山既得復失情形摺〉,《天地會》(二),頁 84。
❸❻ 〈福建巡撫徐嗣曾奏親赴海口督緝內渡之人摺〉,《天地會》(二),頁 5。
❸❼ 《欽定平定臺灣紀略》,頁 983。
❸❽ 《平定臺灣紀略》,頁 25。
❸❾ 《平定臺灣紀略》,頁 26。

　　三月初四日，郝壯猷派遣遊擊鄭嵩等率兵六百名前往接應瑚圖里，但鄭嵩等行至硫磺溪時，即遭起事者先行埋伏溪尾，乘官兵半渡，予以橫截，四面圍逼，經郝壯猷復遣兵三百人前往接應，始得完歸。參將瑚圖里得知郝壯猷遣官兵來援，在往赴會合途中，於九腳埔（今九曲堂）遇截。由於郝壯猷所遣援兵已戰敗驅散，以致瑚圖里所帶兵丁死者十餘人，再度敗回下淡水。❹ 初八日，莊大田等乘官兵敗退之勢急攻鳳山縣城，官兵潰散而逃，縣城再度被攻陷。❹ 鳳城復陷後，瑚圖里乃安營於下淡水客庄，會同都司邵振綱協守山豬毛汛。由於山豬毛汛與下淡水客庄相連，❹ 故起事勢力數次侵犯，皆爲六堆客民協助官兵抵禦驅退。❹ 山豬毛官兵五百名、瑚圖里所帶官兵八百名等官兵，前後被困下淡水數月，並無糧餉，在官兵於乾隆五十二年（1787）六月回府之前的四個多月期間，均爲下淡水客民助糧接濟，總計共給過米二千餘石。❹

（二）第二階段──六堆客民隨將軍常青征剿情形

1.護送官兵回郡

　　乾隆五十二年（1787）三月，常青帶兵七千由鹿耳門進，九日抵府城。令藍元枚守鹿港，柴大紀仍駐諸羅。此期中，林爽文牽官兵之

---

❹《平定臺灣紀略》，頁 26。

❹〈欽差潮廣總督常青奏鳳山既得復失情形摺〉，《天地會》（二），頁 84。

❹ 據黃瓊慧比對諸多古今圖籍資料表示，該下淡水營都司所駐守之山豬毛汛，應位於今屏東縣長治鄉崙上村與德成村交界處德協國小附近之墳地，即日治時代長興庄德協大字內，當地人稱「營盤埔」之地點。參見黃瓊慧，〈屏北地區的聚落型態、維生活動與社會組織〉（臺北：臺灣師範大學地理學研究所碩士論文，1996年），頁 20-21。

❹《欽定平定臺灣紀略》，頁 426。

❹ 黃衷、廖芳，〈邀功紀略〉，收入曾彩金總編纂，《六堆客家社會文化發展與變遷之研究》歷史源流篇，頁 100。

勢於北路，柴大紀只能固守諸羅，未能進一步剿其勢力；南路之莊大
田則多活動於南潭、中洲等處，將軍常青卻駐守府城，不敢出戰，僅
派零星兵力禦敵，清廷雖令其舍南就北，親率官兵，以解諸羅之圍，
卻仍怯弱不前。自乾隆五十二年（1787）四月十日，莊大田等攻撲府
城被官兵殺退之後，即率眾於府城外十五里的南潭一帶（今臺南縣歸
仁鄉）窺伺，之後於五、六月間，時與府城官兵對仗，常青屢次撥兵
遣將傾剿，始終未能盡除，相持甚久。❹

　　因下淡水地區已安定無虞，而鳳城久陷未復，莊大田等又攻郡日
熾，故六堆決以副總理劉繩祖等人，帶領義兵一千三百九十四名，❹
於六月二十二日，護送參將瑚圖里、都司邵振綱及所率山豬毛兵六百
餘名，由羅漢內門小路翻山，赴援郡城。山豬毛汛則留把總葉琪英領
兵五百餘名，會同六堆堆兵共同防守。❹官兵義民行至滾水坑及鯽魚
潭口，均與起事勢力零星接戰，時將軍營中，聞知炮響，即撥兵接
應，前後掩殺，❹六堆鄉勇奮勇爭先，擒逆犯陳順等五名。❹至郡
後，隨由將軍常青面加獎勵，酌賞貢、監生周敦紀等九人六品頂戴：
民人曾秀等十三人八品頂戴，其餘義民賞銀有差。❺後六堆客民請隨
軍自效，常青許之，且經奏明，照士兵例給與口糧鹽菜，❺留郡協征
的六堆堆勇遂箚營於郡城外將軍營側，聽候調遣。

---

❹〈欽差湖廣總督常青奏酌籌機宜及先後接仗經過摺〉、〈欽差湖廣總督常青等奏統
　兵啟程赴南路摺〉，《天地會》（二），頁 155-157、273-274。
❹ 人數由 1,200-1,500 均有所記載，此數目為據事後加賞之人數為主：賞銀 2 兩者
　90 名（各隊長）；賞銀 1 兩者 1,282 名，見《欽定平定臺灣紀略》，頁 426。
❹《欽定平定臺灣紀略》，頁 426。
❹ 黃衷、廖芳，〈邀功紀略〉，收入曾彩金總編纂，《六堆客家社會文化發展與變
　遷之研究》歷史源流篇，頁 101。
❹《欽定平定臺灣紀略》，頁 426。
❺《平定臺灣紀略》，頁 40。。
❺〈欽差湖廣總督常青等奏山豬毛戰況片〉，《天地會》（三），頁 72。

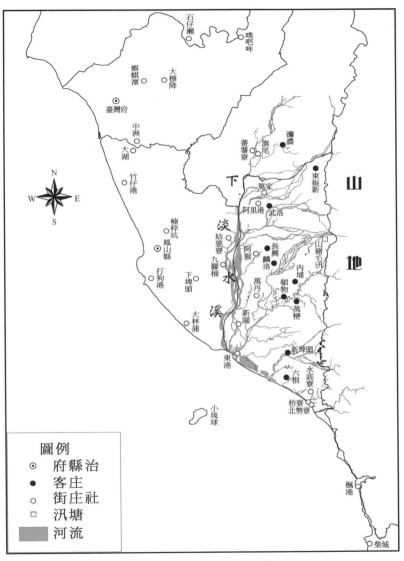

石仔瀨
嘓吧哖
蜈蜞潭
大穆降
大湖
臺灣府
中洲
竹仔港
蕃薯寮
旗尾
瀰濃
東振新
篤家
阿里港
武洛
姑婆寮
阿猴
麟洛
長興
山豬毛汛
九腳桶
萬丹
內埔
頓物
萬巒
楠梓坑
鳳山縣
打狗港
下埤頭
大林蒲
新園
東港
新埤頭
水底寮
六根
枋寮
北勢寮
小琉球
楓港
崁城

N
W E
S

圖例
⊙ 府縣治
● 客庄
○ 街庄社
□ 汛塘
▨ 河流

下 淡 水 溪

山 地

圖 8-1 下淡水客庄與林爽文事件關係示意圖

製圖：劉揚琦

　　起初，乾隆帝對常青將下淡水客民留營隨征之舉頗不以爲然，叱其乖張不智。乾隆帝認爲，廣東義民護送瑚圖里等回大營後，應令其回庄留守，自爲捍衛，不應留營協征。此乃因乾隆帝認爲，留義民隨征，不僅令其「心懸兩地，不能得力」，且倡亂者可能因此攻殺其村落家屬，使其「受累灰心」，別處義民見此，會認爲從官殺賊有害而無益，滅其向義之心，故主張不應爲添千餘民兵力而使他處義民生畏從賊。❷遂傳令常青，諭其速令山豬毛義民回庄，❸自行守護家屬、田產。❹

　　經乾隆帝申斥之後，常青乃傳旨，令在營的千餘名六堆客民，仍回本庄，自爲守禦。面對此一變化，留營隨征的六堆副總理劉繩祖、周敦紀、曾秀等二十餘人遂連名呈稱：

> ……今聞大兵齊集，懷忠各里公議，挑出一千三百餘人，俱各安頓家室，情願隨營征剿立功。今將軍、參贊傳旨，護送粵民等仍回本處，自為守禦；粵民等無不深感流涕！但現在義民在家公議，時誓願殺賊，若非倚仗官軍聲勢，恐難以伸其公憤。至其家室，里中公同照料；即本處各莊防禦事宜，人眾心齊，賊匪已不敢輕犯。仍懇准令隨征。❺

---

❷《欽定平定臺灣紀略》，頁 427。
❸ 自乾隆五十二年六月下淡水客庄義民護送參將瑚圖里、都司邵振綱回郡城後，在官方文獻上，多稱下淡水客庄義民為「山豬毛義民」。
❹《欽定平定臺灣紀略》，頁 427。
❺〈欽差湖廣總督常青奏親統官兵前赴諸羅摺〉，《天地會》（三），頁 319-320；《欽定平定臺灣紀略》，頁 573。

後來，乾隆帝得知隨瑚圖里等留營隨征的下淡水客民只有一、二千人，其所居庄里仍有民人數萬，**⑤⑥**足資捍衛後，常青卻仍令六堆客民回庄堵禦，遂又批評常青不曉事體，辦事拘泥，並諭六堆客民，言此事係屬常青辦錯，令該義民等仍當前赴軍營，隨同官軍征剿，如能殺賊立功，即當邀恩得賞官職。**⑤⑦**

2. 於府城隨剿情形

駐留府城的六堆鄉勇，在入郡不久，即於六月二十八日，協同侍衛烏什哈達、遊擊孫全謀、參將瑚圖里、臺灣道永福及守備銜莊錫舍等人，共同前往南潭、鳥松一帶搜捕莊大田。**⑤⑧**官兵義民由鯽魚潭至埔姜頭庄途中（皆位於今臺南縣永康市內），遇敵數百，趕殺至蟒蜞潭溝後，焚燬屋寮十數間。後因有莊大田南潭夥黨三、四千擁來，且該處竹木叢雜，乃隨即收軍，停止追趕。

乾隆五十二年（1787）七月十四日，六堆堆兵由副總理劉繩祖、黃袞、廖芳等三人督率，**⑤⑨**在常青、恆瑞等親自督陣調度下，與烏什哈達、岱森寶等所帶官兵及郡城義民，分作三路，由沙岡、嵌腳、北勢前赴南潭，途中與起事分子接戰多次，官兵大勝。此役中，六堆客民，表現勇猛，盡力征剿，常青乃分別賞給銀牌、番圓。**⑥⓪**閩浙總督李侍堯亦奏稱：常青等往剿南潭時，「所留軍前之粵民，最為出力，賊人屢攻俱為所敗」。**⑥①**故乾隆帝諭令「此次隨同打仗之廣東莊義

---

⑤⑥《欽定平定臺灣紀略》，頁 472。

⑤⑦《欽定平定臺灣紀略》，頁 589。

⑤⑧黃袞、廖芳，〈邀功紀略〉，收入曾彩金總編纂，《六堆客家社會文化發展與變遷之研究》歷史源流篇，頁 101；〈諭欽差協辦大學士福康安等務須跟蹤追剿莊大田〉，《天地會》（三），頁 169-170。

⑤⑨黃袞、廖芳，〈邀功紀略〉，收入曾彩金總編纂，《六堆客家社會文化發展與變遷之研究》歷史源流篇，頁 101。

⑥⓪〈欽差湖廣總督常青等奏南潭打仗得勝摺〉，《天地會》（三），頁 162。

⑥①《欽定平定臺灣紀略》，頁 505。

民，甚為奮勇出力，止賞給銀牌、番圓，尚不足以為酬勞。著常青查明實在出力者，拔補武弁數人，俾該義民益知踴躍奮勉」。[62]

十月二十七日，莊大田率眾分三隊向府城附近營盤攻來，每隊約二千餘人。常青、江寧將軍永慶、廣州副都統博青額，帶兵一千五百名及千餘名六堆堆勇，由南潭中路前進，官兵義民分頭追剿，起事徒眾四散逃逸。此役中，來犯夥黨被槍炮打死約有二百餘人，而「山豬毛義民乘勝爭先，尤為趫捷，奪賊人大炮一門，割獻首級七顆，生擒張招一名」。事後，常青分別敘賞，「殺賊義民，按名各賞番銀二元，銀牌一面，奪得大炮義民，賞給番銀十元」。[63]

3. 東港之役

鳳山縣之東港，與北路的麻豆社、笨港，向為府城米糧的主要來源。東港在鳳山南四十里，是南路商舶出入要口，自鳳山城陷後，已數月商舶不通。[64] 莊大田、林爽文南北倡亂後，麻豆社及笨港先後為起事者攻占。乾隆五十二年（1787）七月間，東港及竹仔港又為張基光、鄧里據守，使得南北兩路俱無米穀運送郡城，加上避禍於郡城的難民愈來愈多，更使府城的糧食需求負擔加重。[65] 由於當時臺灣北路一帶已多為反事勢力擾亂，村落多遭蹂躪，各處受害嚴重，無法插秧種禾，故未能收穫米穀輸郡。而南路之下淡水地區因客民設堆堵禦，「田園廬舍最稱完善」、[66]「賊既不敢侵犯，自必耕種如常」，[67] 故仍有糧米可供輸出。因東港為南路物資出港的要口，是以東港的廓清更形重要。

---

[62] 《欽定平定臺灣紀略》，頁 484。

[63] 〈欽差湖廣總督常青奏府城近日戰況摺〉，《天地會》（四），頁 114-115。

[64] 《平定臺灣紀略》，頁 50。

[65] 〈閩浙總督李侍奏麻豆社等處失陷摺〉，《天地會》（三），頁 26。

[66] 《欽定平定臺灣紀略》，頁 916。

[67] 《宮中檔乾隆朝奏摺》，第 66 輯，頁 164。

　　然東港一帶的收復，主要依賴當地各庄義民之力，官兵是後來順勢入駐堵禦。乾隆五十二年（1787）九月初七日，莊大田夥黨張基光、洪賽等人，率眾二千攻擾東港附近的竿林等庄，義民首林成率當地民人共同抵禦，殺死來攻者八十餘人。翌日，張基光等人復糾水底寮同黨三千餘人再次來犯，復被林成會同竿林附近六庄民人奮力殺退。九月十一、十二日，林成率泉民與下淡水客民共同合作，收復原為倡亂者林進、李靜等占踞的新園等庄，**❻❽** 乃乘此勢南下廓清東港一帶的為亂夥黨，使原本據守東港的張基光率眾敗回水底寮。之後，粵民與泉民分別箚駐新園及下牌頭（下埤頭）。**❻❾**

　　六堆粵民與林成等泉民逐去新園、東港一帶的起事分子後，乃共赴府城，請將軍常青發兵力守東港，以通糧道，聲稱有三萬人願隨軍效力。**❼⓿** 在此之前，南路民人多被迫「從賊」，但張基光夥黨對其勒取糧米，抽分田穀的行動，使民心有怨，此時見庄里附近的起事勢力漸被驅逐，惟恐大兵來時株連不白。故九月十五日，鳳山縣竿林、大林浦等閩粵共一百三、四十庄，民人萬餘，**❼❶** 至郡向常青遞呈，自呈實係良民，懇賞給腰牌以為識別，且聲言若大兵進剿，其願隨軍效力。常青見此，乃給以腰牌、告示，令其回庄安業。**❼❷**

　　閩浙總督李侍堯聞常青奏東港不通，糧道阻絕後，乃遣遊擊倪賓、守備查城帶千總以下八人，率兵千名，以復東港。常青分其半守

---

❻❽ 〈閩浙總督李侍堯奏臺灣近況摺〉，《天地會》（四），頁 25；《宮中檔乾隆朝奏摺》，第 65 輯，頁 847。

❻❾ 《欽定平定臺灣紀略》，頁 670。

❼⓿ 〈閩浙總督李侍堯奏臺灣近況摺〉，《天地會》（四），頁 25；《欽定平定臺灣紀略》，頁 670。

❼❶ 有言七、八千者，見《欽定平定臺灣紀略》，頁 673。

❼❷ 《欽定平定臺灣紀略》，頁 661。

鯤身，⑦ 其餘則隨同副將丁朝雄及守備林登雲等約官兵義民二千餘名，於九月十三日起程，由水路直取東港。⑭ 十七日，船抵東港，丁朝雄令目兵李奇、林光海浮水登岸，先將為亂夥黨於港口設防的大砲灌濕。後官兵義民分兵三路，直攻進港，殺死叛黨七名，擒獲守港賊目吳豹等十二名。⑮

丁朝雄等復東港後，除安撫當地百姓外，並與遊擊倪賓等於各路口安營堵禦，以防匪跡於東港附近的起事勢力糾集作亂。此外，為紓解郡城需米壓力，乃與六堆總理曾中立等聯絡，令其曉諭各庄將米穀由東港運赴郡城糶賣，由曾中立與教諭羅前蔭協同辦理。⑯ 不久，下淡水客庄收成之米穀，陸續由東港販運至郡，每石價三千一、二百文，較原市價每石頓減七、八百文。⑰

東港收復後，因近港一帶仍有起事者糾集窺伺，丁朝雄乃向常青請兵進剿，常青以郡治無兵可撥，檄令其仍駐箚港口，以通糧米入郡之路。⑱ 由於紮駐南潭一帶的莊大田等夥眾一再侵逼府治，官兵與之相持不下，始終未能突出重圍，力殲其勢。故常青復欲札調粵庄義民到府，帶同剿捕莊大田。下淡水粵庄接諭後，募集堆勇二千餘人待調，然因恐起程後，亂民來擾，故言暫時不能至府。表示希望常青能先剿攻水底寮一帶的倡亂反民，待南路廓清，無後顧之憂後，再北上協剿，是以行期未決。⑲ 後來常青復因東港駐兵不足，再行諭六堆慎

---

⑦《平定臺灣紀略》，頁 50。

⑭《欽定平定臺灣紀略》，頁 661、670。

⑮〈欽差湖廣總督常青奏派員赴鹽水港摺〉，《天地會》（四），頁 22；《欽定平定臺灣紀略》，頁 661。

⑯《欽定平定臺灣紀略》，頁 672。

⑰《欽定平定臺灣紀略》，頁 674。

⑱《欽定平定臺灣紀略》，頁 661。

⑲〈閩浙總督李侍堯奏續得臺灣情形及黔兵全行配渡摺〉，《天地會》（四），頁 149-150；《宮中檔乾隆朝奏摺》，第 66 輯，頁 255。

選壯健，赴東港協助守禦。⑧ 此外，常青復撥六百名兵添赴東港，加上丁朝雄原帶之兵，東港一帶共有一千八百名的兵力駐守，令會同廣東、泉州等庄義民一、二千，相機前進，開通鳳山道路，就近設法擒拿莊大田等人。⑧

4. 堆中情形

在六堆總副理率千餘名民兵隨參將至府城協剿後，乾隆五十二年（1787）三月，瀰濃等六庄與反清勢力交鋒，被殺害者七十餘人；此外，中壇庄遭焚，經六堆中軍營調撥二十旗之旗丁前往救護，始息其事。⑧ 七月三、四日，⑧ 旋有莊大田遣許光來等率眾進犯六堆各庄。六堆客庄雖撥兵至郡協征，但留駐堆中仍有六千餘名的兵力，故仍得保其生聚範圍，將其殺退。⑧

（三）第三階段──六堆客民隨福康安征剿情形

1. 克復鳳山

乾隆五十三年（1788）一月，北路悉平，福康安下令南征。因為當時莊大田及主要頭目均據守大武壠地方（今臺南縣玉井、大內一帶），負嵎頑抗，故福康安決定先搗大武壠，以覆其根本。行前，山豬毛義民副總理劉繩祖、黃衰、邱宏章帶領防守郡城之義民前來，向福康安懇請隨營打仗。福康安面見劉繩祖等人時，除給賞獎勞外，且

---

⑧ 《欽定平定臺灣紀略》，頁 794。

⑧ 〈欽差湖廣總督常青奏已派撥官兵赴南路擒捕莊大田摺〉，《天地會》（四），頁 291；《欽定平定臺灣紀略》，頁 824。

⑧ 宋九雲編纂，《臺南東粵義民誌》。

⑧ 見《欽定平定臺灣紀略》，頁 505。〈邀功紀略〉則言為六月二十四日，見黃衰、廖芳，〈邀功紀略〉，收入曾彩金總編纂，《六堆客家社會文化發展與變遷之研究》歷史源流篇，頁 101。

⑧ 〈閩浙總督李侍堯奏止須添派海蘭察等赴臺摺〉，《天地會》（三），頁 208；《欽定平定臺灣紀略》，頁 505。

留心察看，認為六堆鄉勇「果係勇敢強壯，實心報效，與他處義民不同，若以之剿賊，必能得力」，故准其隨營協剿。此外，在征討大武壠之前，福康安先行箚諭六堆總理曾中立，令其在沿山一帶堵挈逆匪，以待大兵進剿鳳山。[85] 曾中立乃飭令六堆義民在旗尾庄、番薯寮一帶要隘防守，堵截大武壠通往鳳山之路，以防起事者循此逃竄。[86]

一月十四日，福康安先派普爾普，偕副將謝廷選，由內山僻徑直趨大武壠北面，並令通事曉諭生番，協同堵截。另外，鄂輝率兵循海線，由哆囉嘓（今臺南縣東山鄉）、洗布坤（今臺南縣六甲鄉），一路往南搜剿；特克什布偕遊擊葉有光率兵沿山南進。福康安則親率大軍及六堆鄉勇由中路進剿，復遣遊擊吳琇在後接應，以截堵奔竄的叛民。[87] 福康安所率官兵義民先駐灣裡溪，後進攻牛庄，擒陳獻瑞，中路餘黨聞風大潰。後沿途剿平大目降、九社口、本縣庄、大武壠、大埔、十八重溪諸處起事陣營，於一月十九日，抵南潭、大目降一帶。翌日，官兵義民自南潭發兵，先剿聚結於楠仔坑（今高雄市楠梓區）之起事餘黨，進而於一月二十四日克復鳳山。由於竄逃餘犯盡皆往南路潛匿，故福康安乃留副將伍達色駐守鳳城，自率大兵往南進剿，[88] 於翌日抵下坤頭。

2. 水底寮之役

因官兵自北而南廓清亂勢，故南北逸犯多竄逃至南路之水底寮。福康安在南征之前，認為水底寮在臺灣極南，負山面海，地勢極為險遠，「若以郡城久疲之兵往剿，恐難深恃」，故決暫停派兵前往。先

---

[85] 《欽定平定臺灣紀略》，頁 874；《宮中檔乾隆朝奏摺》，第 67 輯，頁 102。

[86] 《欽定平定臺灣紀略》，頁 862。

[87] 黃衷、廖芳，〈邀功紀略〉，收入曾彩金總編纂，《六堆客家社會文化發展與變遷之研究》歷史源流篇，頁 104。

[88] 周璽，《彰化縣志》，頁 214。

派副將張芝元、伍達色、知府楊廷理前往當地曉諭，[89] 令投出之亂民協剿自效，與當地民人協同守禦。另外，遣永慶博清額、梁朝桂、尹德禧、陸廷柱帶兵巡守打狗、竹仔等港，並諭令下淡水客民沿山堵截。[90] 在得知大兵將至後，水底寮義民首鄭其仁及同族鄭武烈，率領庄民黃已良、楊連，及自行投出的頭目鄭珠、陳超、陳天運、陳棕、陳香等人，合力收復枋寮、北勢寮兩庄，擒殺起事分子數十名。[91]

枋寮、北勢寮收復未久，枋寮居民陳昆、葉娥等復劫庄眾，與張芝元等官兵相拒，以致把總嚴廷選陣亡，義民首鄭其仁亦死於亂，水底寮復遭占據。原駐下埤頭之福康安與海蘭察等聞訊，乃由海蘭察、鄂輝、恆瑞帶兵進剿，福康安則率官兵沿途搜查，以便接應。二十六日，海蘭察與起事分子大戰，起事者「自行投海及擠入海中淹斃者，不計其數」，[92] 亂平後，海蘭察招回逃散難民歸庄安業。[93] 由於水底寮附近多為粵庄，故福康安乃派張芝元領廣東兵五百名前往駐守，與當地粵庄義民互相援應，堵截逸犯。[94]

3. 柴城之役

在福康安率官兵義民底定水底寮之後，敗逃的餘眾皆竄往瑯嶠潛匿，莊大田亦由內山竄往該處。[95] 乾隆五十三年（1788）一月二十八日，福康安統官兵義民南下瑯嶠。時藏匿於柴城（今屏東縣車城鄉）

---

[89]《平臺紀事本末》，頁 64。

[90]〈欽差協辦大學士福康安奏進攻南路莊大田等情摺〉，《天地會》（四），頁 375。

[91]《欽定平定臺灣紀略》，頁 873。

[92]〈欽差協辦大學福康安等奏南下攻打莊大田等情摺〉，《天地會》（四），頁 383。

[93]《欽定平定臺灣紀略》，頁 903。

[94]〈欽差協辦大學士福康安奏進攻南路莊大田等情摺〉，《天地會》（四），頁 375。

[95]〈福康安、海蘭察、鄂輝奏為大兵直抵瑯嶠生擒賊目莊大田全郡平定恭摺奏聞事〉，《宮中檔乾隆朝奏摺》，第 67 輯，頁 240-241。

的莊大田夥眾，見大兵將至，於二月初二日，原欲逃往蛟率社，然經該社番眾極力抵禦，遂又敗回柴城負嵋抵抗。

　　征剿柴城之前，為防止莊大田等人由海路逃逸，福康安乃於各港口妥密布置，凡通海之路口，無不移舟設卡。❻復恐瑯嶠當地路徑崎嶇，樹林深密，若不堵截去路，必往內山驚竄，到時緝捕復稽費時日。故密諭居住於瑯嶠山外柴城、瓏巒（今屏東縣恆春鎮）等處的閩粵民人，❼若有叛民逃來，需假意容留，使之不聞風驚散。一面傳諭瑯嶠山內各社「生番」，令其在沿山隘口嚴密堵截，當時六堆總理曾中立，亦招集傀儡山生番一千名，在沿山幫同防堵。❽各處部署已定後，福康安乃派令烏什哈達帶領福建水師及廣東兵丁，乘舟由海道前往；海蘭察、鄂輝等帶領大兵，由山路進發，❾以期山海相圍，一舉得擒。

　　福康安所統官兵義民於二月初四日行抵風港。初五日，自風港發兵，途中見有險要地點，俱留兵扼守，以備接應。大兵追剿至柴城後，莊大田等四散竄逃，一時未能悉數成擒。福康安見此，乃將所帶官兵義民，分撥六隊，自山梁列陣至沿海，❿適烏什哈達所率水師齊至，水陸合剿，大獲全勝，共殺起事分子二千餘名，「遇賊投水者，放鎗砲擊之，賊屍浮海面者無算」。⓫然莊大田及莊大韭、許光來、

---

❾〈御製福康安奏報生擒莊大田紀事語〉，《彰化縣志》，頁19。
❼《宮中檔乾隆朝奏摺》，第67輯，頁240。
❽《平定臺灣紀略》，頁65。
❾《欽定平定臺灣紀略》，頁881。
❿穆克登阿領屯練降番為一隊；許世亨、岱德領貴州官兵為一隊；梁朝桂、張朝龍領廣東官兵為一隊；恆瑞、王宣領廣西官兵為一隊；山豬毛義民副理事劉繩祖領粵庄義民為一隊；都司莊錫舍、北路義民首黃奠邦、鄭天球、張元勳、藍應舉各帶所管義民共為一隊。見〈禮部「為內閣抄出將軍福康安等奏」移會〉，《臺案彙錄庚集》，頁89。
⓫《平臺紀事本末》，頁65。

簡天德、許尚等仍乘機竄逸，故福康安督令官兵義民分頭搜捕各樹林小溝，六堆副理楊天培、藍卓柱等亦督率客民至各庄遍處擒拏。[102] 於是，莊大田等人在侍衛博斌、都司張占魁、廣東把總路世遜等及鄭福等十一名六堆義民的圍拏下，一一擒獲，[103] 南路悉平。事平之後，福康安復派委協員弁分路查緝，亦遣六堆副理劉繩祖、周敦紀等，帶領生番通事黃阿生往內山番社搜查逸匪，以求淨絕根株。[104]

五、蔡牽事件

蔡牽爲泉州府同安縣人，原於臺灣傭工自食，後爲寇，出沒海上，爲浙、粤、閩三省大患。蔡牽之亂前後遷延近十年，曾先後於嘉慶五年（1800）、嘉慶九年（1804）四月及十一月登岸擾臺，然未久即去，僅對臺灣沿岸一帶造成侵擾。嘉慶十年（1805）四月，蔡牽再度犯臺，與前幾次不同的是，此次有自立爲王的打算，故僞造逆示，自稱鎮海威武王，是以此次侵擾的範圍既深且廣。其不惜重貲，與山寇洪四老等聯絡聲勢，嘉慶十年（1805）十一月，於滬尾起事，殺署都司守備陳廷梅、傷前淡防廳同知胡應魁。[105] 另外，蔡牽亦遣其黨與粤人朱漬合力南擾鳳山，適有吳淮泗等應之，焚掠埤頭，都司涂鍾璽力戰陣亡。[106]

[102] 黃衮、廖芳，〈邀功紀略〉，收入曾彩金總編纂，《六堆客家社會文化發展與變遷之研究》歷史源流篇，頁104。

[103] 〈福康安、鄂輝奏爲遵旨查明恭摺覆奏事附片〉，《宮中檔乾隆朝奏摺》，第67輯，頁530。

[104] 《欽定平定臺灣紀略》，頁930；《宮中檔乾隆朝奏摺》，第67輯，頁475。

[105] 謝金鑾，《續修臺灣縣志》（文叢第140種，1831年原刊），頁380。

[106] 丁紹儀，〈兵燹〉，《東瀛識略》（文叢第2種，1848年原刊），頁90。

　　蔡牽亂起後，六堆客民乃依前例舊規，舉行會議，決定出堆固守地方，亦圖助官協剿，推舉武舉人賴熊飛及六品職員鍾麟江爲六堆總副理；秀才黃觀光、劉及昌協同督率軍士，並料理糧務事宜；舉侯鳴鳳爲指揮，藍祥連爲先鋒。⑩每堆除分設總理、副理外，並各自推舉隊長一名，義民三百餘名，協同官兵征剿。因當時鳳城僅火藥庫未陷，故決定先出兵援救火藥庫。⑩

　　鳳山失守後，巡道慶保命守備陳名聲，⑩假遊擊三品頂戴以行。陳名聲至鳳山縣城時，同知錢澍及鳳山縣令吳兆麟已因埤城遭攻陷，而遁入下淡水客庄。後陳名聲亦帶兵至下淡水，與錢澍等共謀回埤之計。嘉慶十年（1805）十一月二十九日，錢澍等率兵出發，六堆義民護送至下淡水溪邊。時由鳳山知縣吳兆麟爲前隊，先行過溪，同知錢澍與陳名聲領兵押後。官兵出發不久，同知錢澍所領之後隊，因隊中軍藥桶火遽發，陣伍大亂，起事者乃乘機於磚仔窯庄（今高雄縣大寮鄉）截殺吳兆麟。同知錢澍「鬚眉盡燃，僅以身免」，乃與陳名聲率兵回避下淡水之內埔庄。⑩當時同知錢澍及守備陳名聲等人，由於「音信不通，不能回郡」，駐札粵庄期間的官兵口糧，皆由粵民客民派出補給。⑪

---

⑩　宋九雲編纂，《臺南東粵義民誌》。
⑩　當時各堆總、副理分別爲：中堆──李榜華、劉大岐；前堆──邱天爵、邱丕承；後堆──鍾泮東、邱順義；左堆──吳來芹、林鳳英；右堆──林煥義、鍾耀廷；巡查──謝雲炳、林華文。參見松崎仁三郎，《嗚呼忠義亭》（高雄：盛文社，1935年），頁91-92。
⑩　巡道之名，查自鄭喜夫，《文職表》，《臺灣地理及歷史》叢書，卷九（臺中：臺灣省文獻會，1980年），頁21。
⑩　謝金鑾，《續修臺灣縣志》，頁380-381。
⑪　宋九雲編纂，《臺南東粵義民誌》。

　　嘉慶十一年（1806）二月，總兵愛新泰與副將張良槐、參將英琳等，領兵南下，於十二日抵埤頭。⑫於此之前，六堆義民於二月七日，大破坪子頭的反清陣營，使其勢力漸衰。十五日，粵人探知總兵率領官兵南下，遂至縣城。⑬原遁內埔庄的守備陳名聲、同知錢澍亦出與總鎮會同征剿，⑭在官兵與六堆民兵的戮力進擊下，收復鳳山縣城。

　　綜上可知，朱一貴事件是下淡水客民建立其在清廷心目中義民角色的開端，亦是臺灣史上第一次義民團體的出現。⑮下淡水客庄在朱一貴亂起後，設營堵禦的同時，亦舉大清旗號，供奉萬歲聖旨牌。⑯康熙六十年（1721）六月十九日，下淡水客民在敗逃的起事者中，搜得朱一貴敗軍回府的偽諭，得知清廷大兵已經至府，故於閏六月初二日，由侯觀德、李直三等率三千人護送皇上萬歲聖旨牌至臺灣府，奉入萬壽亭。⑰這些舉動皆使客民在下淡水地區設營抵禦的行動師出有名，更是其與官方良好互動關係的開始。

　　對清廷而言，朱一貴、吳福生亂起後，對於下淡水客庄及其他臺灣百姓自發性的堵禦協剿，應是始料未及卻欣見其成的。朱一貴事件期間，下淡水客民嚴守下淡水溪以西地區，不令朱一貴夥黨越河侵擾，讓清廷免於南北支絀，得以全力收復府城，逐漸克竟全功。除保衛鄉里外，下淡水客民亦在固守無虞的情形下，撥兵出庄，協助官府剿逆平亂，如吳福生事件時，撥九百餘人至溪西助王郡平定埤頭之

---

⑫ 謝金鑾，《續修臺灣縣志》，頁383。
⑬ 松崎仁三郎，《嗚呼忠義亭》，頁92。
⑭ 謝金鑾，《續修臺灣縣志》，頁383。
⑮ 劉妮玲，〈清代臺灣民變事件中的義民問題〉，《臺灣風物》，第32卷第3期（1982年9月），頁4。
⑯ 覺羅滿保，〈題義民效力議敘疏〉，《重修鳳山縣志》，頁344。
⑰ 覺羅滿保，〈題義民效力議敘疏〉，《重修鳳山縣志》，頁345。

亂、林爽文事件時撥千餘名兵留府治協剿莊大田等；嘉慶年間，吳淮
泗響應蔡牽倡亂於南路時，下淡水客庄更成爲鳳山縣令等官兵的避難
之所。下淡水客民如此盡力抵禦，保衛鄉里，甚或出兵協剿的行爲，
對於清廷而言，自是一股安定社會的力量，故受到官府的肯定及重
視，是以亂平之後，清廷乃對倡義有功的下淡水客民論功行賞，以令
其更忠心效順。

　　清廷對下淡水客民加賞的方式有二：一是對義民首及統眾打仗之
人，給予官銜或物質的加賞。二是以欽賜里名的方式，激民向義，籠
絡民心。朱一貴亂平後，下淡水客民約有一百七十多名受賞，各賜以
都司、守備、千總、把總、外委等職銜，又前後捐賞銀九百五十兩、
米三百石、穀一千三百石、綵緞一百疋，另付下淡水客民守土義民箚
付一一五張，引兵殺賊義民箚付三十六張、擒賊義民箚付二十三張。⓲
另外，閩浙總督覺羅滿保原欲拔舉朱一貴事件期間下淡水各統領李直
三、侯觀德、邱永月、劉庚輔、陳展裕、鍾沐華等爲千、把總，但因
未經部准而作罷。⓳又，覺羅滿保爲獎勵下淡水客民向義之心，乃以
「懷忠」之匾旌懸客庄鄉里，康熙帝更御賜客民擇一適當地點建「忠
義亭」，以彰其功績。⓴

　　吳福生之亂平定後，下淡水客民受賞及給與箚付者多達三百五十
三名，㉑此外，王郡亦照部冊，如客民中已有外委例者，各加一等授
爲千總。六堆鄉勇在林爽文事件中的表現，仍然獲得清廷優渥的封
賞，如六堆總理曾中立先經奉旨賞給同知職銜，且請賞戴花翎，後又
因招集生番聽候調遣，福康安請將之酌量補以實缺，以示優獎；六堆

⓲ 王瑛曾，〈義民〉，《重修鳳山縣志》，頁 257。
⓳ 覺羅滿保，〈題義民效力議敍疏〉，《重修鳳山縣志》，頁 345。
⓴ 王瑛曾，〈義民〉，《重修鳳山縣志》，頁 257。
㉑ 王瑛曾，〈義民〉，《重修鳳山縣志》，頁 257-260。

副理劉繩祖、黃袞、涂超秀、周敦紀四人，俱賞戴花翎，以示鼓勵，其餘義民首及義民等，俱經分別獎賞。❿另一方面，六堆鄉勇的奮勇表現，使清廷認爲「自康熙年間廣東莊義民，因勦賊有功，經總督滿保賞給懷忠、效忠等匾額，是以民人等咸知嚮義，踴躍自效」、「義民內，住居山豬毛廣東莊者，久經官給懷忠里、效忠里匾額，該處義民最爲奮勇急公」。❿因此，清廷更加肯定此種籠絡民心的方式，乾隆帝認爲康熙年間的匾額只係總督所給，其已如此感激奮勵，若由其欽賜，可使各地義民「倍加鼓舞，奮力抒忠」，❿故復頒賜下淡水客庄「褒忠」匾額。蔡牽之亂後，六堆總理賴熊飛、鍾麟江亦均因團練義勇，勦賊有功，獲准以守備用，❿並賞戴五品花翎。❿

---

❿《欽定平定臺灣紀略》，頁 905。廣東庄山豬毛義民 1,394 名，除給與頂帶義民 22 名並未賞給銀兩外，其餘民 1,372 名內，每名賞銀 2 兩者 90 名，共銀 180 兩，賞銀一兩者 1,282 名，共銀 1,282 兩。見〈戶部題本〉，《臺案彙錄庚集》，頁 292-293。

❿〈乾隆五十二年十月十九日上諭〉，《臺案彙錄庚集》，頁 591。

❿〈乾隆五十二年十一月初一日上諭〉，《臺案彙錄庚集》，頁 617-618。

❿ 其中，賴熊飛呈稱，因在臺住居年久，族眾親多，應請迴避臺灣員缺，懇請以內地守備銜榮身，免其補用實缺，後經賽沖阿查傳驗後，除將賴熊飛咨明總督玉德，遇有內地守備缺出，即行補用外，並將鍾麟江願以守備職銜榮身之處咨部，見《臺案彙錄辛集》，頁 93。

❿ 松崎仁三郎，《嗚呼忠義亭》，頁 92。

第九章　客家人與官府關係之惡化

　　自道光十二年（1832）的張丙、許成事件之後，下淡水客庄的出堆行動，對平抑亂事已助益不大，反因沈溺於與閩籍人民的械鬥，而與官府時起衝突，甚至因此罹罪。本章主在討論自道光年間以後，下淡水客民的出堆情形及其與官府關係惡化的情形。

一、張丙、許成事件

　　道光十二年（1832）十月，嘉義縣有張丙等聚眾滋事，南路鳳山縣觀音山人許成，聞張丙滋事後，亦於十月十三日於觀音山豎旗，為黨夥推為大哥，偽號「天運」，紮營於角宿庄（今高雄縣燕巢鄉），以剿滅粵人為由。❼ 李成起事後不久，下淡水內埔庄有粵籍監生李受（即李定觀），見下淡水客民因許成偽示中的滅粵字樣，心懷憤恨，故起而號令粵人共同立營保庄。因李受自覺不足以服鄉人，乃邀舉人曾偉中為總理，自為副總理，然實掌軍事大權。與以往歷次出堆不同的是，此次出堆乃由李受號令各粵庄派出銀穀，交其支發義勇飯食；並許諾各庄事後得領回米穀六百石，以曾偉中所刻上書「粵義曾總理、李副理」字樣的戳印，做為收發銀穀之據。於是，粵庄民人為圖飯食，日聚日多，且有乘機搶掠閩人庄社的情形，鄰近粵庄的閩人見此，率多遷庄避難。❽

---

❼ 周凱，《內自訟齋文選》（文叢第 82 種，1840 年原刊），頁 36。

❽ 〈瑚松額、程祖洛奏為奏查明南路焚搶情形拏獲首要各犯并夥黨分別審辦一面安撫難民勒緝逸犯摺〉，故宮博物院藏，《道光朝軍機處檔摺件》，文獻編號

張丙倡亂後，猛攻郡城，代理臺灣府王衍慶，因內地征兵未到，乃依循往例，繕札馳諭下淡水客庄，令其雇募義勇赴郡差遣。李受自忖過去閩人起事，鳳山縣城有危，均是招集粵人協勦。其以此次鳳山縣城必被許成等攻破，且當時閩粵時有鬥殺，力難鈐束，同時又惟恐下淡水溪以西的閩籍與溪東閩人勾結，報復擾害粵庄。故得知清廷於鳳山縣的主要兵力均在埤頭竹城禦賊，無力兼顧下淡水溪以東的情況後，乃與廖芋頭等人商議，藉王衍慶諭札，私製臺灣府義民旗號六桿，以「稟官勦賊」為名，使閩人不為防備。[129] 因許成有滅粵之語，故以自保為辭，不赴郡，意先焚搶閩庄，以洩夙怨，再圖為官復城，立功受賞。[130]

綜上可知，下淡水客庄此次出埠，原意並非助官平亂，於是，在報復閩粵私怨的情形下，倡亂於南路的許成雖未渡溪侵擾，下淡水地區卻仍陷於閩粵拼殺中，即如閩浙總督瑚松額等所言：「其畔雖啟于許成等之聚謀而作亂，而其禍實成于李受等之分類行兇」。道光十二年（1832）十月二十三、二十八等日，李受令下淡水客民攻打阿猴、萬丹等處閩庄，該處閩人雖多已聞風搬移，客民仍隨處放火焚屋，殺斃守庄之人。[131] 未久，李受探悉各庄閩人多歸避阿里港庄，一慮其聚謀報復，二因阿里港附近的下淡水、大埔頭附近各庄殷富紛紛搬入，財寶充積。在有利可圖的情況下，李受乃邀約楊石老二等番割勾帶山豬門社生番，會同內埔等庄粵人，於十一月初，兵分多路，乘夜攻破

063377。

[129] 〈瑚松額、程祖洛奏為奏查明南路焚搶情形拏獲首要各犯并夥黨分別審辦一面安撫難民勒緝逸犯摺〉，故宮博物院藏，《道光朝軍機處檔摺件》，文獻編號063377。

[130] 周凱，〈記臺灣張丙之亂〉，《內自訟齋文選》，頁37。

[131] 〈瑚松額、程祖洛奏為奏查明南路焚搶情形拏獲首要各犯并夥黨分別審辦一面安撫難民勒緝逸犯摺〉，故宮博物院藏，《道光朝軍機處檔摺件》，文獻編號063377。

阿里港及其附近小庄，因「時方早飯，閩人倉皇莫措，逃脫不及，遂任其荼毒，肆行焚搶，殺斃多命」。⑬隨後，李受又令瀰濃等庄客民焚搶連界之臺灣縣溪洲庄、番薯寮，及鳳山之水底寮、大樹腳等閩庄，與閩人相互鬥殺，互有死傷。道光十二年（1832）十二月二日，因許成攻羅漢門汛，李受又乘間令瀰濃庄等處客民焚搶連界嘉義縣之噍吧哖（今臺南縣玉井鄉）閩庄。⑬

　　由於當時許成急攻鳳山縣城，鳳山知縣託克通阿及南路營參將翁朝龍均傾力防守埤頭縣治，未能兼顧溪東；郡城又值戒嚴之際，對下淡水之事更是鞭長莫及。當時下淡水溪以東有縣丞駐阿猴，以及位於山豬毛地方的下淡水營。縣丞衙役不多，力難彈壓；下淡水營時有兵力五百七十餘名，除分防各汛外，存營兵尚有二百六十名，兵力尚稱充足，但何以閩粵拼殺會如野火燎原般一發不可收拾？實與下淡水營都司陳起鳳的態度有關。事起之初，陳起鳳曾帶兵五十名，親至下淡水客庄面見李受，向其勸阻，且許諾招來閩人與之講和。後因閩人守庄嚴緊，傳諭之信未能送達，陳起鳳即置之不問，任聽李受主令番割勾帶生番搶攻閩庄。⑬

　　負責征剿張丙、許成之亂的是陸路提督馬濟勝，道光十二年（1832）十一月，馬濟勝率兵二千由鹿耳門抵臺，先清北路，委副將謝朝恩統兵南下征剿許成夥黨。馬濟勝在北路的征剿頗為順利，十二月即捕獲張丙，北路亂平。十二月初七日，馬濟勝率兵南下鳳山，先

---

⑬ 鄭蘭，〈剿平許逆紀事〉，收入盧德嘉，《鳳山縣采訪冊》（文叢第73種，1894年原刊），頁428。
⑬ 〈瑚松額、程祖洛奏為奏查明南路焚搶情形拏獲首要各犯并夥黨分別審辦一面安撫難民勒緝逸犯摺〉，故宮博物院藏，《道光朝軍機處檔摺件》，文獻編號063377。
⑬ 〈閩浙總督程祖洛特參縱庸懦之怯弁請旨分別革職治罪以肅營伍摺〉，故宮博物院藏，《道光朝軍機處檔摺件》，文獻編號064393。

敗南路叛黨於二喃溝，初八日，謝朝恩擒獲許成，南路亦平。❸ 民變平定後，清廷即傾力處理下淡水地區閩粵鬥殺事宜，由臺灣道平慶會同孫朝恩帶兵馳往彈壓。❸ 李受在阿猴為臺灣道平慶設計誘出，解郡審擬凌遲。❸ 後來在閩浙總督程祖洛及將軍瑚松額的合力搜捕下，❸ 共擒獲參與械鬥的粵人二百餘名，分別斬配。❸

下淡水客庄在張丙之亂時的六堆組織如何，至今仍不清楚，此次總副理是否經過推舉的過程，或者由李受號召即行決定出堆，仍須進一步探究。可以確定的是，在李受未下令攻閩庄之前，六堆的出堆應是大部分粵民認可的，因為設堆之初，瀰濃、潮州、海豐、萬蠻等庄總理紳士均幫同派穀守庄，聽從各出庄眾穀石；迨見焚搶情形，則避之不管，未與其事。此外，曾偉中初允李受之邀，擔任六堆總理，但見庄眾紛紛焚搶，不能禁阻的情形後，心生畏懼，將自刻木戳鐫去曾字，退避不管。❹

綜上可知，就官方而言，下淡水客庄於張丙事件時的出堆行為，已非為堵衛鄉里，亦不為助官平亂。究其實，一為派斂米穀，乘機漁利；二藉許成滅粵字樣而挾怨報復。然就宋九雲《臺南東粵義民誌》中所載，表示六堆客庄此次出堆實係「循依舊章，助官剿賊，救府救縣」。並敘及當時中軍堆曾調撥右堆總理率粵勇旗丁襲莊馬力巢穴，「使功臺郡者，不敢盡力」；並調撥前堆、後堆、中堆、先鋒堆等粵勇

---

❸ 周凱，〈記臺灣張丙之亂〉，《內自訟齋文選》，頁41。
❸ 〈瑚松額、程祖洛奏為奏查明南路焚搶情形拏獲首要各犯并夥黨分別審辦一面安撫難民勒緝逸犯摺〉，故宮博物院藏，《道光朝軍機處檔摺件》，文獻編號063377。
❸ 周凱，〈記臺灣張丙之亂〉，《內自訟齋文選》，頁41。
❸ 丁紹儀，〈兵燹〉，《東瀛識略》，頁92。
❸ 盧德嘉，《鳳山縣采訪冊》，頁432。
❹ 〈拏獲鳳山縣焚搶番割匪徒姓名事由摘錄清單〉，故宮博物院藏，《道光朝軍機處檔摺件》，文獻編號066523。

旗丁，赴救鳳山縣城，沿途分別剿攻萬丹、新園、阿猴等處「賊巢」，但始終未能渡河救縣。之後由於莊馬力急攻鹽樹下新庄仔（今屏東縣高樹鄉）粵庄，乃效「齊人救韓攻魏之計」，直搗阿里港「賊巢」。由宋九雲之描述觀之，就當時六堆客庄而言，此次總副理終遭定罪正法，粵庄百餘人被辦，實由於馬濟勝收受臺南三郊之賄，「利令智昏」，以「乘機焚搶四字，妄加懷忠義民」。**⑭** 綜而觀之，此次六堆的表現，即使有助官剿亂之事，但實質助益不大，反主動引起閩粵鬥殺，可知其出堆所代表的維護社會秩序的本質已逐漸消褪，而流為與異籍分類傾殺，成為社會治安的亂源。在六堆粵庄本身而言，對於此種改變，是否為全體客民的自主行為，由於資料缺乏，未能得知。但由當時同屬粵庄紳士的海東掌教黃驤雲以妻為質，協同回鄉拏賊的事例可知，當時亦有客民不認同此次出堆行動。

黃驤雲係鳳山縣粵庄在籍主事，為六堆的首位進士（道光九年），原分工部學習，後告假回籍，旋因母病而在籍傳養。道光十二年（1832）十月張丙亂起不久，下淡水地區即傳出有客民焚搶閩庄情形，時臺灣道平慶乃諭飭粵籍紳耆，令其各保各庄，不得出外滋事。代理知府王衍慶亦諭飭下淡水客庄不准起隙攻擾閩庄。平慶與王衍慶二人欲予下淡水客庄的札諭，因當時南北民亂紛起，道路未通，乃先後將札諭交與黃驤雲、賴連淑等人，**⑭** 遣其轉寄。不久，平慶復因黃

---

⑭ 道光十二年的張丙事件，距宋九雲於光緒年間編纂《臺南東粵義民誌》已有五十餘年，由該書所言「自後凡遇有變，粵人多舉壬辰之事為藉口。……查前輩囑云，此後無論上中下三處庄人，凡遇擾亂，如城池未陷，并未奉疊札，切不必出堆。當以此番不論良歹，被屈殺者一百餘人為鑒。慎之。」可知，張丙事件之後，六堆之出堆行為已多所顧忌。參見宋九雲編纂，《臺南東粵義民誌》。

⑭ 賴連淑，年66歲，係已革告病外委，向住郡城，當張丙之亂起，郡城戒嚴之際，乃向王衍慶請領府諭召募粵庄義勇，但事後卻未親自前往，騙用盤費番銀。至李受等滋事後，乃轉為李受等辯訴，妄希矇脫多人重罪，具稟赴府投遞，又復自寫稟，未及投遞，即被盤獲。官府遂認為其雖尚無助惡之事，實陰懷黨惡之

驤雲係當地粵庄紳士，平時頗為庄民推重，復諭令其寫信回庄，曉諭庄民不可生事。黃驤雲依令行事，其信經各粵庄總理照函傳抄，張貼於下淡水客庄各公所。[143]

　　由後來的發展可知，黃驤雲的曉諭信並未引起多大的作用，客民在李受的主導下，仍四處攻擾閩庄，戕殺閩人。之後，閩庄難民得知黃驤雲寄信回庄之事，乃懷疑其串謀攻搶，一二訛傳，遂致互相播告，將黃驤雲誤認為率眾指揮攻搶的粵庄總理黃四，指其為串謀焚搶之犯的呈詞多達數百餘紙。黃驤雲在被誤解，未得清白的情形下，乃以其妻子為質，將之送郡監禁，而自隨官兵至下淡水客庄，協助官府指認綑送粵庄各犯，[144]且出資購線，搜捕餘黨。[145]閩粵鬥殺的當時，時有粵人占種閩庄田禾的情形，黃驤雲乃自行出資報買穀石，以散放給粵庄失業貧民。因黃驤雲的傾力協助，官府得於三個月的時間內，將正兇全數捕治，不致擾累無辜，而閩粵二庄亦皆平息安貼。但黃驤雲的表現，並未獲得庄眾的諒解，有部分狃於門戶之見的客民，及被捕各犯家屬，對之頗為怨恨，此使其不能安處鄉閭。[146]

心，尤為陰毒奸詐，未便以其訊未同謀攻搶為寬貸，見〈瑚松額、程祖洛奏為奏查明南路焚搶情形拏獲首要各犯并野黨分別審辦一面安撫難民勒緝逸犯摺〉，故宮博物院藏，《道光朝軍機處檔摺件》，文獻編號 063377。

[143]〈瑚松額、程祖洛奏為奏查明南路焚搶情形拏獲首要各犯并野黨分別審辦一面安撫難民勒緝逸犯摺〉，故宮博物院藏，《道光朝軍機處檔摺件》，文獻編號 063377。

[144]〈瑚松額、程祖洛奏為奏查明南路焚搶情形拏獲首要各犯并野黨分別審辦一面安撫難民勒緝逸犯摺〉，故宮博物院藏，《道光朝軍機處檔摺件》，文獻編號 063377。

[145]《清宣宗實錄選輯》（文叢第 188 種），頁 146。

[146]〈瑚松額、程祖洛奏臺匪滋事案內出力義首分別等第擬開清單〉，故宮博物院藏，《道光朝軍機處檔摺件》，文獻編號 066525。

二、林恭事件

林恭原為鳳山縣壯勇，因鳳山縣知縣王廷幹將之汰除，乃心懷憤恨，故於咸豐三年（1853），與北路張古、羅阿沙、賴棕等人密謀起事。**⑭**起事後的林恭先在番樹寮一帶搶掠庄民，後逐漸至埤城一帶活動，意圖攻城。當時鳳山縣城防守尚稱嚴密，後來林恭得以攻入，實與林萬掌關係密切。林萬掌係鳳山水底寮人，其族三世為義首，遇地方有事，皆率宗族隨官效力。林恭為亂前不久，林萬掌因所得封賞不足，乃對官府心生不滿。林恭滋事後不久，知縣王廷幹依循舊例，檄令林萬掌帶領義勇入城防守。林萬掌於咸豐三年（1853）四月二十八日帶勇入城，林恭率眾舉義民旗，偽為林萬掌之勇而踵其後，待至縣署後，即改易旗幟，蜂擁吶喊，殺知縣王廷幹。**⑭**

林恭攻陷縣治後，自立為縣令，設軍械房，意圖大舉攻郡。咸豐三年（1853）五月初二日，林恭率眾圍攻郡城，在官兵的鎗砲攻勢下敗逃而回。**⑭**臺灣兵備道徐宗幹於五月十五日決定派兵南征，克復埤城。以游擊夏汝賢、候補知縣鄭元杰為首，督帶兵勇二千餘人、西螺壯丁千人、水師兵丁二百餘名，於五月二十四日誓師，二十八日啓行。**⑮**除自郡城出發的官兵義民外，亦諭令南路下淡水客民分路協剿。南征官兵義民出發後，分別在新園仙塘及圍隨庄、九甲圍等地與反民交戰，每戰皆捷。咸豐三年（1853）六月七日，南征官兵義民與

---

⑭ 唐壎，〈鄭邑侯克復鳳山縣碑記〉，收入盧德嘉，《鳳山縣采訪冊》（文叢第73種，1894年原刊），頁413。

⑭ 唐壎，〈王廷幹、張樹春之死論〉，《鳳山縣采訪冊》，頁417。

⑭ 徐宗幹，〈癸丑日記〉，《斯未信齋雜錄》（文叢第93種），頁85-86。

⑮ 唐壎，〈鄭邑侯克復鳳山縣碑記〉，《鳳山縣采訪冊》，頁414。

固守鳳山火藥庫的參將曾元福會合剿殺，鳳山縣城乃復，林恭跟蹌逃遁，走避風港、瑯嶠一帶。[151]

鳳山縣城雖已克復，但因林恭夥黨尚未擒獲，亂事未息，故知縣鄭元杰乃將縣事委於縣丞范鼎亨、典史陳兆琮，親自與參將曾元福、水師葉得茂、林增營等人，南下傾力剿捕林恭。六月二十九日，鄭元杰等得知林恭欲渡溪竄逃大林蒲（今高雄市小港區），遂與曾元福在其半渡時出擊，擒獲起事分子三十餘人，林恭仍乘隙逃逸，藏匿於水底寮一帶。鄭元杰等乃先駐紮東港，等待機會出擊。後來因軍餉匱乏，無力發給兵勇口糧，剿捕事宜無以為繼。在官兵進退維谷之際，咸豐三年（1853）七月二十七日，林萬掌與王飛虎、郝芝等合力將林恭等擒獲來獻，至此，南路之亂方告平復。[152]

林恭之亂時，六堆的出堆情形，史籍並未有明確記載。但自咸豐三年（1853）七月由六堆中軍所發貼的曉諭中可知，當時下淡水客庄確以「逆賊猖獗，戕官害民，實為罪大惡極」為由，循例出堆。[153] 然此曉諭中所指之「逆賊」係指何人，卻未可得知。據《嗚呼忠義亭》的說法，咸豐三年（1853）六堆的設堆，乃因林萬掌率數千人攻粵之新街庄，下淡水客庄遂於四月十五日，共議依循舊例出堆，推舉曾應龍（即曾史平）為六堆大總理；鍾里海為六堆副理，又公舉左、右、中、先鋒等各堆總理、副理，糧食仍由田賦支出。[154]

由徐宗幹所著之〈與閩粵紳士〉一文中亦可得知，林恭亂平後，下淡水地區閩粵關係緊張，相互呈控狀紙數百。其原因在閩人而言，

---

[151] 唐壎，〈鄭邑侯克復鳳山縣碑記〉，《鳳山縣采訪冊》，頁 415。
[152] 唐壎，〈鄭邑侯克復鳳山縣碑記〉，《鳳山縣采訪冊》，頁 415-416。
[153] 〈咸豐三年六月六堆中軍為剴切曉喻事〉，收入王世慶輯，《臺灣公私藏古文書影本》，v6-1。
[154] 松崎仁三郎，《嗚呼忠義亭》，頁 116-117。

皆控六堆總理曾史平等率眾擾害閩庄；在粵人而言，則是以林萬掌假義首之名行叛逆之實，及林恭之亂尚有未獲各犯爲慮而堅不撤堆。若依徐宗幹所言林萬掌係「先逆後順之人，得因功減罪」；而曾史平等「究係助順剿逆之人，即使辦理不善，未可遽以罪掩功」、「爾等因逆匪滋事，協力剿辦」可知，❺當時下淡水客庄的設堆原爲助官剿逆，期間亦曾幫平亂事。但事平之後，卻因與閩籍的爭持而堅不撤堆，甚有焚搶閩庄之事。

　　六堆此次出堆，與地方官府關係日漸惡劣，粵庄堆制的存在對地方官府而言，已成爲社會騷動不安的來源。當鳳山知縣鄭元杰帶兵克復埤城後，溪東閩粵相爭方酣，當時閩庄難民因粵庄堆制未撤不敢歸庄安業。之後臺灣道、府均諭令粵庄撤堆，鄭元杰亦屢次出示曉諭，令其各安生業，不得擅出滋事。據鄭元杰的說法，這些諭令並未引起任何作用，粵庄總理置若罔聞，甚至仍糾集夥眾復出攻搶閩庄，殺斃多命。面對粵庄如此行徑，知縣鄭元杰自是氣憤，故對粵庄總理下最後通牒，要求剋日盡行撤退所設各堆，否則將親自帶隊臨查拏究，若「粵庄總理再玩抗滋端，定請大兵剿捕，惟該總理是問」。❻

　　此外，由當時駐軍守備湯得陞於咸豐三年（1853）六月二十五日呈予臺灣道徐宗幹的稟文中亦可得知，在林恭等十餘名大股首均已擒獲，且解縣審辦後，情勢雖已克復平靜，但仍有粵人四處伏殺閩人。湯得陞於六月二十二、二十三兩日，會同押司陳國忠、都司祝延齡分頭彈壓，且諭令粵庄撤去營堆。粵人不僅不遵，且言欲「俟紅頂大憲到地，方肯罷息」。湯得陞等見其所行，認爲情同叛惡，乃督同兵勇

❺ 徐宗幹，〈與閩粵紳士〉，《斯未信齋文編》（文叢第87種），頁14。
❻ 盧德嘉，《鳳山縣采訪冊》，頁275。

極力向前押退，卻遭粵人施放穿山龍九節連環反擊，湯得陞等乃暫將隊伍撤回鳳山縣城。❺

面對此一景況，臺灣道徐宗幹乃行諭下淡水客民，說明當時各地方文武及閩籍紳董所以要求粵庄撤堆，實因「難民未盡歸莊起見」，並表示了解粵庄堅不撤堆的原因，在於保衛鄉庄，因「恐投誠之人，存心不測，或慮在逃之犯，死灰復燃」。更呼籲粵民「既助官長以立功，此時何必因難民而任咎」，且自立堆之後，粵人出力已久，「眾堆一日不撤，費用一日不止，閩人不靖，粵人終亦不安」，故希望粵人即行撤堆。❺ 咸豐三年（1853）八月，徐宗幹南下安撫難民，在途經下淡水客庄時，先於內埔庄外駐箚，表示必待粵人撤堆後，方允入庄視察，因此粵人乃將所設各堆撤去。❺

三、戴潮春事件

同治元年（1862）戴潮春亂起，主要戰事多在北路，南路僅有劉來成領戴潮春偽令竄回南路倡亂，及水底寮庄民陳大目與柯歹等人串謀起事等幾起事例，但均在巡道洪毓琛的領導部署下迅速撲滅，未成氣候。❻ 此事件期間下淡水客庄有否因應行為？簡炯仁以屏東市天后宮藏「義祠亭碑記」的分析表示，當時清廷並未因循故例徵調六堆民兵北征，而另召募社皮等十八庄福佬人從官出力效勞，加上事後選在閩客分類之東方邊界建祠，因此認為戴潮春事件期間，官方有意反制

---

❺ 盧德嘉，《鳳山縣采訪冊》，頁 275-276。

❺ 徐宗幹，〈諭粵民〉，《斯未信齋文編》，頁 13-14。

❺ 徐宗幹，〈癸丑日記〉，《斯未信齋雜錄》，頁 91-92。

❻ 林豪，〈南路防剿始末〉，《東瀛紀事》（文叢第 8 種），頁 35。

六堆勢力。⑯ 同治年間，官方對六堆之態度容或已有所改變，但若參諸相關文獻可知，當時下淡水客庄應仍有設堆助官征剿之情形。據《嗚呼忠義亭》中所載，當時繼孔昭慈任兵備道的丁曰健，曾諭令南路粵庄招募義民助剿，故六堆乃以鍾召棠為總理，選出義民一千名，分作二營助官平亂。⑯ 其中，丁曰健是否曾諭令粵民招募助剿，於史籍未有佐證，不敢貿然下論。但當時下淡水客庄確曾出堆隨剿，此可自同治二年（1863）四月發貼於港西中里和興庄的曉諭中得知：

> 護福建臺灣南路下淡水營等處地方都閫府軍功加三級余 為
> 曉諭事照得本府于本（二）月初九日，標准分縣孫南開，訪聞火燒庄等處粵人，藉因募兵張維雄在阿緱街被殺，套冒張蘇氏之名設席會議，意欲將阿緱、海豐等庄閩人租谷抗欠等情……該粵人何得糊混妄為，致釀巨禍。<u>況各粵庄義勇往北，隨軍征剿，現有數千餘人</u>，若任生端，勢必互相械鬥，則隨軍之義勇必受其害，貽禍非輕。⑯

自上可知，當時下淡水粵庄撥出千餘名鄉勇往赴北路，隨官兵征剿。即戴潮春事件期間，因南路少有騷亂，縱有，亦毋須下淡水客庄出力。因此，下淡水客庄僅在官府諭令出勇協征後，撥派數千餘名鄉勇往北協剿。

綜上所述，可知下淡水客庄與官府的關係自道光十二年（1832）的張丙、許成亂後即呈現時起衝突的不穩定狀態。道光年間，下淡水

⑯ 簡炯仁，〈由屏東市天后宮珍藏「義祠亭碑記」論清廷對屏東客家六堆態度的轉變〉，《臺灣風物》，第47卷第2期（1997年6月），頁9-36。
⑯ 松崎仁三郎，《嗚呼忠義亭》，頁124-125。
⑯ 〈同治二年四月福建臺灣南路下淡水營等處地方都閫府軍功加三級余為曉諭事〉，收入王世慶輯，《臺灣公私藏古文書影本》，v6-3。

客庄以李受爲首的出堆行爲，造成未受民變侵擾的下淡水地區陷入閩粵交相搶掠傾殺的局面，亦使得陸路提督馬濟勝及臺灣道平慶等在民變亂平之後，需率領官兵越過下淡水溪弭平當地的分類械鬥。此外，如何安置因爲下淡水地區分類械鬥而避難於郡城的閩民，更成爲閩浙總督程祖洛等人處理善後的主要工作，下淡水客民因此次事件獲罪者多達二百餘人。咸豐三年（1853）林恭倡亂時期，下淡水客民與官府的緊張關係又呈現不同的形態，客民直接與鳳山知縣及駐軍守備發生衝突，且敢施放大砲驅走官兵，放言俟紅頂大憲到地，方肯撤堆罷息。同治初年因戴潮春事件的出堆行爲雖未見與官府有所衝突的情形，但自以上的情形看來，自道光以後，下淡水客民的出堆行爲對平抑亂事已少有助益，且多專注於分類械鬥，造成其與官府關係日益惡化，時有衝突。

第十章 下淡水客庄與官府關係 轉變的原因

　　下淡水客庄於朱一貴、吳福生、林爽文之亂時，對平抑亂事有其實質而重大的貢獻，官方倚之頗重；迨至張丙之亂後，下淡水客庄的出堆多造成激烈的閩粵械鬥，反激化亂事，官員對之多持負面評價，如張丙之亂時，客庄有數百人因此獲罪。下淡水客庄與官府的關係為何有如此之轉變，頗值探究。

　　乾嘉之前，下淡水客民從官向義的態度仍十分明顯，從乾隆年間廣東沿海商賈對下淡水客民的觀察可知，由於每有民變，下淡水客庄均受侵擾，故當地「粵民立誓，凡有一人從賊者，眾人必食其肉，與逆匪勢不兩立」。[164] 關於此點，有三點例證可供了解。一是莊大田在響應林爽文而倡亂於南路時，曾遣涂達元、張載柏等至下淡水地區招誘客民，卻為客民捕殺。[165] 在當時莊大田陣營有漳泉二籍共夥的情形下，客民此種堅持顯得分外特別。二是乾隆五十二年（1787）九月，將軍常青派遣原隨莊大田倡亂，後投誠且賜守備職銜的莊錫舍自帶手下義民數百，隨同副將丁朝雄前赴東港幫同剿捕。然而，其往粵庄，欲會同粵民合力征剿時，卻遭粵民以其曾經從賊，今雖經投誠得官，亦「共相鄙薄，不與會合」，[166] 此舉致使莊錫舍單獨與反清勢力接

---

[164] 〈兩廣總督孫士毅奏廣東義民與林爽文勢不兩立等情摺〉，《天地會》（四），頁 164-165。
[165] 《平臺紀事本末》（文叢第 16 種），頁 25。
[166] 《欽定平定臺灣紀略》（文叢第 102 種），頁 793-794。

仗，敗陣帶傷而回。[167]另外，有原曾入會從逆的阿里港股戶陳國英，因莊大田向之索銀不遂，將伊父母殺害，遂逃至山豬毛粵庄，表示願充義民。但粵庄亦因其曾從逆而不肯收留，反勒交穀石，最後陳國英乃氣忿而死。[168]

上述三例，或許多多少少有因籍分類的心理因素存在，但亦表示當時客民的行爲的確是以義爲先，不敢妄自攻搶行掠。然而，自道光十二年（1832）張丙之亂起，六堆出堆的主要目的，已不在助官向義，而是專注在與異籍的衝突上。張丙、許成亂時，下淡水客民是分類的起釁者，故六堆及各庄總副理皆因此罷罪，至咸豐三年（1853）林恭案時，更是因堅不撤堆而與官府發生激烈的衝突，甚至施放穿山龍九節連環砲逼退由守備湯得陞所率兵勇。[169]六堆與官府的關係爲何有如此的變化，是本章所欲探討的主題。以下分客觀形勢的轉變、清廷的分化態度及六堆的自治與日益驕縱三方面加以論述。

一、客觀情勢的演變

客觀情勢的演變可分清廷義民政策的運用及民變北移兩方面說明，凡此均使下淡水客民義民角色的功能日漸式微。由於朱一貴、吳福生爲亂期間，臺灣各地義民的表現，使清廷逐漸了解臺地義民可用，加上臺灣班兵庸弱難恃的主觀環境，清廷的「義民政策」乃逐漸成型，[170]至林爽文事件時落實爲具體行動。此所謂的義民政策係指清

---

[167]《欽定平定臺灣紀略》，頁661。
[168]《宮中檔乾隆朝奏摺》，第67輯，頁473；《欽定平定臺灣紀略》，頁929。
[169]盧德嘉，《鳳山縣采訪冊》，頁276。
[170]戴炎輝言義民政策爲清廷在亂時，用民兵及番兵平亂的策略，見《清代臺灣之鄉治》，頁90。而本文所謂「義民政策」是指清廷主動利用義民及防制義民的各種態度。

廷對於義民的態度，由以往的被動接受、事後封賞，轉變為主動的倡義招募，且優容、制衡。

　　林爽文亂起後，臺地官府開始有主動招募鄉勇、義民助官平亂的情形，除巡道永福有鑒於下淡水客庄過去的向義事蹟，遣臺灣府教諭羅前蔭及海東掌教曾中立等人前往下淡水招募客民赴郡守禦之例外，當時兼理府事的臺防同知楊廷理，在亂事起後，更「率經歷羅倫、晉江監生郭友和，步行於市，手執大書招募義民旗，三日中得八千人」。[171] 北路亦有都司因為營兵稀少，而發示招募義民，共得船工匠首黃世恭、監生陳鵬尊及泉州、廣東、興化、永定義民七千餘人實力防禦。[172] 在官府大張旗鼓招募義民的情形下，各地均有義民首率眾起而響應，北路監生李安善，起義克復彰化城，擒偽將楊振國等；幕賓壽同春亦舉義攻復淡水，擒王作等。[173] 又柴大紀北行力衛諸羅時，先有鹿仔草武舉人陳宗器率領同安義民為之前導，繼有雙溪口武舉人黃奠邦統義民為之接應。[174]

　　因清廷的義民政策在林爽文事件期間收效良好，故自此而後，臺地文武每遇民變，皆思招募義民助官平亂，如嘉慶年間蔡牽亂起後，臺灣知縣薛志亮由海口步行至武館街，大義勸眾，計得義首歲貢生韓必昌、陳廷璧等二百人，義民逾萬；[175] 彰化縣邑翟儔，檄義首楊應選、王松等招募鄉勇，保衛地方。[176] 於是，在清廷「義民政策」的推動之下，義民紛起，復因清廷的事後封賞，更使臺地人民習以起義平

---

[171] 謝金鑾，《續修臺灣縣志》（文叢第 140 種，1831 年原刊），頁 374。

[172] 〈閩浙總督常青奏招募義民實力防守及發兵渡臺情形摺〉，《天地會》（一），頁 221。

[173] 謝金鑾，《續修臺灣縣志》，頁 374-375。

[174] 謝金鑾，《續修臺灣縣志》，頁 376。

[175] 謝金鑾，《續修臺灣縣志》，頁 380。

[176] 周璽，《彰化縣志》，頁 382。

亂邀功受賞。故此後歷次民變，多仗義民之力，如「林爽文、陳周全滋事時，悉賴有義民，是以要犯得以就擒，迅速集事，否則僅恃該處弁兵，安能似此克期成功」；戴潮春之亂，「歷時均閱二年，卒藉義民壯勇之力，始告蕆事」。❼❼

由上面的論述可知，林爽文事件之前，因亂事地點多在南路，故助官平亂的義民係以下淡水客庄為主，且均為民間自行籌組的方式。林爽文事起後，因為倡亂者聲勢甚大，清廷在臺兵力有限，故官方開始扮演主動招募義民的角色。自此而後，雖仍有如六堆一般民間自行籌設的義民團體，但在官方主動招募下，臺灣各地百姓在保鄉衛土、功名利祿、榮耀鄉里的多重心理下紛紛響應。義民紛起，使得下淡水客庄六堆組織助官平亂的角色不再突出。另一方面，下淡水地區閩籍人民亦思糾舉義民助官平亂，如林爽文事件期間，下淡水地區港西里廣安庄閩民許廷耀，於乾隆五十二年（1713）九月，得知郡城為莊大田率眾合圍，乃自出家資，招募崙仔頂、中洲仔、菅林內、北勢頭、磚仔窯六庄三千餘人，亦立大清旗號，赴郡堵剿，因此遭致莊大田率眾回攻該六庄，十死其九。因此，事平之後，獲福康安入告，奉旨從優議敘，且由乾隆帝御書「旌義」二字以表其功。❼❽ 此外，乾隆六十年（1721）二月陳光愛起事鳳山時，下淡水地區的萬丹街民陳聰明，

---

❼❼ 丁紹儀，《東瀛識略》（文叢第 8 種，1848 年原刊），頁 95。

❼❽ 盧德嘉，《鳳山縣采訪冊》，頁 273-274。許雪姬認為此六庄係為粵民團體，見許雪姬，〈清代綠營在鳳山縣的防戍〉，《高雄文獻》，20/21 期合刊（1985 年 1 月）。然據《鳳山縣采訪冊》所載，許廷耀係乾隆 48 年的武舉人，原籍閩省南安縣，且該六庄多為閩籍聚落，可知由許廷耀所領之崙仔頂等六庄義民，應為閩籍移民，見《鳳山縣采訪冊》，頁 253。關於許廷耀之相關事蹟，可參閱李明進，〈萬丹鄉許舉人與下淡水溪義勇公的歷史事蹟〉，《屏東文獻》，第 7 期（2003 年 12 月），頁 87-91。

亦糾人附和，但旋為該處義民首貢生李登元、武生李必魁設法誘擒後，再通知萬丹汛弁帶兵往捕。❼❾

綜上可知，林爽文事件之後，官方鼓勵義民自效的態度，造成此後每有民變，臺地各籍人民皆思倡義協剿，間接使得下淡水客庄的義民角色不再具有獨特性。另一方面，臺灣自道光而後，南路少有大亂，即有零星反亂，亦有就近義民起而協剿，於是，在大環境的改變，及清廷義民政策的推動下，六堆在平抑亂事上少有發揮的場域，其義民角色的重要性亦日漸式微。

二、清廷的分化策略

此所言之分化，非如張菼所言清廷為防止臺灣人民反清，而分化閩粵、漳泉的政策，❽⓿ 而較傾向陳孔立所言，清廷在鎮壓亂事的過程中，利用了不同祖籍居民之間矛盾的策略與手段。❽❶ 其實，由乾隆十二年（1747）五月閩浙總督喀爾吉善之密奏內容：

> ……粵人處臺、諸、彰、淡之境者，不過一二萬人；在鳳山縣境港東、港西列莊而居者，約計百餘十莊，統計不下十餘萬人，結連親故，侵奪番地，獲貲頗饒。因昔年征臺微勞，得有義民功銜，每與有司抗衡，遇事生風；而所住村莊，聯絡聲息相通，氣勢甚乘。其所以不致為非之，賴有閩人為敵，兩相牽制耳；然剽悍之習，則甚於閩

---

❼❾〈福建水師提督哈當阿續獲陳光愛餘伙李聰明等摺〉，《天地會》（六），頁 5。

❽⓿ 張菼，〈清代臺灣分類械鬥頻繁之主因〉，《臺灣風物》，第 24 卷第 4 期（1974年 12 月），頁 84-85。

❽❶ 陳孔立，〈清代臺灣分類械鬥的若干問題〉，《臺灣研究集刊》，1986 年第 3 期，頁 21。陳孔立於文中言此非「分化政策」，但為行文方便明瞭，仍使用「分化」之名，但其意同於陳孔立之說。

人。若不設法綏戢，惟恐養癰貽患。……及至水師提臣張天駿來省，……極言粵人強悍勢眾情形，應行調劑等語。⑱

可知，滿清官員有意以不同族群相互箝制的想法，由於下淡水地區客庄勢力之漸起，早在乾隆初年即已逐漸浮現。⑱ 在臺地，閩粵關係自康熙末年以來持續緊張，而同屬閩省的漳、泉二籍，自乾隆四十七年（1782）的械鬥之後，亦不相協合。⑱ 有鑒於此，清廷在採取義民政策的同時，為避免反亂勢力或義民勢力的坐大，故相當技巧地運用臺地人民分類的習性加以控制管理。關於清廷此種的策略運用，在林爽文亂時，可自兩方面觀察。

一、募勇的考量：清廷鑒於林爽文、莊大田等倡亂者皆為漳籍，以為「漳州民情，究不可信」，⑱ 復因考慮到臺地漳泉久分氣類，「漳人有隙，凡係居住臺灣之泉人，多有充當義民者」，故認為多募泉勇對平抑亂事應有助益。但為掩飾此種想法，在招募泉州鄉勇之後，復遣委員招集漳州鄉勇百餘人，避免內地漳人起疑。⑱

二、閩粵聚落雜處的維持：據乾隆五十二年（1787）十月十九日的上諭可知，林爽文事件期間，清廷曾因臺灣各籍移民往往械鬥滋事，欲將各籍移民按籍貫分庄居住，「令其各為一莊，俾相離較遠，

---

⑱ 〈乾隆十二年六月十四日閩浙總督喀爾吉善謹奏為密奏事〉，收入國學文獻館編，《臺灣研究資料彙編：第一輯》，頁10804-10808。

⑱ 施添福認為喀爾吉善此種對下淡水客庄之戒心與防備，對當地客家的進一步拓墾，產生極為深遠的影響，即使當地客家人難於向東側沿山一帶擴張，只能困守於康熙末年已建立起來的固有領域。參見施添福，〈國家與地域社會——以清代臺灣屏東平原為例〉，收入詹素娟、潘英海編，《平埔族群與臺灣歷史文化論文集》，頁100。

⑱ 〈漳泉分類〉，《臺灣采訪冊》，頁35-37。

⑱ 〈閩浙總督李侍堯奏募兵及添造軍械等情摺〉，《天地會》（三），頁255。

⑱ 〈欽差協辦大學士福康安奏查閱調臺兵員及籌酌辦理摺〉，《天地會》（四），頁74。

以杜爭端」。[187] 但福康安卻認為，臺灣漳、泉、粵三籍民人夙分氣類的習性，雖值注意，但若閩粵各庄聚落彼此鄰近，遇有反民倡亂，可因各籍間的分類，反使倡亂者不能串聯一氣，彼此可相互糾舉，[188] 清廷在了解後，遂放棄此議。

福康安此種想法，在閩浙總督伍拉納、臺灣道楊廷理於乾隆六十年（1795）處理陳周全事件時，上呈清帝的奏摺中亦可見到。其言臺灣地方向分各籍散布，若遇有事端，彼此可相互牽制，若「漳泉之人串通一氣，勾結滋擾，勦捕豈不更覺費手」。故認為若臺地發生分類仇殺之事，地方文武應即往查拿懲治，但對於臺地民情不睦的情形，則「聽其自然」。此外，伍拉納等更交待臺灣道等文武官員，對於此種想法「惟當默存諸心」，不可讓漳、泉民察覺，「轉致朋比為奸」。[189] 此外，林爽文事件期間，鄭光策上予福康安有關平亂的相關建議中，曾提及「宜通廣莊以分敵勢」，他認為臺灣「近山多廣東之客莊，廣民驕悍騰銳，器械精良，閩民亦素畏之」，且林爽文、莊大田亂起之後，廣民多未與民變勢力相結，故官方若依此情勢與之結合，則反叛勢力必「外勞而內叛，其為坐擒之形必矣」。[190]

綜上可知，自林爽文事件之後，清廷已注意到臺灣族群間的分類習性，且以此作為制衡各籍勢力的方法。張菼認為自朱一貴事件之後，臺地分類械鬥頻發的原因，是清廷重用義民的結果，此說不免倒果為因。[191] 因為朱一貴事件時閩粵交相拼的情形，並非因為清廷重用

---

[187] 《臺案彙錄庚集》，頁 590-591。

[188] 〈欽差協辦大學士福康安等奏擒林爽文家眷及等劃善後事宜摺〉，《天地會》（四），頁 263-264。

[189] 〈諭哈當阿等臺灣民情隨其自然以期互相牽制〉，《天地會》（六），頁 36。

[190] 鄭光策，〈上福節相論臺事書〉，《清經世文編選輯》，頁 17-18。

[191] 張菼，〈清代臺灣分類械鬥頻繁之主因〉，《臺灣風物》，第 24 卷第 4 期（1974 年 12 月），頁 75-85。

義民；當時下淡水客庄加入平亂的行為，是主動舉旗自效朝廷，並非清廷授意。但自乾隆之後，由於清廷廣納義民，及有意以異籍相互制衡的策略統治下，多多少少激發了臺地的分類夙習。清廷有意分籍制衡的態度，造成臺地各籍移民關係不易和諧，是下淡水地區閩粵衝突難以平弭的原因之一，演至後期，臺地亂事「有起于分類而變為叛逆者，有始于叛逆而變為分類者」，[192] 分類械鬥所造成的社會動盪已不下於民變，如道光十二年（1832）的張丙事件之起，實與嘉義縣閩粵二籍移民的衝突密切相關。[193] 當臺地各籍移民的衝突變成清廷治臺首要處理的問題時，下淡水客庄藉助官平亂而有的尋隙行為，就成為導致其與官府關係難以良好維持的原因之一。

三、六堆之日益驕縱

　　下淡水客庄與官府由良好的互動關係逐漸演成交鋒對立，與下淡水客庄因義民的角色，在臺地位逐漸提高，加上清廷的封賞，使客民自視甚高，武斷鄉曲的情形不無關係。清治臺之初，客家移民因施琅惡粵或隔省流寓等原因，渡臺不易；渡臺後復因其單身佃丁的身分，及春來秋去的移墾方式，對當時社會的穩定造成相當的破壞力，故臺地文武對客民多有貶抑之辭。不僅如此，相較於閩籍，客家移民在臺的生存權利，亦遭受不平等的待遇。如清廷規定臺灣各級官員不准調用粵籍，以及客家移民在臺雖結集相當人數，卻始終沒有參加科舉的

---

[192] 陳盛韶，〈分類械鬥〉，《問俗錄》，頁 138-139。
[193] 嘉義雙溪口庄粵人張阿凜與北崙仔庄閩人陳辦的衝突，亦為張丙糾合詹通、陳辦等豎旗起事的原因之一，見周凱，〈記臺灣張丙之亂〉，《內自訟齋文選》，頁33。

機會。凡此種種，皆因下淡水客庄的義民身分，及在歷次戰役中征剿立功的因素下逐漸改變。

乾隆五年（1740），巡視臺灣御史兼提督學政楊二酉奏請，年久入籍且於臺屬四邑有戶冊可稽的粵民，編列七百餘名可參加童試，為「新」字號；附入府學則有八個名額；鄉試方面，因不便附入臺字號，故暫附閩省生員內，❿此案於翌年議准。❿而原本各級官員迴避粵籍的政策，亦於乾隆三十六年（1771），改定為除知縣以外的文員，一概無須迴避粵籍。❿

下淡水客庄的義民角色，使得在臺粵民原有的不平等待遇逐漸解除，地位亦漸提高。此外，清廷對下淡水客民的賞戴，更令客民自視甚高，武斷鄉曲：

> 南路澹水三十三莊，皆粵民墾耕。……再功加千委，數至盈千，奸良莫辨；習拳勇，喜格鬥，倚恃護符，以武斷於鄉曲。保正里長，非粵人不得承充；而庇惡掩非，率徇隱不報。❿

康熙末年，巡臺御史黃叔璥見下淡水客民任事驕縱，為有所箝制，故時常飭令所屬兵役前往觀察。欲將封賞外委的下淡水客民分發閩、廣，有能者授以之職，不堪用者斥還本籍。黃叔璥此議，後來雖不了了之，但自此可知，下淡水客民封賞後的驕蹇之勢，頗令臺地官員忌疑。❿

---

❿ 王瑛曾，《重修鳳山縣志》，頁 179。

❿ 〈學校〉，《清會典臺灣事例》（文叢第 226 種），頁 89。

❿ 〈臺灣補調〉，《清會典臺灣事例》，頁 15。

❿ 黃叔璥，《臺海使槎錄》（文叢第 4 種，1722 年原刊），頁 93。

❿ 李文良指出，黃叔璥此議未成之原因，為雍正二年（1724）八月黃叔璥任滿準備回京述職時，途經杭州時，因其家丁殺人之刑事案件，而丟了官職。也因此導致

臺地官員對下淡水客庄忌疑的情形，亦可由乾隆初年臺灣道張嗣昌之〈摺稟事宜〉中看出：

> ……惟南路廣東義民一項，最關緊要。以此時而論，固屬有功；以將來而計，實為可虞。所幸者與漳、泉之人不睦耳。但防範之法、駕馭之術不可不急講也。……嚴查保甲之外，再查有功加外委箚付之人，選其漢仗技藝可觀而能約束眾客仔者十餘人，令其在鎮標行走效力，再有後效，陸續拔置經制、千、把于內地，一可作鎮臺之耳目，又可以分其勢而散其黨……亦防微杜漸之一法也。❶❾❾

由此可知，下淡水客民於朱一貴事件之後，或許由於因功封賞之人頗多，乃漸有武斷鄉曲，勢凌一方的情形，致臺地官員屢屢思「分其勢而散其黨」，以稍稍制衡其勢力過度擴張之現象。

另一方面，因居於閩人聚落環伺之下，下淡水客庄逐漸發展出嚴密的防衛設施，各大庄外有刺竹、隘門，「其完固甲於當時之郡城矣」。❷⓪⓪自此可知，朱一貴事件之後，下淡水地區的客家人，憑藉著其義民榮賞的身分，及人多勢眾的優勢，在下淡水地區儼然成為一個小的自治區，聚落外有重竹、深溝，地方事務亦採粵人治粵的獨斷模式。凡此種種，均致使下淡水客民與官府的關係不易和諧，亦是造成咸豐年間敢向官方施放大砲，與鳳山知縣對峙的主要原因。

其欲削弱「粵人」勢力的政策無疾而終。參見李文良，〈從「客仔」到「義民」──清初南臺灣的移民開發和社會動亂（1680-1740）〉，《歷史人類學學刊》，第5卷第2期（2007年10月），頁31。
❶❾❾ 張嗣昌，〈摺稟事宜〉，收入李祖基點校，《巡臺錄·臺灣志略》（香港：香港人民出版社，2005年），頁14。
❷⓪⓪ 林師聖，〈閩粵分類〉，《臺灣采訪冊》（文叢第55種），頁34-35。

　　總而言之，下淡水客庄與官府維持良好關係係肇因於義民角色的扮演，下淡水地區的閩粵關係自朱一貴事件以來之仇怨，在清廷義民政策的發酵之下日益惡化。故道光之後，六堆出堆的行動多與分類械鬥有關，如下淡水客民在許成及林恭案時的表現，已對平抑亂事無所助益。其所激化的閩粵械鬥，及引起的社會騷動不下於民變，故與官府漸起衝突。總之，前期官方以六堆為平閩亂之工具，卻因此激化了族群的對立；後期分類械鬥成為社會治安的主要問題，官方對粵民的態度轉而多採壓制與批評。

第五部
下淡水地區的閩粵關係

　　下淡水地區的閩粵關係自朱一貴事件之後，即呈現日益緊張、惡化的情形，道光十二年（1832）的張丙、許成之亂後，更成為下淡水客民與官府關係緊張的原因之一。歷次分類事件的原因與類型因為資料未能充分提供相關訊息，很難就發生的原因或類型加以歸納分析，但為論述方便起見，本部以械鬥是否為民變所促發為歸納的標準，分別於第十一章及第十二章，就與民變有關或無關之分類械鬥加以說明，第十三章則就清代下淡水地區閩粵關係的各項重要特徵加以分析。

第十一章　民變性的衝突

　　此章主要就清代下淡水地區的閩粵關係中與民變有關的部分，以個案的方式分別說明。所謂與民變有關的分類械鬥，乃以該分類械鬥是否爲民變所促發，或與民變同時進行。其實，清代民變與分類械鬥的關係，因爲義民的興起，遂使二者之間難以區分；而義民游移於平亂與分類之間，角色更顯得模糊難辨。此種情形在下淡水地區的族群關係中更是分外顯見，此地的客家人自朱一貴之後，即爲與官府持續修好的義民團體，此種角色使得下淡水地區的閩粵衝突多伴隨民變而起。

一、朱一貴事件與閩粵分類

　　朱一貴事件在臺灣史上，除爲清領臺之後，首件蔓及全臺的民變外，另一個重要意義是，此事件亦爲清代臺灣分類械鬥之始，「康熙六十年朱一貴之亂，……此閩粵分類之所由始也」❶、「辛丑變後，客民與閩人不相和協」。❷自此之後，二者關係日益惡化，「其禍（閩粵分類）自朱逆叛亂以至於今，仇日已結，怨日以深，治時閩欺粵，亂時粵侮閩，率以爲常，冤冤相報無已時」。❸朱一貴之亂雖伴隨著臺灣史上首見的異籍分類情形，但其由民變轉爲械鬥的過程是頗值玩味的。朱一貴事件之起，可說是閩粵二籍勢力的結合，卻以二籍分類

---

❶ 林師聖，〈閩粵分類〉，《臺灣采訪冊》（文叢第 55 種），頁 34。
❷ 黃叔璥，〈朱逆附略〉，《臺海使槎錄》（文叢第 4 種，1722 年原刊），頁 93。
❸《臺灣采訪冊》，頁 35。

械鬥的結果收場。今人在論述朱一貴事件期間的閩粵關係時，多未察覺其中閩粵二籍中各語群人民結合與分立的問題。然而，朱一貴事件的演變過程及各種人群結合的情形，並非以祖籍的分類即能解釋清楚的，故於此先就朱一貴事件何以由閩粵結合演成閩粵分類的過程作一交代，以深入了解臺灣史上第一起閩粵械鬥事件的過程，以及其中各分類人群的內涵與差異性。

朱一貴事件為朱一貴與杜君英二大勢力的合流，朱一貴係漳州府長泰縣人，❹杜君英為潮州府海陽縣人，❺因語言的關係，杜君英等應與閩人較為契合。而且，原與杜君英共同起事於下淡水地區的，除其所處庄里附近的「粵東種地傭工客民」外，大部分為閩人，如起於草潭的郭國正、翁義；起於下埤頭的江國論；起於新園的林曹、林騫、林璉；起於小琉球的王忠等。❻而杜君英起意糾眾叛亂，亦是聽從閩人柯妹之建議。❼此兩大陣營合與分的過程，可說明二籍分類的始末與原因。民變陣營中，原屬於杜君英陣營的閩籍，後多向朱一貴靠攏，進而反攻杜君英。演至後期，起事陣營中閩粵二籍夥眾，交相拼殺，勢同水火。

康熙六十年（1721）三月，因避罪而匿居於下淡水檳榔林（今內埔鄉義亭村）的杜君英，得知知府王珍施政引起民怨後，乃糾其庄里附近陳伯、莊勳、黃捷、陳會等粵人，李國彥、李國恩、陳貴等閩人，及臺灣府民蕭伯、鄭十三等五十餘人，於三月初十日，在山內豎旗倡亂。後有楊來、顏子京、戴穆、劉國基、陳福壽、洪正、王義

❹《臺案彙錄己集》（文叢第191種），頁2。
❺〈朱一貴謀反殘件〉，《臺案彙錄己集》，頁18。
❻ 藍鼎元，《平臺紀略》（文叢第14種），頁2。
❼〈朱一貴謀反殘件〉，《臺案彙錄己集》，頁18。

生、郭國正等各執旗色前來加入，共集一千餘人。❽無獨有偶，鳳山
縣民朱一貴先於三月因結黨聚眾而遭知府王珍往捕未獲，❾四月十九
日，復與李勇、吳外、鄭定瑞等五十二人焚表結盟，之後各自會人，
共糾得千餘人，立「大元帥朱」、「激變良民」、「大明重興」等旗幟
起事。❿

　　事起之初，此兩大勢力尚各自行動。康熙六十年（1721）四月十
九日，朱一貴等夜襲岡山汛，劫掠軍器，後又攻搶檳榔林、大湖等
汛，擊敗汛防把總張文學，搶奪鳥鎗、藤牌等軍械。二十一日，杜君
英遣楊來、顏子京率眾越渡下淡水溪，至溪西與朱一貴商議合作事
宜，之後雙方豎旗拜把。二十三日，楊來、顏子京等與右營遊擊周應
龍所率官兵交戰，敗回下淡水。⓫

　　四月二十六日，原於下淡水各地豎旗的杜君英陣營越過下淡水
溪，先於赤山與周應龍之軍接戰，杜君英等大敗。未久，官軍進駐赤
山，杜君英乃糾眾二千往岡山，與朱一貴等會合。適因紮駐二濫的周
應龍傳諭所帶兵弁熟番：「殺賊一名賞銀三兩，殺賊目一名賞銀五
兩」，致隨征熟番誤殺良民四人，燒死八人。原走避入山的朱一貴陣
營見此，乘機以「兵番殺掠」為由，鼓煽沿途村庄，於是「各鄉紛紛
響應，豎賊旗幟」，⓬共有二萬餘人因此投順朱一貴。⓭此外，由於
周應龍所領兵弁「多募市井亡賴；內地抽撥者，半係換名頂替；倉皇
調集，股栗不前」。⓮面對朱一貴與杜君英兩大陣營之結合，及附近

---

❽〈朱一貴謀反殘件〉，《臺案彙錄己集》，頁 18-19。
❾〈閩浙總督覺羅滿保疏〉，《清聖祖實錄選輯》（文叢第 165 種），頁 174。
❿〈朱一貴供詞〉，《臺案彙錄己集》，頁 3。
⓫〈朱一貴供詞〉，《臺案彙錄己集》，頁 3。
⓬藍鼎元，《平臺紀略》，頁 3。
⓭〈朱一貴供詞〉，《臺案彙錄己集》，頁 3。
⓮謝金鑾，《續修臺灣縣志》（文叢第 140 種，1831 年原刊），頁 366。

各庄民人的加入，民變陣營之聲勢自非庸官儒兵所能抵禦。四月二十七日，朱一貴與杜君英合攻周應龍所領官兵，官軍以南路營把總林富、鎮標右營領旂王奇生、革職把總江先達等爲前隊，然皆陷沒。「戰方合，周應龍以後隊遽退。千總陳元戰死、把總周應龍被擒、……周應龍逃歸府治，一貴率群賊大隊隨之」。❶❺ 赤山之役戰捷後，杜君英又率所糾夥黨往攻南路營，在宛大江口地方與參將苗景龍兵接仗，將苗景龍殺死、守備馬定國亦自盡，南路營陷（參見圖8-1）。❶❻

官兵在赤山敗戰後，朱、杜紮營岡山，與出駐春牛埔（今臺南市）的總兵歐陽凱兩相對峙。赤山之敗傳至府郡，文武官員譁然大震，「各遣家屬宵遁，先後駕舟並出鹿耳門，士民相率逃竄」。❶❼ 四月三十日的春牛埔之役是在臺官兵與起事分子的第二次大戰，亦是清廷在臺勢力的最後反擊。當日，總兵歐陽凱、左營遊擊劉得紫率兵千餘人、臺協水師副將許雲率兵五百，出箚春牛埔，列營以待。先是「軍中夜驚，鎮兵四散。己未黎明，稍集，人無戰心」。❶❽ 五月一日，朱一貴與杜君英合力，以數萬人將歐陽凱等官兵四下圍住，加上清軍把總楊泰竟爲內應，刺總兵歐陽凱墜馬，致使清軍慘敗。❶❾

春牛埔之戰告捷後，朱一貴、杜君英等往攻臺灣府，之後杜君英入駐總兵官署，❷❶ 朱一貴繼入臺廈道署。五月十一日，朱一貴自立爲王，年號「永和」。至此，清廷於臺可視爲勢力中空，爲一短期的改朝換代。朱一貴與杜君英等人入駐臺灣府城的當日，北路有賴池、張

❶❺ 藍鼎元，《平臺紀略》，頁3。
❶❻〈朱一貴供詞〉，《臺案彙錄己集》，頁3。
❶❼ 藍鼎元，《平臺紀略》，頁3。
❶❽ 藍鼎元，《平臺紀略》，頁3。
❶❾ 藍鼎元，《平臺紀略》，頁4。
❷❶ 藍鼎元，《平臺紀略》，頁6。

岳等豎旗聚眾，賴池等人合攻諸羅縣，北路營參將等雖出力拒戰，然因兵單無援，亦告不守。[21]

　　朱一貴之亂得以速滅，除因清廷以大軍強勢壓境，及以保境衛鄉為訴求的義民之起外，更因其本身的分裂內訌。朱一貴、杜君英二股異籍勢力在起亂時的結合，蓋因有著共同的目標與立場。然在分享勝利果實時，卻也開始面臨因利益分配不均而造成的衝突與分裂。朱、杜衝突的原因有二：一是領導權的爭奪，一是軍紀的問題。在共同攻入府城後，杜君英原欲立其子杜會三為王，但因眾不服，乃議立朱一貴。[22]此事使原與朱一貴勢力相埒的杜君英，只能封得國公之職，此種結果，自令杜君英心生不甘。

　　另一方面，杜君英在起事之初，皆任所率夥黨恣意劫掠，毫無紀律，如「四月二十八日，杜君英、戴穆到小的莊上放火燒房」、「杜君英賊眾到小的莊上殺人放火燒屋」、「五月十三日，杜君英賊夥到小的店裡勒要助餉，小的沒有給，他就吊打」。[23]其行事與朱一貴「行令頗嚴，掠民財物者，聞輒殺之，或民自撲殺，賊黨莫敢護」的堅持大相逕庭。[24]在爭奪領導權失利後，杜君英行徑更變本加厲，任事驕蹇，放任所黨夥眾淫掠婦女，因此引發與朱一貴等人進一步的衝突。

　　起先，杜君英所領某一粵民「先年聘女年冶，女嫌其貌寢，不許，及是，乃夜持刃挾淫之」。待該女母親往告朱一貴後，朱一貴乃派人往捕，將之殺於水仔尾。[25]後來，杜君英又因淫掠吳外戚屬，而

---

[21] 藍鼎元，《平臺紀略》，頁6。
[22] 藍鼎元，《平臺紀略》，頁9。
[23] 〈朱一貴謀反殘件〉，《臺案彙錄己集》，頁16。
[24] 王瑛曾，〈災祥〉，《重修鳳山縣志》（文叢第146種，1764年原刊），頁274。
[25] 王瑛曾，《重修鳳山縣志》，頁274。

與吳外結怨，朱一貴得知此事後，遣楊來、林璉前往查問，反遭杜君英收縛。於是，朱一貴復遣李勇、郭國正等人整兵圍攻杜君英，至此，已見反清陣營中分類之勢，「粵黨以入府無所獲，且亂自粵庄始，而一貴非粵產，因有異謀」。❷❻原屬杜君英陣營之郭國正、江國論、鄭文遠、胡君用、林璉等閩人，皆靠向朱一貴而與之決裂，甚至聽命於朱一貴，合力圍剿杜君英（見表 11-1）。即如林師聖〈閩粵分類〉中所言：

> 康熙六十年，朱一貴之亂，有偽封國公杜君英者，粵之潮州人也。其旗賊眾最雄，閩之賊俱忿恨之。於是，合眾攻君英。諺有云：十八國公滅杜是也。❷❼

因己方勢力分化，杜君英遂不敵閩籍勢力的結合聯攻，乃與林沙堂等人，率領粵人數萬敗走虎尾溪，一路剽掠閩人村社，戕殺閩人，❷❽「半線上下，多被蹂躪；所未至者，惟南崁以北爾」。❷❾

表 11-1　杜君英陣營倒戈至朱一貴陣營之人物表

姓名	居處、生業	招者	豎旗地點	參與者	封職	備註
江國論	在南路淡水種蔗	劉國基	南淡水牛稠埔	戴穆	國公	
林曹	在南淡水耕田	□□□	新園	胡君用、□□、林璉		
鄭文遠	在阿猴社推牛車趕食	江國論、王滿	阿猴社		國公	後曾追剿杜君英

---

❷❻ 王瑛曾，《重修鳳山縣志》，頁 274。
❷❼ 林師聖，〈閩粵分類〉，《臺灣采訪冊》，頁 34。
❷❽ 王瑛曾，《重修鳳山縣志》，頁 274。
❷❾ 藍鼎元，《平臺紀略》，頁 9-10。

林騫	在鐵線橋種蔗	江國論、戴穆	新園	胡君用、林璉、林曹	平北侯	往南淡水討帳時入夥
林璉	在笨港種蔗生理	戴穆	新園	胡君用、林曹、林騫	平臺侯	往南路討帳時入夥，後同江國論往北路追杜君英
胡君用	在南路下淡水崁頂住	戴穆	新園	林曹、林騫、林璉	靖海將軍靖海侯	後帶人去征杜君英
陳燦		陳福壽	檳榔林	陳福壽	平南侯	
黃和			新園	林曹	副將	
柯朝		林曹	新園	林曹	遊擊	
王萬		鄭文遠				
王壯		鄭文遠				
蔡妙		鄭文遠				
鄭元長	在臺開糖舖	江國論、戴穆	新園		將軍	去追杜君英

資料來源：〈朱一貴謀反殘件〉，《臺案彙錄己集》，頁4-15

　　自五月中，朱一貴與杜君英分裂後，閩粵屢相併殺，閩籍對杜君英所率粵籍夥眾極力圍堵聯剿，「飛虎等大殺之（杜君英等）赤嵌樓下，血盈渠」[30]，「殺人盈城，尸首填塞街路，福安街下流水盡赤」[31]，如此慘烈之拼殺，自令下淡水地區的閩粵關係亦隨之緊張。於是，原以語群結合的民變陣營，演至後期遂成分籍對立之勢，因此，下淡水客民在設營後，「並稱客莊，肆毒閩人」[32]，朱一貴亦於六月十三日，遣人糾漳、泉人數千，分渡下淡水溪，抵新園、小赤山、萬丹、濫濫等處，「圖併客莊」[33]，此即為朱一貴事件導致閩粵二籍分類互鬥的過程。

　　然而，若以祖籍分類的觀點看朱一貴事件期間的閩粵關係，實難以呈現當時族群關係的真實面向，因為當時與漳泉同屬閩籍的汀州府

[30] 謝金鑾，《續修臺灣縣志》，頁369。
[31] 林師聖，〈閩粵分類〉，《臺灣采訪冊》，頁34。
[32] 謝金鑾，《續修臺灣縣志》，頁370。
[33] 謝金鑾，《續修臺灣縣志》，頁370。

民，由於語言文化的類同，多傾向與當地客家人結合，而粵籍移民之間亦存在著客語與非客語群的歧異。《重修臺灣府志》在敘及「義民」時，於附考中，收錄有轉引自《理臺末議》的一段文字，說明朱一貴事件期間，下淡水地區粵籍民人的角色：

> 康熙辛丑，朱一貴為亂。始事，謀自南路粵庄中。繼我師破安平，甫渡府治，南路粵庄則率眾先迎，稱為義民。粵庄在臺，能為功首，亦為罪魁。❸❹

上述文字，常使後世誤以為下淡水地區客民係先從杜君英倡亂，見情勢有變後，方舉義旗迎師。針對以上「粵庄在臺，能為功首，亦為罪魁」的說法，光緒年間曾在六堆駐留一段時期的宋九雲即曾清楚地表示「嘗聞義民，每以為罪魁，語不允協，殊不知其各有所指也」：

> ……此可知其能為功首一語，係鎮平、平遠、程鄉三縣人也。亦為罪魁一語，係杜君英賊人也。杜逆原係潮人，潮屬廣，故亦稱粵。鎮平等三縣，昔屬潮州，故亦稱潮。迨雍正十年，始改程鄉縣為嘉應州，以鎮平、平遠二縣割歸嘉應州轄，何怪乎其於康熙年間，統稱之曰潮曰粵乎。特為揭出辨別，是否有當，伏 高明鑒之。❸❺

總之，下淡水地區漢人間的族群關係，若僅以祖籍地的分類來觀察，難免失真，需加上語系的考量，方不致忽略可能的面向（參見圖11-1）。❸❻然而，由於清代相關資料中，除部分事例明顯注意到各籍

---

❸❹ 周元文，《重修臺灣府志》（文叢第105種），卷11，武備（三），義民／附考。
❸❺ 宋九雲編纂，《臺南東粵義民誌》。
❸❻ 所謂的「閩粵」、「福客」其實分屬省籍與語系兩個不同的分類範疇，彼此界線

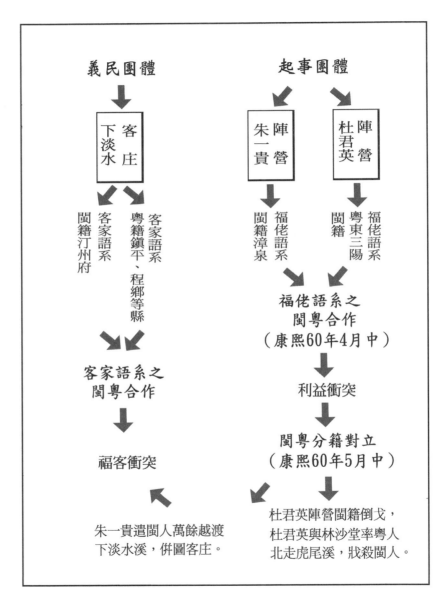

圖 11-1 朱一貴事件中族群結合與分立過程圖

移民內部的歧異外，大部分均以閩、粵相稱，以致於在處理下淡水地區的分類械鬥事件時，由於資料提供的訊息有限，只能了解二籍間的衝突，很難細部地分析其中各語群移民結合的情形。

雍正元年（1723），下淡水地區發生臺灣史上第一起閩粵民人械鬥事例，即閩籍鄭章與粵籍義民賴君奏之衝突，此可說是朱一貴事件期間閩粵衝突的遺續，故於此一併說明。此事件肇因於朱一貴亂起後，客民設營堵禦的期間，多有對漳泉移民或辱或殺的行為，鄭章的兄弟及眷屬即為賴君奏兄弟所殺。於是鄭章等人為復仇，乃自行毆死賴君奏、賴以槐兄弟二人，以求抵償。此案雖只是一起小範圍的民人互鬥事件，卻由當時臺灣總兵藍廷珍親自處理，可見清廷對此事重視的程度。所以如此，是因為賴君奏為平定朱一貴之亂有功的朝廷義民，「非聚眾為盜者比」，故鄭章此舉，即成「擅殺義民」的不赦大罪。由當時總兵藍廷珍的幕僚藍鼎元所起草的〈諭閩粵民人〉一文中所言「汝等漳泉百姓但知漳泉是親，客莊居民又但知客民是親」可知，朱一貴事件後，下淡水地區的閩粵關係仍呈緊張的對立狀態。❸

二、黃教事件所造成之閩粵對立

乾隆三十三年（1768）十月初一日，黃教招集三、四十人於岡山歃血訂盟，翌日糾眾焚攻岡山汛，搶奪軍械，殺害汛兵。之後，即北

並不相符，且存在複雜的交集與合集的關係，進一步的論述，可參考林正慧，〈閩粵？福客？清代臺灣漢人族群關係新探──以屏東平原為起點〉，《國史館學術集刊》，第 6 期（2005 年 9 月），頁 1-60；又吳中杰新近的研究，也進一步從田野的走訪，發現六堆周圍許多屬福佬語系之粵籍潮州人之蹤跡。參見吳中杰，〈堆外粵人──六堆周圍地區清代廣東移民屬性初探〉，發表於行政院客家委員會主辦、屏東科技大學客家文化產業研究所協辦，「六堆歷史文化與前瞻學術討論會」，2007 年 9 月 20-21 日。

❸ 藍鼎元，〈諭閩粵民人〉，《東征集》（文叢第 12 種，1721 年原刊），頁 80-82。

竄以游擊方式焚搶各地防汛。黃教事件發生後，下淡水客庄管事乃依循故例，招募鄉民保守村庄，稱為義民。因南路閩粵居民素有仇隙，故閩人因客民加其以不義之名，乃懷積忿，遂與客民互相構釁擄殺。十一月二十四日，有客民藉義民名色，率眾焚搶水底寮等閩庄。翌日，漳泉庄民遞呈三十六紙，指名具控粵人客庄管事率眾焚搶之事。❸❽

在南路發生閩粵庄民互相鬥殺的情形後，時至南路彈壓查辦的總兵王巍乃嚴諭閩粵各庄首事耆老，並取具閩粵二比言和之甘結在案。但當時閩粵民人仍處於相持對立的狀態，並未息事相安，對於官府的諭令只是虛予委蛇，官員走後，依舊相互尋仇。故不久又發生南勢一帶閩人黨眾焚搶粵人庄社之事，閩粵各有損傷。❸❾當時閩粵械鬥的範圍，幾乎涵蓋整個下淡水地區，「南路一帶，自羅漢門起，至水底寮止，相去一百餘里，閩粵村莊聯絡莊民數萬，擁眾互鬥」❹⓪，可見當時閩粵關係之緊繃，及拚殺情形之嚴重。

未久，於鳳山知縣方輔悟的安排下，水底寮閩民與港東粵民面立合同，以息紛爭。十二月初四日，有水底寮閩庄耆老隨同官府至崁頂，等候粵民首事到齊後安撫妥協。❹❶初八日，經文武勸諭，閩粵雙方各遞甘結。但因閩粵二方猜疑未釋，故後來又發生閩人之無賴者竄入粵庄構釁的事件，「在粵庄，民人油鹽等物全靠閩人流通賣給，其情實不欲與相爭。而無賴閩人反以有事為能，未盡釋然於心」。❹❷十二月十二日，黃教因粵人以義民應募捕賊，故以為閩人復仇為藉，率

---

❸❽〈福建巡撫鄂寧摺〉，《臺案彙錄己集》，頁67。
❸❾〈提督福建水師總兵吳必達摺〉，《臺案彙錄己集》，頁65。
❹⓪〈福建巡撫鄂寧摺〉，《臺案彙錄己集》，頁66。
❹❶〈福建巡撫鄂寧摺〉，《臺案彙錄己集》，頁66。
❹❷〈閩浙總督崔應階摺〉，《臺案彙錄己集》，頁91。

夥焚毀檨仔腳等處粵庄，**❸**此次械鬥一直持續到黃教亂結束後方漸平息。

三、林爽文事件期間的閩粵關係

乾隆五十一年（1786）林爽文事件期間，下淡水客民出力頗著，此間下淡水地區少見分類械鬥事例。此或因當時隨莊大田起事者多為漳州人，而下淡水地區的泉民亦與客民相同，舉義旗自效朝廷。在泉、粵共同協剿漳民的情形下，當時發生的分類搶殺事件，極可能在剿亂的表象中被掩飾過去。如林師聖所言：「林爽文反，……莊大田、莊錫舍等合眾力攻粵庄不得入，閩人被粵人擒殺極多，父母凍餓，兄弟妻子離散，不計其數」。**❹**當時北淡水亦曾發生泉、粵義民因難民「與賊同鄉，遂不分皂白，從而搶殺，以致避難白石湖、金包里等處」之事。**❺**自此可知，藉義民之名，行分類之實的情形，在當時的下淡水地區應是存在的。

四、許成事件期間的閩粵關係

如前章所言，下淡水客庄在許成倡亂於南路後的出堆行為，用意已非助官平亂，故發生「粵籍居民招集匪類，漆害漳泉無辜，名為洗庄」的攻擾行動。**❻**道光十二年（1832）閩粵分類的範圍，幾乎涵蓋

---

❸〈福建按察使余文儀摺〉，《臺案彙錄己集》，頁 99。

❹林師聖，〈閩粵分類〉，《臺灣采訪冊》，頁 34。

❺〈閩浙總督李侍堯奏察看北淡水情形及撥兵接應徐鼎士摺〉，收入中國人民大學清史研究所、中國第一歷史檔案館合編，《天地會》（三）（北京：中國人民大學出版社，1980 年），頁 274。

❻〈瑚松額奏報抵臺日期及搜捕零星餘匪情形〉，故宮博物院藏，《道光朝軍機處檔

整個下淡水地區,甚至擴及臺灣縣及嘉義縣的閩人聚落。據《道光朝軍機檔》的記載,此次下淡水地區遭受粵人攻搶的閩庄,有阿里港、阿猴、萬丹、下蚶、六巷、社皮、歸來、番薯寮、林仔邊、北旗尾、崁頂、八老爺、同安厝、新園、後廍、力力、大樹腳、頭崙、溪州、番仔寮、洲仔、七間厝、西瓜園、茄苳門等庄。❹ 受害情形最嚴重的是阿里港,溪州次之。其中阿里港是因為附近七十二大小庄富饒者均搬避其中,故粵、番攻搶最甚。❹ 其餘大小閩庄或因閩人已先聞風搬空,只有房屋遭焚;或是村落本小,損害較輕;或因閩粵同庄,互相焚搶,其中亦有一二粵庄被閩人懷恨焚毀(參見圖 11-2)。❹

在李受的主導下,粵、番大範圍的侵擾行動中,整個下淡水地區僅有枋寮、水底寮、畢支尾三處閩庄得以自衛保全。枋寮等三庄所以屢攻不破的原因有二:一是當地在臺灣極南,且迫於山海之間,在無路可退的情形之下,「勢不得不合心併力,背城借一,以圖固守」。❺ 二是當地居民慣習鹿銃,在閩粵交拼期間,又適於地墈堀起巨砲一尊,加上郡城郊商運到鉛藥百斤,故得稍稍支持。整個下淡水地區,「只此一隅,餘皆焦土,可憐兩里,變作荒墟」。❺ 當時閩人遭粵人及

摺件》,文獻編號 066491。

❹ 〈瑚松額、程祖洛奏為奏查明南路焚搶情形拏獲首要各犯并夥黨分別審辦一面安撫難民勒緝逸犯摺〉、〈瑚松額等續獲鳳山焚搶匪徒姓名事由摘錄清單〉、〈奏報拿獲南路番匪及焚搶夥犯姓名事由清單〉,故宮博物院藏,《道光朝軍機處檔摺件》,文獻編號 063377、063612、066509。北旗尾莊發生械鬥之例,見曾大目,《枋寮庄案內》(屏東:枋寮庄,1932 年),頁 48。其載「道光十二年,閩粵械鬥,恆春之閩人黃榮元等十七人在北旗尾地方戰死」。

❹ 鄭蘭,〈請追粵砲議〉,收入盧德嘉,《鳳山縣采訪冊》(文叢第 73 種,1894 年原刊),頁 434。

❹ 〈瑚松額、程祖洛奏為奏查明南路焚搶情形拏獲首要各犯并夥黨分別審辦一面安撫難民勒緝逸犯摺〉,故宮博物院藏,《道光朝軍機處檔摺件》,文獻編號 063377。

❺ 鄭蘭,〈請追粵砲議〉,《鳳山縣采訪冊》,頁 434。

❺ 鄭蘭,〈剿平許逆紀事〉,《鳳山縣采訪冊》,頁 430。

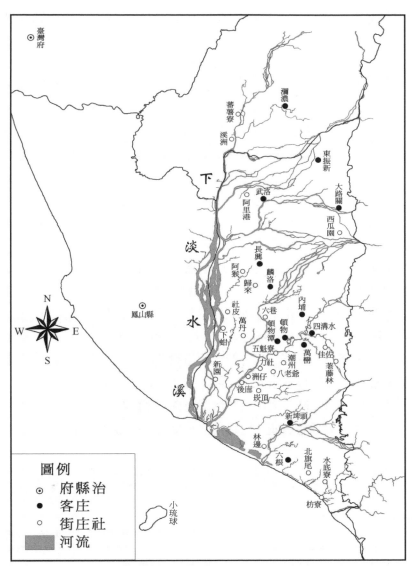

圖 11-2 下淡水地區分類械鬥地區示意圖（道光年間之後）

製圖：劉揚琦

原住民追擊的慘狀，鄭蘭的〈剿平許逆紀事〉中，有一段生動的描述：

> 福人競渡而逃西，客子循溪而逐北。□野橫屍，莫認誰家之子；荒村度命，未知何日能歸。厲不知深，淺奚暇揭；□忘遺子，佩解匪夫。蓮襪沒泥，最苦凌波步步；麻衣被體，剛逢雨雪霏霏。半綻尚含，蜂遭亂采；一枝聊借，雉自為媒。保抱攜持，珠忍擲於掌上。緘縢扃鍵，篋即肬於懷中。躲粵鋒，仍遭賊手。當瑣尾，復病膏肓。冤上加冤，慘中更慘。天好生兮，瞀重輪而厭視；階為厲也，磔寸肉以難償。❺❷

道光十三年（1833）一月，閩浙總督程祖洛抵臺處理張丙及許成亂的善後事宜，當時鳳山閩庄避居郡城的難民，有男婦老少一千八百餘人，❺❸其中由阿里港避至郡城的就有一千多人。❺❹程祖洛見此，乃由所帶公項銀兩中，撥番銀三千圓，加上地方紳士公捐的番銀三千圓，交由員外郎吳尚新、訓導黃化鯉領銀承辦撫卹事宜，諭其在阿里港各庄搭蓋草寮，以安頓難民。❺❺

此次的閩粵械鬥，先在臺灣道平慶會同副將孫朝恩帶兵馳往彈壓下，擒獲李受等為首各犯。❺❻程祖洛至臺後，復檄令提督馬濟勝坐鎮

---

❺❷ 鄭蘭，〈剿平許逆紀事〉，《鳳山縣采訪冊》，頁 427-428。
❺❸ 周凱，〈記臺灣張丙之亂〉，《內自訟齋文選》（文叢第 82 種，1840 年原刊），頁 41-42。
❺❹ 《清宣宗實錄選輯》（文叢第 188 種），頁 136-137。
❺❺ 〈瑚松額、程祖洛奏為奏查明南路焚搶情形拏獲首要各犯并黟黨分別審辦一面安撫難民勒緝逸犯摺〉，故宮博物院藏，《道光朝軍機處檔摺件》，文獻編號063377。
❺❻ 〈瑚松額、程祖洛奏為奏查明南路焚搶情形拏獲首要各犯并黟黨分別審辦一面安撫難民勒緝逸犯摺〉，故宮博物院藏，《道光朝軍機處檔摺件》，文獻編號

鳳山，搜捕攻庄竄逃的粵人。在官兵的嚴密懲辦追剿後，共擒獲參與械鬥的粵人二百餘名，分別斬配。[57] 事息之後，各庄粵人頗知震懾，但因械鬥期間，有未歸閩人之田遭附近粵人私行播種，或閩人私種粵田的情形。由於當時正值早稻成熟，收成在即，程祖洛恐有因恃強盜割而復起爭端的情形，故出示諭令閩粵各庄，規定當季稻禾各歸業戶自行收割，不許私種之人恃強爭競。另一方面，亦委派專員會同地方文武分段巡查，妥為監割。[58]

在閩浙總督程祖洛的嚴諭下，事後僅發生熟番潘阿忙等數人因業戶未歸私往收割的情形，閩粵二籍紛爭漸息。歸庄閩人搭寮蓋屋的物料，多向粵庄購買，亦有粵人幫同工作的情形。[59] 程祖洛鑒於下淡水地區閩粵分類之夙習，故於道光十三年（1833）的〈酌籌臺灣善後事宜摺〉中，特別建議在下淡水各閩粵交關之處增兵防守，如撥兵六十九名，另設阿猴汛；於阿里港增把總一員、兵二十名；撥額外一員、兵二十名駐九塊厝。[60]

然而，儘管官府有心防治，閩粵分類積習卻是難以排解。故在許成、李受之亂方告平息後不久，下淡水地區又於道光十四年（1834）

063377。

[57] 盧德嘉，《鳳山縣采訪冊》，頁 432。

[58] 〈瑚松額、程祖洛奏為奏查明南路焚搶情形拏獲首要各犯并夥黨分別審辦一面安撫難民勒緝逸犯摺〉，故宮博物院藏，《道光朝軍機處檔摺件》，文獻編號063377。

[59] 〈瑚松額等奏為審辦續獲南路賊犯侯學生案由〉，故宮博物院藏，《道光朝軍機處檔摺件》，文獻編號 063608。

[60] 〈程祖洛奏為遵旨酌籌臺灣善後事宜敬陳數條恭請聖訓事〉，故宮博物院藏，《道光朝軍機處檔摺件》，文獻編號 066290、066291。

發生閩粵的分類械鬥。由《淡水廳志》所載:「釀事,鳳山縣蠻蠻大莊」中可知,❻當時械鬥的範圍可能在濫濫或萬巒一帶。❻

五、陳沖案所引發的閩粵緊張

道光二十一年(1841)十月初七日,南路鳳山縣民陳沖,乘夷船擾犯北路雞籠之機,在鳳山縣觀音巖地方豎旗滋事,攻搶蓁林汛營房,將該汛外委鍾孝臣砍成重傷,兵丁死傷八名。❻陳沖亂起後,臺灣道姚瑩會同南路營縣往征夾擊,生擒股首偽元帥陳頭、許旺等犯。但為首的陳沖及部分夥黨乘隙逃逸,部分竄至下淡水一帶,組織青龍會焚搶滋事,且四處播散分類謠言。於是下淡水閩粵各庄,及臺灣、鳳山交界的民庄、番社,均遭煽惑,導致彼此互相驚疑,紛紛搬徙。❻

姚瑩見此,乃與臺灣府知府熊一本會商,決定繕擬信諭,交由臺防同知全卜年會集下淡水閩粵兩籍頭人,予以傳諭。諭令閩粵各庄各自推舉頭人,設立公所,協同官府征剿息事。另外,臺灣、鳳山交界各庄,則飭令當時在羅漢門管帶義勇的前福清縣知縣盧繼祖,親往曉諭,如此方將風謠止息,未釀大亂。❻

---

❻ 陳培桂,《淡水廳志》(文叢第 172 種,1871 年原刊),頁 365。
❻ 懷疑蠻蠻大莊係濫濫庄,係由於朱一貴事件期間,福建水師提督施世驃曾將濫濫稱作「漫漫」,見《清聖祖實錄選輯》,頁 173;懷疑係萬巒的原因是,當地客家部落仍時有將萬巒稱作「蠻蠻」,且據鍾壬壽言,萬巒有前稱「萬鰻」之傳說,見鍾壬壽,《萬巒鄉志》,頁 4-5。
❻ 姚瑩,〈南路匪徒嚙應遣員擊破奏〉,《東溟奏稿》(文叢第 49 種),頁 47-48。
❻ 姚瑩,〈南北路逆匪首從就擒地方平定奏(夾片)〉,《東溟奏稿》,頁 53-54
❻ 姚瑩,〈南北路逆匪首從就擒地方平定奏(夾片)〉,《東溟奏稿》,頁 54。

六、林恭事件期間的閩粵關係

咸豐三年（1853）林恭倡亂期間，六堆亦循舊制設堆，助官協剿。征剿的同時，卻因閩粵夙怨而流於打壓異籍。如同當時鳳山縣知縣鄭元杰所言：

> 逆匪戕官陷邑，該粵人如果志切同仇，自宜首援陂城，次擒逆賊，稟解懲辦，無幾不愧義舉。乃竟懷挾私嫌擅攻閩庄，焚搶擄殺，不分良莠，村社悉成焦土，財物被掠一空，難民無家可歸，流離失所，因而被水衝斃、逃難死亡者，不可勝計。居心殘忍，莫此為甚！**⑥⑥**

在林恭被擒，亂事平息後，下淡水地區的閩粵間的爭持卻未見平息，反日益惡化，陷入閩粵交相呈控，彼此傾殺的局面。粵人以閩籍義首林萬掌假義之名行逆之實為由堅不撤堆，且有四處伏殺閩人之勢；**⑥⑦** 閩庄難民則呈控粵人堆制不撤，是為伺機報復，**⑥⑧** 及當時六堆總理聽任庄眾焚搶擾害，**⑥⑨** 故率皆不敢歸庄安業。事後在臺灣道徐宗幹的坐鎮曉諭下，六堆方允撤堆，閩粵之爭亦稍息。

據鳳山知縣鄭元杰所言「此次該粵人因向嘉早等庄索取前次詐贓不遂，互相鬥殺」，**⑦⓪** 及徐宗幹所言「萬巒等莊與閩、潮挾嫌互鬥……枋寮、水底一帶，非操必勝之權，未可遽行深入」，**⑦①** 可知此

---

⑥⑥ 盧德嘉，《鳳山縣采訪冊》，頁 275。
⑥⑦ 盧德嘉，《鳳山縣采訪冊》，頁 275-276。
⑥⑧ 徐宗幹，〈諭粵民〉，《斯未信齋文編》（文叢第 87 種），頁 13-14。
⑥⑨ 徐宗幹，〈與閩粵紳士〉，《斯未信齋文編》，頁 14-15。
⑦⓪ 盧德嘉，《鳳山縣采訪冊》，頁 275。
⑦① 徐宗幹，〈答曾輯五參戎書〉，《斯未信齋文編》，頁 10-11。

次閩粵發生械鬥的區域，有嘉早（即佳佐）、萬巒等庄，甚至枋寮、水底寮一帶，蔓延的範圍亦以整個下淡水地區為主。

綜上可知，由於客庄義民組織的存在，加上清代臺灣民變多為漳泉等閩籍所主導，以致於自朱一貴事件後的南部歷次民變，均很難避免發生異籍分類械鬥的情形，故許多大範圍的分類械鬥多與民變相隨相生，難以區分，此亦是下淡水地區分類械鬥的主要類型。除了上述情形外，自道光末年陳沖案所引發的閩粵緊張情形看來，該亂雖未禍及下淡水地區，但僅憑風謠就能造成當地各籍移民疑懼搬徙，可見彼時下淡水地區漢人族群關係的緊張情勢。再者，值得注意的是，由當地閩粵分類演變的情勢看來，面對客家人在下淡水地區有組織且相對強勢的情形，閩人在處理相關衝突時，在乾隆朝之後，已漸採取較理性的態度，即以呈控的方式突顯客民「義民不義」之實，以求得到官府的諒解與支持，此亦或是客民與官府漸行漸遠的原因之一。

第十二章　非民變性的衝突

　　下淡水地區閩粵之間非由民變事件所引發的衝突，能舉證的事例相對缺乏，造成此種情形，應與民變事件較受官府重視，故相關資料較多，及非民變性的衝突規模較小等因素有關。然而，以下所舉之例證，實亦很難完全排除民變事件可能的影響，如同治初年發生在下淡水地區各閩粵聚落間大小不同的衝突，或多或少與中路的戴潮春事件有關，甚有客民藉機設立軍營的情形。所以將之歸納於此，主要是因為以下的族群衝突非關乎義與不義，只是藉機尋隙或單純的利害衝突。

一、嘉慶二十四年之嘉、潮械鬥

　　此年之分類械鬥事件係載於故宮所藏《內閣部院檔・外紀檔》中，福建臺灣鎮總兵武隆阿所奏摺文內，主要為發生於四塊厝庄與萬巒庄民間之搶牛及姦辱民婦事件。武隆阿在完整敘述此案之來龍去脈前，即明言：

> 查鳳屬迤南一帶，廣東嘉應州人較多，與廣東潮州人素不和睦，今萬巒庄係嘉應州，四塊厝庄係潮州人，其毗連之佳左庄又係閩粵雜處，若不速為鎮壓止息，秉公嚴辦，恐致釀成分類巨案。

　　由此可知，此分類械鬥案件，並非習知之「閩粵」分籍械鬥，而係屬於粵籍內不同方言人群之間的衝突。由於當地族群關係緊張複

雜,故當武隆阿於嘉慶二十四年(1819)七月二十五日據南路營參將明桂及鳳山知縣陳蒸稟報此案後,隨於翌日督同臺灣知府蓋方泌分帶兵役馳往當地查辦,並迅速於一二日內將相關人等逮捕送究。此件分類械鬥案件,可分成兩個部分說明。一是前述粵屬嘉應州之萬巒庄民與粵屬潮州府之四塊厝庄民間的衝突;此外則是社番潘添賜商同粵人宋阿二趁機糾搶近鄰之佳左庄。以下分述之。

嘉慶二十四年(1819)七月二十三日,萬巒庄人馮阿龍、謝輝俊牽牛三隻,與同庄婦人張顏氏、曾林氏、李林氏、李羅氏等人在四塊厝庄外荒埔樵牧。四塊厝庄人陳阿滿回庄見之,起意搶奪牛隻,乃邀同吳阿崙、陳阿幗等十八人分執刀棍趕至山埔。陳阿滿先令張阿琳、林敵等九人分往路口把守,自己則與陳阿約等人上前搶奪馮阿龍等人之牛隻。馮阿龍、謝輝俊見陳阿滿等人來勢洶洶,乃棄牛跑走,所遺黃牛三隻,由陳阿滿交由張阿琳等九人先行牽走。而隨同馮阿龍等人至當地割草之婦女驚惶走避,然有張顏氏、曾林氏、李林氏、林羅氏四人落後,為陳阿滿等人起意擄回輪姦。

二十四日,張顏氏等四婦之本夫張阿二等人,及牛主馮阿龍、謝輝俊,乃邀同鄰佑李番四等十餘人分攜竹銃刀械,前往四塊厝庄討取人牛;陳阿滿見狀,亦喊同陳阿約、陳阿幗等人分執器械出而嚷罵,互相鬥毆。雙方衝突過程中,互有損傷。其中較為嚴重者,係張阿二用刀戳傷呂添贊胸膛等處,致其倒地殞命,且在將張顏氏等四人救出,詢知均被輪姦後,張阿二因氣忿莫釋,乃將陳阿滿屋內什物毀碎,踢翻缸灶,致陳阿滿及陳阿幗之草屋遭焚。待萬巒庄民散去後,陳阿幗等人見草屋被焚、呂添贊被殺,陳阿滿、吳阿崙受傷,心懷氣忿,乃糾黨夥欲往攻萬巒、鹿蓁二庄報復。當時萬巒等庄聞訊後,乃各自防禦。而與萬巒庄毗連之佳左庄,由於係漳泉粵民雜處,該庄庄

民聞知四塊厝庄之潮民與萬巒庄之嘉民鬥毆，恐遭波及，多紛紛移徙避難。

　　二十五日早，有社番潘添賜見佳左庄民惶惑搬移，遂起意乘機焚搶，乃與粵人宋阿二商允，由潘添賜糾邀社番民人十五人，宋阿二糾邀陳長受等九人，首夥合共二十六人，分執刀械，齊至佳左庄口。潘添賜先令潘添祖等二十一人在庄外接贓，自偕宋阿二、潘求生、陳長受、潘高耀五人至紀有義之草屋內，牽搶牛豬錢文衣物，計共搶得黃牛三頭，豬八個，雞鴨十餘隻，銅錢三千八百文，藍布衫褲八件。經將牛豬雞鴨衫褲賣得番銀四十四元，連搶得銅錢，作大小股各分而散。

　　如前所述，臺灣鎮總兵武隆阿於事件發生未久之七月二十五日，即獲南路營參將及鳳山知縣之稟文，了解事件原委，隨於二十六日督同臺灣知府帶兵馳往查辦。武隆阿行抵該處時，事件已經南路營及鳳山知縣彈壓止息，滋事各犯率多逃逸，隨督同臺灣知府及鳳山知縣勘明事件發生處所，分駐鎮定，除大張曉諭拿拏焚搶滋事之人外，並令移徙之民迅速回庄，照常安業。之後，選派兵役懸賞購線，先獲陳阿幗、宋阿二、潘添賜到案，再經臺灣知府究出首夥姓名，分別嚴拏訊究。❷

　　此案分類衝突之雙方，雖同屬粵籍，但分屬嘉應州籍及潮州府籍，其實也就是分屬客家與福佬二種不同方言人群。下淡水地區粵屬福佬與客家方言人群之分類，其實早於康熙末年之朱一貴事件中即已顯見，但由於相關文獻對於「閩粵」以外的人群分類情形少見著墨，

❷〈福建臺灣鎮總兵官革職留任奴才武隆阿跪奏為奸民糾搶牛隻擄姦婦女本夫事主往討人牛傷斃人命致社番棄眾懷疑分類糾人放火搶奪聞報馳往鎮定拏獲首從各犯解郡審明分別辦擬恭摺具奏事〉，故宮博物院藏，《內閣部院檔‧外紀檔》，文獻編號303000013，嘉慶二十四年十二月分。

因此不同方言人群間的分類情形，常被大範圍的行政區劃所涵蓋，而遭忽略。此案發生後未久，道光七年（1827）閩浙總督孫爾準即曾奏言：

> 臺灣無土莊之民，皆閩粵兩籍寓居，粵則惠、潮二府、嘉應一州；閩則漳、泉、汀三府，汀人附粵而不附閩，粵人性狡而知畏法，為盜者頗少。惠、潮兩處之人，聯為一氣，嘉應則好訟多事，與惠、潮時合時分……臺灣縣……民氣最馴，鳳山縣土沃民稠，較臺灣縣為難治。❼❸

自上可知，直至道光初年，閩之汀州移民仍「附粵而不附閩」，而粵之惠、潮移民則與嘉應州民處於時合時分的狀態，此種情形或不必然能向前推論，但自朱一貴事件期間覺羅滿保的觀察來看，此種情形應是自康熙年間即一直持續的。

二、道光二十六年之閩粵械鬥

此年之分類械鬥事件係載於《道光朝軍機檔》，臺灣總兵武攀鳳及臺灣道熊一本在聯名具奏此事時，即先明言此次械鬥，並非單純的閩粵械鬥，因為當時與粵人鬥殺的，除了閩人之外，尚有素與閩人交好的粵屬潮州人。奏摺中更明白表示，當時下淡水地區的粵屬潮州、嘉應州民人，因語言、習性有所差異，故彼此成仇，素分氣類。潮州人轉與閩籍漳、泉交好，造成嘉應州客民稱潮州庄民為「潮人」、潮

---

❼❸〈閩浙總督孫爾準奏為查辦械鬥完竣籌議善後事宜〉，故宮博物院藏，《道光朝軍機處檔摺件》，文獻編號 058972。

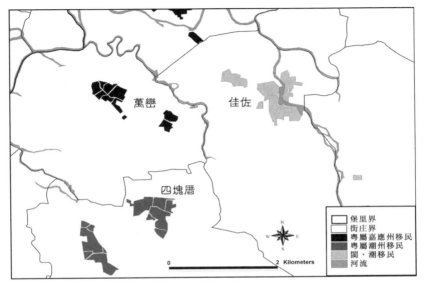

圖 11-3　嘉慶二十四年（1819）潮、嘉械鬥示意圖
製圖：劉揚琦

州人稱嘉應州庄民為「粵人」的情形，遇有細故爭糾時，潮人依附漳、泉籍民，與粵人鬥殺。❼⁴

　　道光二十六年（1846）的分類衝突，係起於莿藤林與萬巒庄的竊牛事件，客民與閩、潮移民的衝突自此向外擴散，造成鄰近閩、潮民與客家人聚落間相互焚搶鬥殺，隨後在臺灣總兵武攀鳳的坐鎮下出兵平亂。以下以各庄的衝突分別說明。

---

❼⁴〈總兵武攀鳳、臺灣道熊一本奏臺郡南路鳳山縣閩粵潮民人挾嫌互相焚搶殺人、督帶大兵彈壓止息，先後拏獲首要各犯嚴審律辦地方臻安靖摺〉，故宮博物院藏，《道光朝軍機處檔摺件》，文獻編號 079160。

（一）茄藤林與萬巒庄

　　道光二十六年（1846）二月間，萬巒莊粵人林增四走失水牛一隻，懷疑為茄藤林庄人所偷牽。二十二日，茄藤林庄閩、潮民人陳阿畝與陳阿察、陳江河等人因迎神活動，途經萬巒庄，林增四與林阿成等人懷疑陳阿畝等人即為竊牛之賊，雙方發生衝突。林阿成、林增四與林烏番等人，將扛神轎之閩人龔阿貴、潘循等六人擄禁，陳阿畝及其他夥眾被迫丟棄神轎逃出萬巒庄外。陳阿畝等敗逃途中，途遇返庄的採樵粵籍男婦利阿五、陳阿七等十七人，乃將其擄去，意圖報復。林阿成聞訊，於二十三日糾邀陳細阿三等數十人，往攻茄藤林庄，焚屋搶掠；陳阿畝亦糾陳阿就、陳乞食等十餘人出而迎鬥，閩粵二籍拼殺嚴重，互有死傷。❼❺

（二）加走庄與四溝水庄

　　萬巒等庄發生械鬥事件後，總兵武攀鳳親督兵勇往赴彈壓，且飭令把總鄭大雄、效用陳明魁及屯弁劉安邦等，帶領屯丁兵勇，趕赴茄藤林，押放遭陳阿畝等人擄禁之粵籍男婦。於此之前，四溝水等庄粵人，聞知鄰近的加走庄閩、潮人幫同茄藤林庄，與萬巒等庄客民互鬥，遂自行糾眾往攻洩忿。二月二十七日，效用陳明魁督帶屯番赴茄藤林庄押放遭擄粵籍男婦，途經加走庄時，該庄閩人洪鉗，誤以為係粵人攻庄，乃在竹林內點放竹銃，誤將陳明魁擊斃。❼❻

---

❼❺〈總兵武攀鳳、臺灣道熊一本奏臺郡南路鳳山縣閩粵潮民人挾嫌互相焚搶殺人、督帶大兵彈壓止息，先後拏獲首要各犯嚴律辦地方臻安靖摺〉，故宮博物院藏，《道光朝軍機處檔摺件》，文獻編號 079160。

❼❻〈總兵武攀鳳、臺灣道熊一本奏臺郡南路鳳山縣閩粵潮民人挾嫌互相焚搶殺人、督帶大兵彈壓止息，先後拏獲首要各犯嚴律辦地方臻安靖摺〉，故宮博物院藏，《道光朝軍機處檔摺件》，文獻編號 079160。

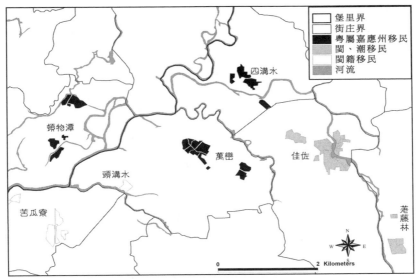

圖 11-4　道光二十六年（1846）閩粵械鬥示意圖
製圖：劉揚琦

（三）苦瓜寮、頭溝水、社寮、頓物潭、新街等庄

　　道光二十六年（1846）三月十八日夜，下淡水地區傀儡山腳一帶閩潮民人許任等，於十九、二十等日糾邀葉忠等數十人攻搶頓物潭、新街等粵庄，放火燒燬房屋不計其數。粵人曾添來聞訊後，亦於三月二十四至二十七等日，糾邀徐細苟等數十人，往攻苦瓜寮、頭溝水、社寮等閩庄，亦焚毀燬房屋，傷斃人命，且將帶兵彈壓之隊目邱仕禮銃傷。**❼❼**

───────────

❼❼〈總兵武攀鳳、臺灣道熊一本奏臺郡南路鳳山縣閩粵潮民人挾嫌互相焚搶殺人、督帶大兵彈壓止息，先後拏獲首要各犯嚴審律辦地方臻安靖摺〉，故宮博物院藏，《道光朝軍機處檔摺件》，文獻編號 079160。

　　綜上可知，道光二十六年（1846），起因於竊牛細故所引發的閩粵械鬥，如野火燎原般自萬巒、茖藤林庄擴散至鄰近各閩粵村落。清廷恐其關係更加緊張，乃由總兵武攀鳳負責查辦其事。武攀鳳於三月二十七日自郡府起程，於翌日抵鳳山縣城。當時下淡水各閩粵庄眾，在得知官府將派大兵臨境後，紛紛止息逃竄。武攀鳳見此，乃決定先將大兵駐紮縣城，遣代理鳳山縣知縣同知玉庚、南路營參將都司蔡淩標等，至下淡水地區傳集曉諭，並委派部分兵弁往拏彈壓，以防逆匪乘隙搶割早稻。在官兵的搜拏下，陸續將陳阿畝、陳戇狗、張令、江查某、蕭泰、王獅等拏獲。武攀鳳於四月二十二日撤隊回郡，酌留三百名兵於下淡水，幫同鳳山營縣查拏逸犯。❼❽

　　由以上嘉、道年間之非民變性衝突可知，閩粵二籍自原鄉移民臺地之初，人群結合的模式就不必然以省籍區分。因此，若我們仍只是以單純的省籍來區分清代漢人的族群關係，貿然將「閩粵」關係等同於「福客」關係，可能會造成許多誤解，也可能因此在史料中迷失，找不到事實的真相。以往學者在處理清代臺灣漢人的族群關係時，多以橫向的省界為分類標準，但若了解廣東省乃至福建省民系或語系的分布後，其實應將縱向的語群分界亦納入考量，藉由省籍與語言界線所穿插出來的四個區塊，可以更清楚地瞭解清代來臺漢移民間人群的結合情形。❼❾

---

❼❽〈總兵武攀鳳、臺灣道熊一本奏臺郡南路鳳山縣閩粵潮民人挾嫌互相焚搶殺人、督帶大兵彈壓止息，先後拏獲首要各犯嚴審律辦地方臻安靖摺〉，故宮博物院藏，《道光朝軍機處檔摺件》，文獻編號079160。

❼❾相關論述請參見林正慧，〈閩粵？福客？清代臺灣漢人族群關係新探──以屏東平原為起點〉，《國史館學術集刊》，第6期（2005年9月），頁38。

三、咸同年間的閩粵衝突

自咸豐末年至同治初年間，下淡水地區發生大規模的閩粵爭持鬥殺的分類事件，其中，閩粵衝突的原因及爭持的方式各有不同，以下分別說明之。

（一）大路關與高朗朗庄

咸豐十年（1860），由於蝗蟲為害，稻田幾光，高樹、美濃一帶男女往內埔、萬巒一帶取得秧苗的途中，遭高朗朗庄閩人襲擊，且由於一名大路關庄民遭高朗朗庄人擄禁，遂引發大路關庄與高朗朗庄的衝突。同年九月，閩人以番仔寮人陳琴為統帥，約集七十二部落的閩人，包圍大路關。大路關庄民見此，由楊快盛至美濃告急，美濃則遣邱來揚至萬巒求援。於是美濃方面，募得六百民，以劉山蠻為先鋒，前往救急，萬巒則以林錦祥為首，率五百人襲大路關北方的加蚋埔庄。是役，美濃、萬巒犧牲二十八人，當地陣亡五人，共三十三人，乃建廟祀之，由大路關庄鍾阿丁之祖父為建廟之主事，每年九月二十八日行恩公祭。⓼

（二）阿緱、火燒等庄的閩粵關係

火燒庄民張維雄（即張阿戀），係下淡水營募兵，其於同治元年（1862）四月十一日，奉下淡水營都司之命，至阿緱辦理搶案，後暫駐阿緱分署。暫駐分署期間，卻遭以馬蹈為首的阿緱、海豐庄等庄閩人三百餘名，擁進衙署，將其亂刀斬殺，分屍裂骸。火燒等庄的粵

⓼ 松崎仁三郎，〈大路關恩公廟〉，《嗚呼忠義亭》（高雄：盛文社，1935年），頁169-174。

人，得知張維雄被閩人慘殺的消息後，欲將阿緱、海豐等庄閩人租谷抗欠，以消憤恨。**⑧¹** 此次閩粵分類的原因並不清楚，但自閩人以三百之眾慘殺張維雄，及同治十年（1871）四月，下淡水縣丞為此案至海豐等庄所拘到的十五人中，不乏地方頭人，如海豐庄庄主林光英的情形看來，**⑧²** 此案應非細故所成。為消弭閩粵一觸即發的衝突，縣丞孫南開乃於各粵庄發貼曉諭，一面許諾粵民，必將會同鳳山知縣到地查辦張維雄案，直至拏兇究償後，方能銷案。另一方面則諭令粵民，若「果有承耕閩人田產，自必照常供納贌谷，不准藉端抗欠，倘敢故違，一經察出，本府定必帶隊到地，按名查拏究辦，其各凜遵，毋違特示」。**⑧³**

（三）北市頭、五魁寮、萬巒等庄的閩粵械鬥

據同治二年（1863）三月由下淡水縣丞及下淡水營都司共同發貼於海豐庄的曉諭可知，當時下淡水地區的北市頭、五魁寮等閩庄與萬巒等粵庄有互相糾眾械鬥搶擄之事，且因此使得萬巒等粵庄所需用的一切食物，須繞到阿緱街或阿里港等庄購買。下淡水縣丞惟恐閩粵持續爭鬥，則粵人在路途阻絕情形下，勢必復行糾眾鬥殺，造成更大的衝突。故札諭各閩庄總董頭人，諭其先行彈壓諭止，且「如有粵人由庄內經過，暨前來本庄作生理者，務須照舊貿易，切勿混行搶擄，以及高抬物價，任意抑勒」。該總董紳耆若見有閩人擄搶粵人之事，則

⑧¹〈同治二年四月福建臺灣南路下淡水營等處地方都閩府軍功加三級余為曉諭事〉，收入王世慶輯，《臺灣公私藏古文書影本》，v6-3。

⑧²〈同治十年四月欽加六品銜即陞縣正堂特授下淡水分縣陳為奉差殺裂等事〉，收入王世慶輯，《臺灣公私藏古文書影本》，v6-429。

⑧³〈同治二年四月福建臺灣南路下淡水營等處地方都閩府軍功加三級余為曉諭事〉，收入王世慶輯，《臺灣公私藏古文書影本》，v6-3。

須圍拏送辦，如果置若罔聞，放任其行，則將總董紳耆與糾犯之人一體究辦。**⑧**

（四）海豐、和興等庄的閩粵關係

咸豐十一年至同治元年期間（1861-1862），下淡水地方擾亂，閩粵鬥殺期間，和興庄李惡狗、蕭阿法乃趁此設立軍營，擅自充當該庄大總理、副理，並糾集旗丁，將該庄田佃許車前、何戇苦等應納海豐庄閩人鄭元奎小租谷一百餘石，及閣庄閩人租谷，共大小租谷三百餘石，以開抵營費爲藉口，盡行霸收分肥。事主鄭元奎因當時閩粵關係初和，不敢與之爭較，是以含冤忍受。**⑧**

然而，李惡狗等人卻食髓知味，依然故我，鄭元奎在不堪侵擾的情形下，乃率其庄佃於同治二年（1863）五月，向下淡水縣丞稟請呈訴，經縣丞親至辦理。李惡狗見此，先與內埔庄李廷唐（康）套謀爲詐，向縣丞允諾限期清還，但在縣丞回署後，又故態復萌，串霸租谷。**⑧** 於此期間，因爲李惡狗的霸收租谷，使該庄小租戶戴枝積欠鄭元奎大租九十五石餘，在履經向討未果，無計可施的情形下，戴枝試

---

⑧ 〈同治二年三月署下淡水分縣候補府經廳加五級紀錄五次孫等爲嚴禁搶擄以安閭閻而息爭端事〉，收入王世慶輯，《臺灣公私藏古文書影本》，v6-2。

⑧ 〈同治三年十二月具稟港西中里海豐庄貢生鄭元奎爲蔑法抗租霸耕累課懇恩移飭拘究追究事〉、〈同治三年十二月港西中里海豐庄貢生鄭元奎具催稟〉、〈鄭元奎爲橫□串伯呈控莫何懇恩會營嚴拏究追事〉，收入王世慶輯，《臺灣公私藏古文書影本》，v6-414、415、417。

⑧ 〈同治三年十二月港西中里海豐庄貢生鄭元奎具催稟〉，收入王世慶輯，《臺灣公私藏古文書影本》，v6-415。

圖換佃起耕。**❽** 但李惡狗卻仗恃該田業在其轄下，雖已經換佃耕作，卻依然抗納霸耕。**❾**

李惡狗霸收鄭元奎大小租谷的情形，自咸豐十一年（1861）持續至同治四年（1865），雖然鄭元奎於此期間，連次向下淡水縣丞、下淡水營都司、鳳山知縣呈控十餘次，卻仍未獲得實際解決。李惡狗等人不僅霸租，且橫行庄里，同治三年（1864）三月十九日，鄭元奎遣工人陳受往崙頂庄收款，在路經和興庄途中，為李惡狗糾眾抽刀追殺，陳受乘隙逃脫，幸而無事。**❾** 鄭元奎見呈控無用，乃於同治三年（1864）十二月二十八日，自行將李惡狗扭獲，將其交予差役劉陞送案候訊，**❿** 李惡狗卻賄賂劉陞而脫逃。**⓫** 之後，李惡狗依然故我，時與鄭元奎作對。同治四年（1865）二月十八日，鄭元奎遣工人徐增孫出庄買貨，遭李惡狗及其胞兄李阿獅糾眾十餘人，將徐增孫拏去毆剝。**⓬**

鄭元奎的呈控在同治四年（1865）二月終於獲得解決，在鄭元奎「自當甘願息事，斷無別生枝節」的態度下，雙方互簽息事結狀。狀中李惡狗及蕭阿法等須斷還鄭元奎小租谷九十六石，限該年還清，分

---

❽ 李惡狗為戴枝佃戶。見〈同治三年十二月具稟港西中里海豐庄貢生鄭元奎為蔑法抗租霸耕累課懇恩移飭拘究追究事〉，收入王世慶輯，《臺灣公私藏古文書影本》，v6-414。

❾ 〈同治三年十二月具稟港西中里海豐庄貢生鄭元奎為蔑法抗租霸耕累課懇恩移飭拘究追究事〉，收入王世慶輯，《臺灣公私藏古文書影本》，v6-414。

❾ 〈同治三年十二月港西中里海豐庄貢生鄭元奎具催稟〉，收入王世慶輯，《臺灣公私藏古文書影本》，v6-415。

❿ 〈同治四年二月鄭元奎為獲日久未蒙訊追催乞提訊嚴追以安國課事〉，收入王世慶輯，《臺灣公私藏古文書影本》，v6-419。

⓫ 王世慶輯，《臺灣公私藏古文書影本》，v6-413。

⓬ 〈同治四年二月鄭元奎為獲案賣放截途拏剝摧乞移營押放比差跟拘究追事〉，收入王世慶輯，《臺灣公私藏古文書影本》，v6-420。

早晚二季均納。而且爲避免李惡狗等人不遵此狀，依然故我，乃飭令募兵邱督監視完法。**❽**

　　儘管已簽狀息事，但李惡狗等人依舊逞閩粵之嫌，武斷鄉曲。同治四年（1865）三月初五日，海豐庄人陳受，在趕牛往園耕種途中，路經閩粵交界之□犁園庄時，突被李惡狗等糾粵人十餘名，欲搶奪陳受耕牛。陳受見此，奔回海豐庄喊救，海豐庄人擁出尾追，將牛奪回。李惡狗因心有不甘，遂再舉旗擁眾，攻擾海豐庄，且開銃攻擊。海豐庄民見此，原欲出庄抵敵，但爲該庄業主、管甲約束阻擋，方各退縮。之後，海豐庄業主林妹、管甲林成基、甲首林情懷等人，以此事向下淡水營都司呈控，認爲李惡狗與其田主戴枝、業主鄭元奎的糾紛與海豐庄民無關，李惡狗卻挾恨妄搶，侵擾海豐庄民，希望官府加以約束，毋任其「乘机猖獗，勢必分類鬥殺，釀成巨禍」。**❾**

　　綜上所述，由當時下淡水地區各個主要的閩粵聚落及閩粵交界一帶均有分籍爭執的情形看來，同治以降，下淡水地區的閩粵關係已成分類之習，細故即能傾庄攻殺。非民變性的衝突與民變性的分類械鬥事件不同的是，非民變性的衝突中，未有依附官府勢力的情形，產生義與不義的對立。自產生衝突的原因看來，非民變性的分類事件，多因細故，或租谷等利害問題。自此類分類事件中，較能實際反應當時各籍移民相處的情況。

　　然而，儘管當地的閩粵關係自康熙年間以後持續緊張，但閩人在客家人強勢的環境中生存，若欲安業生息，自必設法與之修好。如海豐庄業主鄭元奎，其所有田業大部分處於閩粵交界之處，「田佃屬有

---

❽〈同治四年二月港西中里海豐庄歲貢生鄭元奎具遵諭愿收息事結狀〉，收入王世慶輯，《臺灣公私藏古文書影本》，v6-432。

❾〈同治四年三月港西中里海豐庄歲貢生鄭元奎具催稟〉，收入王世慶輯，《臺灣公私藏古文書影本》，v6-422。

閩粵之嫌」，❾故在確保租谷完收、庄佃無擾的因素之下，故分別於咸豐十年（1860）及同治十二年（1873），為粵民重修忠義亭而各捐題緣金一百二十大員。此種捐題，其實是有其契約意義的，如六堆在接受緣金後，立碑允諾「自今以後，凡遇賊匪作亂，除應派堆費外，各堆旗丁人等不能到門額外派令」、❾「嗣後連鄉人等，幾有事務，不得挾伊祖業生端滋事，如有不肖者敢行滋事，附近頭人務必出為理斥，不得視秦越。倘遇地方擾亂，設堆防守係照舊規捐派，亦不得私行勒索，永敦和好，聯為一體」，❾且給予令旗以為憑據。自此亦可知，面對以六堆組織相互聯結的客家移民，使得閩籍業戶亦需設法與之修好，客家移民的相對強勢可見一斑。

---

❾〈咸豐十年十月海豐庄鄭陳氏偕夫弟鄭阿諒、鄭六等具投懇摹給詞〉，收入王世慶輯，《臺灣公私藏古文書影本》，v5-539。

❾〈咸豐十年九月海豐庄貢生鄭元奎為重修忠義亭捐緣令旗〉，收入王世慶輯，《臺灣公私藏古文書影本》，v5-566。

❾〈忠義亭碑記〉，《臺灣南部碑文集成》（文叢第 218 種），頁 705；〈咸豐十年九月海豐庄貢生鄭元奎為重修忠義亭捐緣令旗〉，收入王世慶輯，《臺灣公私藏古文書影本》，v5-566。

第十三章　下淡水地區閩粵關係之綜合分析

　　自上二章分類械鬥個案的陳述中，可以了解清代下淡水地區的閩粵關係的發展有許多值得注意的特點。以下以人群分類的標準、分類械鬥的時間、分類的類型、分類的原因等四方面，進一步了解清代下淡水地區閩粵關係演變的情形與特徵。

一、人群分類的標準

　　自以上兩章的討論可知，下淡水地區的分類衝突，應不能以祖籍為界定的標準，即下淡水地區漢人的族群關係，與其說是依祖籍地分類，毋寧說是依語言分類，以此亦較能了解為何閩屬汀州移民「附粵不附閩」及粵屬潮、惠二府移民多與漳泉交好的現象。就美國人類學者孔邁榮（Myron Cohen）研究廣東及廣西客家與本地兩個不同祖籍人群間的關係所獲致的結果，認為方言（dialect）亦是中國社會結構中另一種群體認同（group affiliation）的方法。[98] 其資料顯出廣東及廣西境內，鄉村聚落嚴格遵照方言界線，甚至婚姻關係亦限於同方言群內，[99] 下淡水地區的族群關係應較類同於孔邁榮於兩廣所獲致的結果。

---

[98] Myron L. Cohen, "The Hakka or 'Guest People': Dialect as a Social-Cultural Variable in Southeastern China,"*Rthnohistory* 15:3（1968）, p. 241.

[99] Myron L. Cohen, "The Hakka or 'Guest People': Dialect as a Social-Cultural Variable in Southeastern China,"*Rthnohistory* 15:3（1968）, p. 276.

以方言為分類的情形，在臺灣史的研究上，較不為學者所注意，如陳其南表示孔邁隆的方言認同只不過是鄉黨觀念的一個特化現象，最根本的問題乃是祖籍觀念，方言的不同正好加強此種祖籍意識；即使方言相同，其社群的分類意識仍然存在，其尖銳性甚至不亞於方言群的衝突。⑩ 顯然其是以同為閩籍仍分漳、泉的情形而有以上的論述，自此亦可知研究臺灣史的學者，對於閩籍多能察知其內部的分歧，如漳泉械鬥、頂下交拼等情形，相對來看，學者似乎將渡臺之粵人視為同質性高的族群，對其彼此間的可能的對立與衝突少有了解與描述。

造成以上的情形，與相關資料嚴重缺乏及清代官方亦多以廣民、粵民一體看待不無關係。然而，就下淡水地區的分類械鬥來看，分類對立的情形其實是超越祖籍範圍的，由汀人附粵、潮人附閩的情形看來，陳其南所言方言不同加強祖籍意識的情形，在下淡水地區其實是不一定成立的。故在了解下淡水地區漢人的族群關係時，以方言為分類的標準應較能了解當時的實況，因為閩屬之汀州府與粵屬之潮州府民的角色，使得下淡水地區的分類械鬥已非閩粵衝突可以解釋清楚。至於粵籍中客語與非客語系的移民之間的關係如何，潮民與閩籍移民的結合程度又如何，由於資料不足，尚待進一步的檢證。

二、分類械鬥的時間

下淡水地區分類械鬥發生的時間自朱一貴事件以後持續加溫、惡化，至咸、同年間愈演愈烈。甚至至光緒末年，盧德嘉在下淡水地區採訪時，向閩民「詢及粵庄義民，無不切齒痛罵，謂其名為義民，而

---

⑩ 陳其南，〈社會分類意識與土著化〉，《臺灣的傳統中國社會》，頁 123。

實則甚於賊」的情形看來，[101] 自康熙以降至光緒末年，幾乎整個有清一代，下淡水地區的閩粵關係均處於緊張，且時起衝突的狀態當中。此外，日軍攻臺初期，其偵察隊抵達以閩人為主之歸來庄時，發現該庄與毗鄰之以粵人為主之麟洛庄間竟無路可通，經詢問當地居民，所得到的答案竟是「本庄人一進入麟路庄，立刻被殺」，[102] 可見下淡水地區之閩粵關係直至日治初期仍處於緊張態勢，此與部分學者所言，因為臺灣的開發係由南而北，故臺灣南部，至康雍時期，地利已盡。後來移民多往中北路一帶發展，因此南路少有械鬥發生的論點是有所差異的。[103] 即以下淡水地區閩粵關係的例子看來，所謂臺灣南部因開發已盡，械鬥亦稍止息的說法是頗值商榷的。

此外，清代臺灣的分類械鬥事件多為學者用來檢證所謂「內地化」與「土著化」的論點，就李國祁的「內地化」理論而言，其認為自同治四年（1865）以後，臺灣的械鬥已由原籍地緣為主的械鬥類型，轉為以宗族為主的血緣械鬥，社會結合的關係由地緣性轉為血緣性，是臺灣社會向中國本部各省看齊的內地化趨向。[104] 陳其南亦以分類械鬥的轉型是臺灣漢人社會逐漸由移民社會轉型為土著社會的最佳說明。其認為自 1860 年代以後，臺灣已少有大規模的以祖籍人群為分類單位的械鬥事件，即使仍有械鬥事件，但分類的型態已經轉變，如同治年間宜蘭平原的西皮福祿之爭，光緒二年（1876）苗栗的同籍

---

[101] 盧德嘉，《鳳山縣采訪冊》，頁 277。

[102] 許佩賢譯，〈鳳山附近的土匪〉，收入《攻臺見聞——風俗畫報・臺灣征討圖繪》（臺北：遠流，1997 年），頁 437。

[103] 許雪姬，《清代臺灣的綠營》（臺北：中央研究院近代史研究所，1987 年），頁 111。

[104] 李國祁，〈清代臺灣社會的轉型〉，《中華學報》，第 5 卷第 2 期（1978 年 7 月），頁 141。

械鬥，可知至清末，臺灣漢人社會已逐漸拋棄祖籍觀念，而以現居的聚落組織爲主要的生活單位。[105]

綜上可知，無論是「內地化」理論之由移墾社會走向內地社會，或「土著化」理論的自移民社會走向土著社會，分類械鬥是否轉型爲其中重要的指標之一。但就下淡水地區的閩粵關係而言，分籍衝突對立的情形自康熙年間持續至光緒末年，甚至日治初期仍見分籍對立的情形，並未有同籍械鬥或宗族械鬥的情形發生。強調下淡水地區閩粵關係在時間發展上的特殊性，並非想要非難各種理論的正確性，只是想要突顯任何一種理論並不能概論各地區域發展的歧異，即如林偉盛對於臺灣分類械鬥的研究表示，臺灣各地區分類械鬥的性質有其差異性，因此，以分類械鬥轉型解釋臺灣社會的轉型，需進一步加以驗證。[106] 下淡水地區漢人族群關係的特殊性，或與當地閩粵勢力相當、客家人較有組織的結合，以及閩粵各庄錯落散布等因素相關。上述三點，亦應是造成下淡水地區閩粵關係持續對立的原因。

三、分類的類型

下淡水地區只有閩、粵的分類，[107] 並沒有如臺灣其他地方亦發生漳、泉分類械鬥的事件，如《臺灣雜詠合刻》中所言「南路則惟分閩、粵，不分漳、泉」。[108] 此或因下淡水地區，粵人不僅人多勢眾，且有六堆的鄉團組織、嚴密的防衛工事；而漳泉在下淡水地區的庄社

---

[105] 陳其南，〈社會分類意識與土著化〉，《臺灣的傳統中國社會》（臺北：允晨文化，1991年），頁112-113。

[106] 林偉盛，〈清代臺灣分類械鬥之研究〉，頁182。

[107] 此所謂之閩粵，亦應是以語群分類，嚴格來說，應是福客之爭。

[108] 劉家謀，〈海音詩〉，《臺灣雜詠合刻》（文叢第28種），頁18。

散居錯落，在「居社亦四面受攻，雖上下與之毗連，而形勢實未足以相抗」的情形下，⑩ 必須合力面對共同的威脅，故少爭持。面對客家人在下淡水地區緊密結合的態勢，該地閩人在閩粵關係持續緊張，閩人勢單力薄的情形下，在同治年間，亦見有聯庄結合的組織。同治三年（1864），在社皮庄黃正春的提議之下，會同社皮、公館、劉厝庄、崙仔尾、歸來、頂柳仔林、下柳仔林、大湖、新庄子、廣安、玉成、頂宅、麻芝丹等十三庄的頭人，共同決議組織名為「義勇公」的團體，以奉祀義勇公為名，購置田地二甲餘為其本財產。此「義勇公」會雖以祭祀為名，然其主要目的，在於便利械鬥之際資本的釀集。即以該會田地的收益，在械鬥時，對有功者犒勞、對傷亡者救濟。此會發展到日治時期，因械鬥歛跡，乃轉變為此十三庄的親睦團體，至昭和十三年（1938）解散。⑩

此外，下淡水地區的閩粵關係，自朱一貴事件之後，似乎已形成一種特定的互動模式，即「治時閩欺粵，亂時粵侮閩，率以為常」。⑪此乃因相較於閩人的「習于蠻橫，動釀亂階」，而客家移民「不拒捕，不戕官」、⑫「性狡而知畏法，為盜者頗少」的特性，⑬使之與官府維持良好的互動關係。故每回閩人起逆，粵人即出為義民，在助官平亂的同時，不乏部分客民「乘此假公濟私，肆橫報復，遇閩人不問

---

⑩ 鄭蘭，〈請追粵砲議〉，《鳳山縣采訪冊》，頁 433。

⑩ 戴炎輝，《清代臺灣之鄉治》（臺北：聯經，1992 年），頁 190，註釋 75。

⑪ 林師聖，〈閩粵分類〉，《臺灣采訪冊》，頁 35。

⑫ 陳盛韶，〈分類械鬥〉，《問俗錄》（北京：書目文獻出版社，1983 年），頁 138。

⑬〈閩浙總督孫爾準奏為查辦械鬥完竣籌議善後事宜〉，故宮博物院藏，《道光朝軍機處檔摺件》，文獻編號 058972。

其從賊與否，殺其人，焚其室，劫其財，曰：予殺反賊，不計其爲閩人也」。[114] 即如林師聖所言：

> 嗣後地方安靖，閩每欺粵，凡渡沿、旅舍、中途多方搜索錢文。粵人積恨難忘，逢叛亂，粵合鄰莊聚類蓄糧，閩警即藉義出莊，擾亂閩之街市村莊，焚搶虜掠閩人妻女及耕牛、農具、衣服、錢銀無算，擁為己有，仇怨益深。[115]

由此可知，相對於粵人乘平亂挾怨報仇，閩人則於治平之時對粵人多所刁難需索，二者仇怨是以日結日深。

四、分類的原因

將分類械鬥的原因歸於閩粵二籍好事輕生是習性難免過於泛論，無法切中各族群分類的因素。閩粵移民入墾臺灣之初，臺地多係未墾草萊，且時有原住民的威脅，在官方未能有效治理，提供相關保護措施的情形下，各籍移民尋求同籍、同鄉或同語系以爲聯好互助的情形是移墾社會的一般現象。在墾拓的過程中，可能產生的田業或水源等地利爭奪，則易導致群體的對立，及各類群體間認同意識的強化。即如戴炎輝所言，械鬥的根本原因，在於異籍人爭奪經濟上利益。[116] 閩粵移民於康熙年間在下淡水地區的墾拓，是否曾出現尹章義所言雜居共墾，彼此容忍相安的階段，[117] 因缺乏資料，難以了解。然朱一貴事

---

[114] 陳盛韶，〈分類械鬥〉，《問俗錄》，頁 138-139。
[115] 林師聖，〈閩粵分類〉，《臺灣采訪冊》，頁 34。
[116] 戴炎輝，〈鄉庄社會之考察〉，《清代臺灣之鄉治》，頁 298。
[117] 尹章義，〈閩粵移民的協和與對立〉，《臺灣開發史研究》（臺北：聯經，1989

件期間，發生了臺灣史上第一次閩粵械鬥事件，究其原因，可能在康熙年間，閩粵移民在下淡水地區墾殖時，因田業或水源問題已漸分氣類，方會導致由民變演成械鬥。

自有限的資料可知，開圳爭水等事例，常是造成下淡水地區閩粵移民彼此難以和諧相處的原因，如《鳳山縣采訪冊》所言：

> 鳳山下淡水各溪，發源於傀儡山，萬頃汪洋，傾瀉而下，分為數十重，雖地勢使然，亦粵民築壩截圍所致也。聞前輩不許截圍，欲使山泉順流而放諸海，不為害於閩庄。惜粵民不肯，幾成械鬥。⑱

自上可知，粵民為開圳，常於內山築壩截水，導致若遇大雨，則萬頃汪洋，傾注閩庄，彼此利害關係的爭持，造成當地各籍移民難以平和相處。

此外，於乾隆初年形成的龍肚庄，自乾隆三年（1738）開闢龍肚圳之後，即常與鹽樹腳、三張廍等閩庄因爭水事鬥殺爭訟。⑲依乾隆二十六年（1761）立於阿里港的「奉憲示給圳界碑」中可知，龍肚等庄皆藉六皆河水引灌。由於六皆河流分三支，東流大、小兩條由鹽樹腳及三張廍兩庄引灌。篤嘉、龍渡兩庄則引灌西北支流，以為各庄引水之圳頭。乾隆二十五年（1760）十二月，篤嘉庄劉予長向臺灣知府呈訴，該莊圳頭遭鹽樹腳庄民霸絕，之後鳳山縣令乃依各庄供穀多寡，將六皆河作十分均分，篤嘉、龍渡兩庄應歸二丈，計得四分，鹽樹腳、三張廍等各庄應歸三丈，計得六分。且立碑批示，諭令龍肚等庄日後即以此四六界銀分流灌溉，不准入內山源頭私開圳道，違者重

年），頁 379。
⑱ 盧德嘉，〈義渡論〉，《鳳山縣采訪冊》，頁 116。
⑲ 〈稟呈〉，《臺灣私法物權編》（文叢第 150 種），頁 1124-1125。

處。❿即如熊一本所言「兩類肇端,每在連腔爭水,強割佔耕,毫釐口角,致成大弊」,❿可知墾殖過程中諸如田業或水圳等嫌隙,均可能造成族群間的衝突。

康熙年間占耕爭水是下淡水地區閩粵分類的原因,至朱一貴亂時更因反亂陣營中閩籍攻粵籍而發生械鬥。康熙末年之後的閩粵關係,由於各籍族群聚落散布錯落,彼此因關係緊張而產生的危機感,導致分類之習已成,遇有憤怨,則風謠、或如盜牛、搶割等細故皆可致成械鬥。後期的械鬥皆有迅速蔓延的趨勢,常兩庄起釁,附近各庄亦起而攻搶,牽一髮而動全身。於是,械鬥的範圍日益擴大。而發生械鬥的地點初期以下淡水地區各主要聚落爲主,如阿猴、萬丹、阿里港等庄;後期則幾乎均擴及至整個下淡水地區。

綜上可知,自朱一貴事件之後,下淡水地區的客家移民藉由六堆的鄉團組織,漸形成以客家語群爲認同標準的自治組織,亦因此使客家聚落在下淡水地區,雖圍攏於閩籍及平埔族群之間,仍顯得相對強勢,清代下淡水地區族群關係所表現出的特色,如未見漳、泉械鬥、分籍械鬥持續至日治時期等等,或多或少均與此有關。聚落的錯落及實際經濟利益的相爭,使得下淡水地區各族群間難以和諧相處,加之客家人的義民角色,更使得下淡水地區的分類械鬥常與民變相生相隨,義民所應代表的社會正義的本質在平亂與分類之間,顯得模糊難辨。

---

❿〈奉憲示給圳界碑〉,《鳳山縣采訪冊》,頁 387-388。
❿熊一本,〈條覆等辦番社議〉,收於丁曰健輯,《治臺必告錄》(文叢第 17 種,1867 年原刊),頁 234。

結 論

　　清朝統治臺灣初期，入墾下淡水地區的客家移民，主要來自廣東省程鄉、鎮平、平遠、大埔等縣及福建省汀州府，其在行政區域上雖分屬閩、粵二省，但就語言及風俗習慣而言，卻是彼此相近。清初休養生息以來的人口壓力，及天災頻繁的自然破壞力，使得原處山多田少之地理環境的客家人，在原鄉的生活日益艱困，所以清廷新領疆土，荒地多且易墾致富的臺灣，遂成為當地客家人向外發展的樂土之一。

　　明鄭至清初時期，下淡水地區仍為鳳山八社活動的區域，在官方眼中亦是水土毒惡之瘴鄉。客家移民抵臺後，多先於臺灣府城一帶寓居，由於當地多已為閩人墾拓，因此，下淡水地區平原廣闊、氣候暖熱、雨量豐富及溪流密布等有利農耕的地理條件，遂成為吸引客家移民大量入墾的主要誘因。儘管當時官方在下淡水地區的行政建置十分有限，客家移民卻自康熙三十年代之後，陸續進墾下淡水地區，以東港溪沿岸為始，分向南北墾殖。至康熙末年，已分別於東港溪沿岸、隘寮溪及番仔寮溪沿岸、林邊溪及後寮溪沿岸等地，形成相當於今屏東縣內埔、竹田、萬巒、長治、麟洛、佳冬、新埤等鄉境內的聚落，奠定初步的墾殖規模。乾隆初年，客家移民復向武洛溪以北進墾，形成相當於今高雄縣美濃鄉、屏東縣高樹鄉境內的聚落，進一步擴大了客家移民的墾殖空間，上述客家移民的墾殖範圍，即本文所指六堆聚落之所在。

　　下淡水地區的閩籍移民聚落多分布於近海一帶平原，客家聚落則多位於近山一帶。然而，自康熙末年以降，隨著原本散布於閩客聚落

間的平埔族群向沿山一帶或恆春、臺東等地遷移，逐漸使客家聚落夾處於閩籍及平埔族聚落之間。此種聚落景觀的特色，加之原鄉輾轉遷徙的生活經驗、墾殖過程中可能產生的經濟利益的爭奪、隔省流寓等等因素，相對弱勢的客家移民在客觀環境不盡如意的情形下，生存危機的共識促使下淡水地區的客家移民緊密結合。

上述情形可自三方面觀察，第一、表現在客家移民以嘗會組織介入墾殖事業。康熙五十年代之前，由於渡禁尚寬，客家移民之拓墾，多採短暫性的耕佃方式。康熙末年之後，由於渡禁漸嚴，短暫性的墾殖方式難以持續，加上臺地易墾致富的印象，使客家移民的墾殖方式進入組織性的墾殖階段。所謂組織性的墾殖階段，係指客家移民多藉由組織各類合約字祭祀公業或神明會，達到資金釀集及互助互利的目的。清代客家聚落中嘗會業地普遍，除有共同投資的經濟目的之外，亦與客家聚落夾處於閩籍及平埔族聚落間，彼此爭持不已有關。

第二、表現在當地客家族群的婚姻網絡關係上。如施添福之分析指出，下淡水客民多傾向在客家地域內部尋找合適的通婚對象，藉此除可維持與原鄉之密切聯繫外，亦可結合成一個休戚與共的血緣共同體。

第三、表現在六堆組織的形成上，客家移民的生存危機意識除表現在以嘗會組織介入墾殖事業外，更可自六堆組織的形成加以驗證。康熙六十年（1721），朱一貴事件爆發後，下淡水地區的客家人基於自衛保鄉，及身處臺地的相對弱勢，面臨因民變而起的社會騷動，乃襲原鄉習武自衛之例，結合當地全體客家移民，成立軍事組織，捍衛既有的墾殖成果。另一方面，藉由種種效忠清廷的行為，成為清代臺灣史上第一個義民團體。客家移民六堆組織之成立，對外是助官平亂的鄉團組織；無事歸農時，則化為以客家語群為認同對象的自治單位。遇有危及族群利益之衝突時，各堆聚落形成相互結合、支援的軍

事組織；平時則藉由各類嘗會及聯姻網絡達到互助互利、彼此聯繫的目的。

　　清代下淡水客民與官府之間的關係，呈現由良好互動漸變成交鋒對立的情形。下淡水客民之鄉團組織，於朱一貴事件期間形成，自此而後，每遇民變，下淡水客民皆出堆堵禦，助官平亂，因此獲得清廷之重用獎賞，與官府建立良好的互動關係。然而，兩者的關係自道光之後漸起變化，由於客家人之良好示範，導致清廷在有亂事時，積極運用義民政策。因此，由於義民團體的增加與民變北移的客觀情勢，使得下淡水客庄義民的重要性隨之降低。而清廷對臺灣各族群有意的分化策略，更使得道光之後，六堆出堆的行動多專注於分類械鬥，對平抑亂事已少有助益。由於下淡水客庄的尋隙行為所激化的閩粵對立，及引起的社會騷動不下於民變，與官府的關係遂日益惡化，時起齟齬。此外，下淡水客民因義民角色而獲得豐厚的封賞旌獎，不免養成驕縱之氣，如在地方自治事務上，堅持粵人治粵，「保正里長，非粵人不得承充」；咸豐三年（1853）林恭亂時，更違抗官府之命，堅不撤堆，甚至施砲驅走官兵。

　　下淡水客庄與官府關係的惡化，與客家人專注於分類械鬥密切相關，而其所以如此，除了清廷有意的分化策略之外，亦與可能的利害衝突、閩粵移民聚落錯落，及彼此勢力相當等因素有關。值得注意的是，就下淡水地區的情形來看，祖籍不完全是族群的區分標準，汀人附粵、潮人附閩，及粵屬潮、嘉分類不和等情形，在在顯示下淡水地區的漢人間的分類械鬥，多以語群分類，而非省籍。雖然既有的文獻資料很難還原歷史上的分類實況，但若僅以省籍區分下淡水地區漢人的族群關係，往往會忽略或掩蔽歷史的真相，此亦是本文所欲強調並一直抱持的原則。

　　總而言之，下淡水客民的六堆組織、生活方式，及與不同人群的分類情形，與其原鄉的生活經驗密切相關。移墾臺地後，隔省流寓且相對弱勢的處境所產生的危機意識，使其選擇與官府結合。打著義民旗幟不僅使其為保衛鄉里之軍事行動正當化，亦使其於朱一貴事件期間所形成的鄉團組織得以持續存在。亦是基於相同的危機感，表現在墾拓行動上，客家移民習於組織各類嘗會，結合可能的人力、物力，達成墾殖致富的目的，亦藉之聯繫彼此的關係。對內的合作無間，對外的團結一致，使得客家移民在清代下淡水地區成為相對強勢的族群，即因如此，客家人的宗族組織，或下淡水地區的族群關係，在相關領域的研究上均顯得十分特殊，在在衝擊著現存的理論模式。

　　以下就本書較重要且值得進一步討論的發現，分三點加以說明：第一、過去部分學者在討論到下淡水地區客家移民的拓墾組織時，多認為係以嘗會向官府請墾，再廉租予派下或會內成員，是跳脫臺灣特有的墾首制及大小租制。然而，自史籍的記載普遍可知，清領臺之初的客家移民多採取短暫性的移墾模式，而當時客家聚落仍存在各類大租負擔，可知過去學者的說法其實值得商榷。究其實，屏東平原的客家人多以嘗會等組織介入土地的買賣，隨著臺灣土地關係的客觀發展，業戶權日益式微，佃戶對田業漸握有實權，使得客家移民的各類嘗會組織多躍居於小租戶的角色，向上繳納大租，向下招佃耕贌，藉收租積息以豐裕嘗會之收入。由於嘗會等組織對於田業多僅買入，少有賣出的情形，所以當地客家聚落的田業多屬各類公業團體所有，少有豪族大戶。此外，因為各類嘗會所招之佃多為派下、會內或同籍耕佃，所以對租谷少有留難強索的情形，於是客家人在下淡水地區自成一租佃體系，少有強宗大族，財富平均分配，故生活普遍較閩籍移民豐足富裕，少有窮苦乏食之貧民。

　　第二、六堆聚落的範圍方面，屏東平原客家聚落的分布，其實並不符合客家人多依山居住的一般印象。客家聚落多位於屏東平原中地理條件較佳的地帶，沿山一帶，反多為閩籍與平埔族聚落。另一方面，相較於中、北部的客家聚落，由於屏東平原的客家人有六堆或各類嘗會組織相互聯結，在客家人相對強勢的情形下，屏東平原的閩籍漳泉，以及當地平埔族，多採取合作的關係，是以此地的平埔族多傾向福佬化。

　　第三、屏東平原的族群關係方面，清代屏東平原漢人間的分類衝突，其人我界定標準並非省籍等行政疆界，即當時屏東平原漢人的族群關係，與其說是分籍對立，毋寧說是依方言分類，因為只有從這個觀點切入，方能了解為何當時閩屬汀州移民「附粵不附閩」，以及粵屬潮、嘉二府移民屢多衝突之歷史現象。

　　最後，日後相關研究需要補強或後續可能的研究方面有三：第一、本書對客家人之拓墾過程，以及拓墾組織方面的處理較為粗糙，將當地客家人視為一體探討，忽略六堆客家人可能因地理環境、開墾先後、聚落分布或其他主客觀因素而有區域的差異。如邱永鎬家族在長興自始以管事地位墾殖致富的情形、五溝水傾向同姓村的宗族力量等方面，說明六堆客庄中亦可能存在差異。這個部分，需要進一步的資料進行更深入的研究。

　　第二、本書在討論到六堆組織時所處理到的有關附堆的組織，以及道光以後團練對六堆組織可能的影響等層面，是過去少有人提及論述的，但由於資料有限，仍顯得不夠深入、成熟，需進一步分析檢證。

　　第三、由本書的探討可知，屏東平原的族群關係與中北部客家移民拓墾區不盡相同。表現在社會組織，如義民的信仰，或祭祀圈的規模等方面，二者更有顯見的歧異。如中北部客家人的義民信仰有繁複

的祭祀程序，及大規模的聯庄組織；六堆地區忠義亭的功能則較偏重文教。二者差異的可能原因是，屏東平原的客家人已有六堆或各類嘗會等組織加以聯結，故表現在神祇信仰方面，顯得不甚熱衷，少有大規模的祭祀圈。六堆客家人與中北部客家聚落二者間存在的差異，及其可能的原因，亦是日後可供進一步研究的方向。

參考資料

以下資料按作者姓名筆劃或英文字母排序

一、中文資料

（一）史料

1. 方志

不著撰人
　　1959　《安平縣雜記》，臺灣文獻叢刊第 52 種（以下簡稱文叢）。臺北：臺灣銀行
　　　　　　經濟研究室；1895 年原刊。

不著撰人
　　1960　《清一統志臺灣府》，文叢第 68 種；1811 年原刊。

不著撰人
　　1960　《臺東州采訪冊》，文叢第 81 種；1894 年原刊。

不著撰人
　　1965　《臺灣輿地彙鈔》，文叢第 216 種。

王必昌
　　1961　《重修臺灣縣志》，文叢第 113 種；1752 年原刊。

王瑛曾
　　1964　《重修鳳山縣志》，文叢第 146 種；1764 年原刊。

仲振履
　　1966　《興寧縣志》。臺北：成文出版社；1856 年原刊。

李元春
　　1958　《臺灣志略》，文叢第 18 種；1835 年原刊。

李世熊
　　1967　《寧化縣志》。臺北：成文出版社；1869 年原刊。

李丕煜
　　1961　《鳳山縣志》，文叢第 124 種；1717 年原刊。

周元文

　　1960　《重修臺灣府志》，文叢第 66 種；1710 年原刊。

周亮工

　　1975　《閩小記》，乾隆年刊本。臺北：成文出版社。

周　凱

　　1961　《廈門志》，文叢第 95 種；1839 年原刊。

周碩勳

　　1968　《潮州府志》。高雄：高雄市潮汕同鄉會；1760 年原刊。

周鍾瑄

　　1962　《諸羅縣志》，文叢第 141 種；1719 年原刊。

周　璽

　　1962　《彰化縣志》，文叢第 156 種；1835 年原刊。

林　豪

　　1963　《澎湖廳志》，文叢第 164 種。

金　鋐主修，鄭開極等纂

　　1983　《康熙福建通志臺灣府》。臺北：成文出版社；1684 年原刊。

高拱乾

　　1960　《臺灣府志》，文叢第 65 種；1696 年原刊。

屠繼善

　　1960　《恆春縣志》，文叢第 75 種；1894 年原刊。

陳文達

　　1961　《臺灣縣志》，文叢第 103 種；1720 年原刊。

陳昌齋

　　1968　《廣東通志》。臺北：華文書局；1822 年原刊。

陳培桂

　　1963　《淡水廳志》，文叢第 172 種；1871 年原刊。

陳淑均

　　1963　《噶瑪蘭廳志》，文叢第 160 種；1852 年原刊。

陳　瑛等修，鄭廷祚等纂

　　1967　《澄海縣志》。臺北：成文出版社；1762 年原刊。

陳壽祺

　　1918　《福建通志》。臺北：華文書局；1871 年原刊。

惠登甲

　　1987　《饒平縣志》。臺北：臺北市饒平同鄉會；1883 年原刊。

曾曰瑛

　　1967　《汀州府志》。臺北：成文出版社；1752 年原刊。

黃　釗

　　1970　《石窟一徵》。臺北：臺灣學生書局；1909 年原刊。

溫仲和

　　1968　《嘉應州志》。臺北：成文出版社；1898 年原刊。

溫　訓

　　1968　《長樂縣志》。臺北：臺灣學生書局；1845 年原刊。

趙良生

　　1970　《武平縣志》。臺北：福建省武平縣同鄉會；1699 年原刊。

劉良璧

　　1961　《重修福建臺灣府志》，文叢第 74 種；1741 年原刊。

劉國光、謝昌霖等修

　　1967　《長汀縣志》。臺北：成文出版社；1879 年原刊。

劉業勤修，凌魚纂

　　1974　《揭陽縣志》。臺北：成文出版社。

蔣師轍

　　1962　《臺灣通志》，文叢第 130 種；1892-1895 年間原刊。

盧兆鰲等修，歐陽蓮等纂

　　1974　《平遠縣志》。臺北：成文出版社；1820 年原刊。

盧德嘉

　　1960　《鳳山縣采訪冊》，文叢第 73 種；1894 年原刊。

謝金鑾

　　1962　《續修臺灣縣志》，文叢第 140 種；1831 年原刊。

2. 檔案、奏摺、碑文、契據

中央研究院民族學研究所藏古文書。

中央研究院臺灣史研究所古文書室藏古文書。

中央研究院歷史語言所編

　　1953-1954　《明清史料》戊編。南港：中央研究院歷史語言研究所。

中國人民大學清史研究所、中國第一歷史檔案館合編

　　1980　《天地會》（一至七冊）。北京：中國人民大學出版社。

中國人民大學清史研究所、檔案系中國政治制度史教研室合編

　　1979　《康雍乾時期城鄉人民反抗鬥爭資料》。北京：中華書局。

中國社會科學院歷史研究所明史研究室編

　　1983　《清代臺灣農民起義史料選編》。福州：福建人民出版社。

王世慶輯

　　《臺灣公私藏古文書影本》，第五、六、七輯。

沈葆楨

　　1959　《福建臺灣奏摺》，文叢第 29 種；1880 年原刊。

國立故宮博物院編

　　1977-1980　《宮中檔雍正朝奏摺》。臺北：國立故宮博物院。

　　1982　《宮中檔乾隆朝奏摺》。臺北：國立故宮博物院。

國立故宮博物院藏

　　《內閣部院檔‧外紀檔》。

　　《道光朝軍機檔》。

國學文獻館主編

　　1993　《臺灣研究資料彙編‧第一輯》。臺北：聯經出版社。

彭雨新編

　　1992　《清代土地開墾史資料匯編》。武昌：武漢大學出版社。

黃典權編

　　1966　《臺灣南部碑文集成》，文叢第 218 種。

臺灣銀行經濟研究室編

　　1959　《臺案彙錄甲集》，文叢第 31 種。

　　1960　《臺灣私法債權編》，文叢第 79 種。

　　1961　《臺灣私法商事編》，文叢第 91 種。

　　1961　《欽定平定臺灣紀略》，文叢第 102 種。

　　1961　《臺灣私法人事編》，文叢第 117 種。

　　1963　《臺灣私法物權編》，文叢第 150 種。

　　1963　《清代臺灣大租調查書》，文叢第 152 種。

　　1963　《清聖祖實錄選輯》，文叢第 165 種。

　　1963　《清世宗實錄選輯》，文叢第 167 種。

　　1963　《臺案彙錄丙集》，文叢第 176 種。

　　1963　《清仁宗實錄選輯》，文叢第 187 種。

　　1964　《清高宗實錄選輯》，文叢第 186 種。

　　1964　《清宣宗實錄選輯》，文叢第 188 種。

　　1964　《清文宗實錄選輯》，文叢第 189 種。

　　1964　《清穆宗實錄選輯》，文叢第 190 種。

　　1964　《臺案彙錄己集》，文叢第 191 種。

　　1964　《清德宗實錄選輯》，文叢第 193 種。

　　1964　《福建省例》，文叢第 199 種。

1964　《臺案彙錄庚集》，文叢第 200 種。

1964　《臺案彙錄辛集》，文叢第 205 種。

1966　《清會典臺灣事例》，文叢第 226 種。

1966　《清經世文編選錄》，文叢第 229 種。

1971　《道咸同光四朝奏議選輯》，文叢第 288 種。

1972　《雍正硃批奏摺選輯》，文叢第 300 種。

劉銘傳

1969　《劉銘傳撫臺前後檔案》，文叢第 276 種。

3. 文集、雜著

丁曰健

1959　《治臺必告錄》，文叢第 17 種；1867 年原刊。

丁紹儀

1957　《東瀛識略》，文叢第 2 種；1848 年撰。

不著撰人

1958　《平臺紀事本末》，文叢第 16 種；1786-1788 年間原刊。

六十七

1961　《番社采風圖考》，文叢第 90 種；1744 年原刊。

朱仕玠

1957　《小琉球漫誌》，文叢第 3 種；1763 年原刊。

朱景英

1958　《海東札記》，文叢第 19 種；1773 年原刊。

吳子光

1959　《臺灣紀事》，文叢第 36 種；1875 年原刊。

宋九雲編纂

　　　《臺南東粵義民誌》。

李讓禮（C. W. LeGender）

1960　《臺灣番事物產與商務》，文叢第 46 種；1868 年原刊。

杜　臻

1961　《澎湖臺灣紀略》，文叢第 104 種；1685 年原刊。

沈有容

1959　《閩海贈言》，文叢第 56 種；1629 年原刊。

周　凱

1960　《內自訟齋文選》，文叢第 82 種；1840 年原刊。

林　豪
　　1957　《東瀛紀事》，文叢第 8 種；1862-70 年間原刊。
邱福盛整理
　　　　　《六堆忠義文獻》。
姚　瑩
　　1957　《東槎紀略》，文叢第 7 種；1829 年原刊。
　　1959　《東溟奏稿》，文叢第 49 種。
　　1960　《中復堂選集》，文叢第 83 種；1821-41 年間原刊。
思痛子
　　1959　《臺海思慟錄》，文叢第 40 種；1896 年原刊。
施　琅
　　1958　《靖海記事》，文叢第 13 種；1685 年原刊。
郁永河
　　1959　《裨海紀遊》，文叢第 44 種；1700 年原刊。
唐贊袞
　　1958　《臺陽見聞錄》，文叢第 30 種。
徐宗幹
　　1960　《斯未信齋文編》，文叢第 87 種。
　　1960　《斯未信齋雜錄》，文叢第 93 種；1841-56 年間原刊。
張嗣昌
　　2005　《巡臺錄》，收入李祖基點校，《巡臺錄・臺灣志略》。香港：香港人民出版
　　　　　社；1736 年原刊。
陳盛韶
　　1983　《問俗錄》。北京：書目文獻出版社；1834 年原刊。
陳　璸
　　1961　《陳清端公文選》，文叢第 116 種。
黃叔璥
　　1957　《臺海使槎錄》，文叢第 4 種；1722 年原刊。
黃逢昶
　　1960　《臺灣生熟番記事》，文叢第 51 種。
黃　袞、廖　芳
　　2001　〈邀功紀略〉，收入曾彩金總編纂，《六堆客家社會文化發展與變遷之研究》
　　　　　歷史源流篇，頁 92-166。屏東：財團法人六堆文教基金會。
翟　灝
　　1958　《臺陽筆記》，文叢第 20 種；1793-1808 年間原刊。
臺灣慣習研究會

1984 《臺灣慣習記事》，第一至四編。臺中：臺灣省文獻會。
臺灣銀行經濟研究室編
　　1959 《臺灣采訪冊》。文叢第 55 種。
劉　璈
　　1958 《巡臺退思錄》，文叢第 21 種。
蔣師轍
　　1957 《臺游日記》，文叢第 6 種；1904 年原刊。
諸　家
　　1958 《臺灣雜詠合刻》，文叢第 28 種。
諸　家
　　1961 《澎湖臺灣紀略》，文叢第 104 種。
鄭兼才
　　1962 《六亭文選》，文叢第 143 種。
鄧傳安
　　1958 《蠡測彙鈔》，文叢第 9 種；1830 年原刊。
藍鼎元
　　1958 《平臺紀略》，文叢第 14 種。
　　1958 《東征集》，文叢第 12 種；1721 年原刊。

4. 族譜

《人何公嘗帳簿（蕭氏）》，猶他學會臺灣區族譜目錄微捲編號 GS1411241，卷 21，1867
　　年。以下猶他學會臺灣區族譜以「編號 - 卷數」的形式表示。
《天‧啓亮公秋嘗祭典簿（鍾）》，GS1418846-24，1935 年。
《天‧應漢公秋嘗祭典簿》，GS1418846-25，1935 年。
《正‧神墩上公王祀典簿》，GS1418846-26。
《思華、思賢李公二代大嘗名分數目大總簿》，GS1418846-20，1935 年。
《昭和三年戊辰歲立庭政始祖祀典簿》，GS1418840-21，1928 年。
《財產分立書》，GS1418979-3，1859 年。
《涂氏守忠公祖嘗簿》，GS1418846-16。
《乾‧光緒戊戌歲三月立庭政始祖祭典簿》，GS1418840-20，1898 年。
《族譜抄錄（李氏）》，GS1418712-10。
《祭祀公業張萬三公嘗紀要》，GS1418846-2，1976 年。
《陳氏地契書》，GS1411241-7，1887 年。
《傳家帳冊》，GS1411177-23。

《新‧作尙公嘗出入總簿》，GS1418846-10，1933 年。

《楊氏帳冊》，GS1411178-5。

《楓林戶系統》，GS1418713-11，1942 年。

《瑞源公嘗派下》，GS1418843-1，1977 年。

《劉氏地契書》，GS1418842-4。

《鄭氏地契》，GS1411177-16。

李宜善

    1966　《梅縣雲車鄉紅石壁李氏家譜》。屏東：萬巒李氏宗祠。

傅慶良

    1915　《傅家祖嘗簿》，GS1418978-35。

黃允康

    1922　《黃氏族譜萬紫千紅》，GS1418846-15。

黃順貴

    《江夏宗族簿》，GS1407371-19，昭和年間。

鍾登明

    1935　《天奕南公秋嘗典簿（鍾）》，GS1418846-23。

（二）專書

《地理學辭典》編輯委員會編

    1983　《地理學辭典》。上海：上海辭書出版社。

丁光玲

    1994　《清代臺灣義民研究》。臺北：文史哲出版社。

大埔縣地方志編纂委員會

    1992　《大埔縣志》。大埔：廣東人民出版社。

中央研究院第二屆漢學會議論文集編委會編

    1989　《中央研究院第二屆漢學會議論文集》。臺北：中央研究院。

中華民國臺灣史蹟研究中心編

    1989　《臺灣史研究學術研討會論文集》。臺北：中華民國臺灣史蹟研究中心。

尹章義

    1989　《臺灣開發史研究》。臺北：聯經出版社。

五華縣地方志編纂委員會編

    1991　《五華縣志》。五華：廣東人民出版社。

司徒尙紀

    1993　《廣東文化地理》。韶關：廣東人民出版社。

伊能嘉矩
    1991　《臺灣文化志》。臺中：臺灣省文獻會。
朱浩懷
    1975　《平遠縣志續編資料》。臺中：青峰出版社。
江樹生譯註
    2002　《熱蘭遮城日誌》，第一冊。臺南：臺南市政府。
江樹生譯註
    2002　《熱蘭遮城日誌》，第二冊。臺南：臺南市政府。
何炳棣著，葛劍雄譯
    1989　《1368-1953 中國人口研究》。上海：上海古籍出版社。
呂順安編
    1994　《高雄縣鄉土史料》。南投：臺灣省文獻委員會。
李柏林編著
    1989　《梅州史跡縱覽》。廣州：廣東人民出版社。
村上直次郎原譯，郭輝中譯
    1970　《巴達維亞城日記》，第一、二冊。臺中：臺灣省文獻委員會。
村上直次郎原譯，程大學中譯
    1990　《巴達維亞城日記》，第三冊。臺中：臺灣省文獻委員會。
周憲文
    1955　《臺灣經濟史二集》，臺灣研究叢刊第 32 種（以下簡稱研叢）。臺北：臺灣
          銀行經濟研究室。
房學嘉
    1994　《客家源流探奧》。梅州：廣東高等教育出版社。
邱權典編
    1992　《中國客家民系研究》。北京：中國工人出版社。
長治鄉公所編
    《長治鄉志》。屏東：長治鄉公所。
客家學研究編輯委員會
    1990　《客家學研究》，第二輯。上海：上海人民出版社。
後山文化工作群
    1995　《加走灣紀事》。臺東：臺東縣立文化中心。
    1995　《後山誌・部落篇》（二）。臺東：臺東縣立文化中心。
施偉青
    1998　《施琅年譜考略》。長沙：岳麓書社。

施添福

　　1987 《清代在臺漢人的祖籍分布和原鄉生活方式》。臺北：臺灣師範大學地理學系。

　　2001 《清代臺灣的地域社會：竹塹地區的歷史地理研究》。新竹：新竹縣立文化中心。

施雅軒

　　2007 《區域‧空間‧社會脈絡：一個臺灣歷史地理學的展演》。高雄：麗文文化事業公司。

徐正光、彭欽清、羅肇錦等編

　　1994 《客家文化研討會論文集》。臺北：行政院文化建設委員會。

徐正光

　　1991 《徘徊於族群和現實之間：客家社會與文化》。臺北：正中書局。

徐正光主編

　　2000 《第四屆國際客家研討會論文集：聚落、宗族與族群關係》。臺北：中央研究院民族學研究所。

　　2000 《第四屆國際客家研討會論文集：歷史與社會經濟》。臺北：中央研究院民族學研究所。

徐正光編纂

　　1997 《高雄縣客家社會與文化》。高雄：高雄縣政府。

秦寶琦

　　1988 《清前期天地會研究》。北京：中國人民大學出版社。

高樹鄉公所編

　　1981 《高樹鄉志》。屏東：高樹鄉公所。

張衛東

　　1991 《客家文化》。北京：新華出版社。

張衛東主編

　　1989 《客家研究》，第一輯。上海：同濟大學出版社。

張耀錡

　　1951 《平埔族社名對照表》。臺中：臺灣省文獻委員會。

　　1965 《臺灣省通志‧卷八‧同胄志平埔族》。臺中：臺灣省文獻委員會。

梁方仲

　　1993 《中國歷代戶口、田地、田賦統計》。上海：上海人民出版社。

許佩賢譯

　　1997 《攻臺見聞──風俗畫報‧臺灣征討圖繪》。臺北：遠流出版事業股份有限公司。

陳孔立

　　1990　《清代臺灣移民社會研究》。廈門：廈門大學出版社。

陳孔立編

　　1990　《臺灣研究十年》。廈門：廈門大學出版社。

陳正祥

　　1993　《臺灣地誌》。臺北：南天書局。

陳其南

　　1992　《臺灣的傳統中國社會》。臺北：允晨文化實業股份公司。

陳金田譯

　　1993　《臨時臺灣舊慣調查會第一部調查第三回報告書：臺灣私法》。南投：臺灣
　　　　　省文獻委員會。

陳紹馨

　　1992　《臺灣的人口變遷與社會變遷》。臺北：聯經出版社。

陳運棟

　　1981　《客家人》。臺北：聯亞出版社。

　　1989　《臺灣的客家人》。臺北：臺原出版社。

陳緯一、劉澤民編

　　2006　《力力社古文書契抄選輯——屏東崁頂力社村陳家古文書》。南投：國史館臺
　　　　　灣文獻館。

曾坤木

　　2005　《客家夥房之研究——以高樹老庄為例》。臺北：文津出版社。

曾振名、童元昭主編

　　1999　《噶瑪蘭西拉雅古文書》。臺北：國立臺灣大學人類學系。

曾彩金總編纂

　　2001　《六堆客家社會文化發展與變遷之研究》歷史源流篇。屏東：財團法人六堆
　　　　　文教基金會。

黃榮洛

　　1994　《渡臺悲歌——臺灣的開拓與抗爭史話》。臺北：臺原出版社。

廈門交通志編纂委員會

　　1989　《廈門交通志》。北京：人民交通出版社。

楊國楨

　　1988　《明清土地契約文書研究》。北京：人民出版社。

楊國樞、李亦園、文崇一編著

　　1990　《現代化與中國論文集》。臺北：桂冠圖書公司。

臺灣省文獻會編

　　1970　《臺灣省通誌·卷一·土地志地理篇》。臺北：眾文圖書公司。

臺灣銀行金融研究室編

　　1950　《臺灣之水利問題》，研叢第 4 種。

劉熾超等修，溫廷敬等纂

　　1971　《大埔縣志》。臺北：臺北市大埔同鄉會。

劉還月

　　1994　《屏東地區平埔族群的歷史與文化》。屏東：屏東縣立文化中心。

潘　英

　　1992　《臺灣拓殖史及其族姓分布研究》。臺北：自立晚報社文化出版部。

潘載和

　　1971　《潮州府志略》。臺北：文海出版社。

蕉嶺縣地方志編纂委員會

　　1992　《蕉嶺縣志》。興寧：廣東人民出版社。

賴澤涵、傅寶玉主編

　　2006　《義民信仰與客家社會》。臺北：南天書局。

賴澤涵主編

　　2002　《客家文化學術研討會論文集》。臺北：行政院客家委員會。

戴炎輝

　　1979　《清代臺灣之鄉治》。臺北：聯經出版社。

謝　劍

　　1981　《香港的惠州社團——從人類學看客家文化的持續》。香港：香港中文大學出
　　　　　版社。

鍾壬壽

　　1971　《萬巒鄉志》，未刊本。

　　1973　《六堆客家鄉土誌》。屏東：常青出版社。

簡炯仁

　　1995　《臺灣開發與族群》。臺北：前衛出版社。

羅香林

　　1992　《客家史料匯篇》。臺北：南天書局。

　　1992　《客家研究導論》。臺北：南天書局。

譚隸華

　　1993　《廣東歷史問題論文集》。臺北：稻禾出版社。

饒宗頤編

　　1965　《潮州志匯編》。香港：龍門書店。

（三）學位論文

江金瑞
    1997 〈清代臺灣義民爺信仰與下淡水六堆移墾活動〉。臺中：中興大學歷史學系
        研究所碩士論文。

李允斐
    1989 〈清末至日治時期美濃聚落人為環境之研究〉。桃園：中原大學建築學研究
        所碩士論文。

林欣育
    2006 〈土地與認同：美濃地區客家墾拓傳說之研究〉。新竹：清華大學臺灣文學
        研究所碩士論文。

林偉盛
    1988 〈清代臺灣分類械鬥之研究〉。臺北：政治大學歷史學研究所碩士論文。

林聖芬
    1978 〈清代臺灣之團練制度〉。臺北：臺灣大學歷史學研究所碩士論文。

邱永章
    1989 〈五溝水——一個六堆客家聚落實質環境之研究〉。臺中：東海大學建築學研
        究所碩士論文。

金　智
    1995 〈清代嘉慶道光朝臺灣社會動亂的研究〉。臺南：成功大學歷史學研究所碩
        士論文。

洪美齡
    1987 〈清代臺灣對福建供輸米穀關係之研究〉。臺北：臺灣大學歷史學研究所碩
        士論文。

夏雯霖
    1994 〈清末後堆地方傳統聚落之研究〉。臺南：成功大學建築學研究所碩士論文。

張添雄
    2003 〈高屏六堆客家的歷史文化與民情風俗〉。臺東：臺東大學教育研究所碩士
        論文。

陳秋坤
    1975 〈十八世紀上半葉臺灣地區的開發〉。臺北：臺灣大學歷史學研究所碩士論
        文。

陳貴林
    1992 〈地方體驗與環境韻律——人在赤山中的環境意識探討〉。臺中：東海大學建
        築學研究所碩士論文。

黃建德
  2004 〈萬巒鄉客家聚落嘗會之研究〉。臺南：臺南師範學院臺灣文化研究所碩士論文。
黃瓊慧
  1996 〈屏北地區的聚落型態、維生活動與社會組織〉。臺北：臺灣師範大學地理學研究所碩士論文。
劉妮玲
  1982 〈清代臺灣民變研究〉。臺北：臺灣師範大學歷史學研究所碩士論文。
潘孟鈴
  2000 〈屏東萬巒開發的研究〉。臺南：成功大學歷史研究所碩士論文。
潘繼道
  1992 〈清代臺灣後山平埔族移民之研究〉。臺中：東海大學歷史研究所碩士論文。
蔡幸芳
  1995 〈曹瑾與曹公圳之研究〉。臺南：成功大學歷史研究所碩士論文。
鄭旭宏
  1994 〈屏東縣佳冬鄉閩客的文化互動〉。臺北：臺灣師範大學地理學研究所碩士論文。
蕭盛和
  2004 〈一個客家聚落區的形成及其發展：以高雄縣美濃鎮為例〉。臺北：臺灣師範大學歷史研究所碩士論文。
賴旭貞
  1999 〈佳冬村之宗族與祭祀──臺灣客家社會個案研究〉。嘉義：中正大學歷史研究所碩士論文。
鍾志宏
  1993 〈菸業對美濃大崎下聚落空間的影響〉。臺中：東海大學建築研究所碩士論文。
羅娟芝
  2002 〈清代屏東內埔地區社會經濟的發展與變遷〉。臺北：臺灣師範大學歷史所碩士論文。

（四）期刊、論文集及研討會論文

三田裕次、沼崎一郎
  1987/12 〈關西范家所藏的「臺灣歌」手抄本〉，《臺灣風物》37(4)：97-106。

尹章義

　1993/04 〈臺灣移民開發史上與客家人相關的幾個問題〉,《中國海洋發展史論文集》4：257-280。臺北：中央研究院三民主義研究所。

王世慶

　1958/03 〈清代臺灣的米產與外銷〉,《臺灣文獻》9(1)：15-32。

　1985/06 〈從清代臺灣農田水利的開發看農村社會關係〉,《臺灣文獻》36(2)：107-150。

王竹樓

　1981/03 〈林爽文起義布告及其領導的農民戰爭〉,《文獻》7：232-241。

王詩琅

　1976/03 〈張丙案的特徵〉,《臺灣風物》26(1)：17-19。

丘權政

　1995/06 〈「閩粵贛邊客家中心區域之研究」簡介〉,《客家研究輯刊》1995(1)：80-85。

平山勳

　1959/06 〈臺灣作擾史總論〉,《臺灣銀行季刊》10(4)：150-169。

石萬壽

　1981/09 〈西拉雅平埔族的阿立祖信仰〉,《成大歷史學報》8：143-181。

　1985/05 〈臺灣南部平埔族研究的回顧與展望〉,《思與言》23(1)：93-107。

　1986/12 〈乾隆以前臺灣南部客家人的墾殖〉,《臺灣文獻》37(4)：69-90。

　1987/10 〈羅漢內門里的先住民〉,《高雄文獻》30/31：23-49。

全漢昇、王業鍵

　1961/07 〈清代的人口變動〉,《中央研究院歷史語言研究所集刊》32：139-180。

江金瑞

　2007/09 〈清代下淡水六堆移墾與義民爺信仰〉,發表於行政院客家委員會主辦、屏東科技大學客家文化產業研究所協辦,「六堆歷史文化與前瞻學術討論會」,2007 年 9 月 20-21 日。

吳中杰

　1999/06 〈杜君英庄——一個從屏東平原上消失的大聚落〉,《臺灣人文》3：117-138。

　2007/09 〈堆外粵人——六堆周圍地區清代廣東移民屬性初探〉,發表於行政院客家委員會主辦、屏東科技大學客家文化產業研究所協辦,「六堆歷史文化與前瞻學術討論會」,2007 年 9 月 20-21 日。

吳春瑩

　1953/12 〈朱一貴奔命於臺南縣境〉,《南瀛文獻》1(3/4)：5-8。

呂仁偉、洪櫻芬
  2002/12 〈從社會與文化面向看民間信仰——以內埔地區的三山國王廟爲例〉,《屏東文獻》6：2-15。
宋文薰
  1951/11 〈「新港文書」之一新例〉,《文獻專刊》2(3/4)：455-458。
李允斐
  1990/03 〈從六堆的開拓歷史談六堆民居風貌的演變〉,《客家雜誌》3：18-31。
李文良
  2007/10 〈從「客仔」到「義民」——清初南臺灣的移民開發和社會動亂（1680-1740）〉,《歷史人類學學刊》5(2)：1-38。
李亦園
  1955/05 〈從文獻資料看臺灣平埔族〉,《大陸雜誌》10(9)：19-29。
  1955/08 〈臺灣平埔族的祖靈祭〉,《中國民族學報》1：125-137。
  1957 〈臺灣南部平埔族平臺屋的比較〉,《民族學研究所集刊》3：117-144。
李伯塤
  1976/12 〈朱一貴事件淺探〉,《臺北文獻》直 38：269-282。
李明進
  2003/12 〈萬丹鄉許舉人與下淡水溪義勇公的歷史事蹟〉,《屏東文獻》7：87-91。
李祖基
  1992/09 〈清代臺灣之官莊〉（上）,《臺灣研究集刊》1992(3)：59-63。
  1992/11 〈清代臺灣之官莊〉（下）,《臺灣研究集刊》1992(4)：66-71。
  2001 〈論清代政府的治臺政策——以施琅與清初大陸移民渡臺之規定爲例〉,《臺灣研究‧歷史》2001(3)：89-96。
李國祁
  1978/07 〈清代臺灣社會的轉型〉,《中華學報》5(2)：131-159。
李國銘
  1992/03 〈關於屏東平原少數民族的二、三事〉,《臺灣史田野研究通訊》22：57-64。
  1993/03 〈鳳山八社舊址初探〉,《臺灣史田野研究通訊》26：79-87。
  1994/12 〈十七世紀中葉屏東平原的村落與記事〉,《臺灣史研究》1(2)：109-130。
  1995/06 〈屏東平原族群分類問題再議〉,收入潘英海、詹素娟主編,《平埔研究論文集》。臺北：中央研究院臺灣史研究所籌備處。
  2000/10 〈三山國王與甌駱人〉,《屏東文獻》1：3-8。
  2000/12 〈下淡水往事追憶〉,《屏東文獻》2：95-103。
李貴文
  2000/10 〈萬巒田野記事〉,《屏東文獻》1：64-74。

周翔鶴

1991/08 〈清代臺灣開發史上的個體開墾者〉,《臺灣研究集刊》1991(3):71-75。

房學嘉

2004 〈從高屏六堆民居看客家建築文化的傳衍與變異——以圍龍屋建構為重點分析〉,《臺灣研究集刊》2004(2):74-80。

於梨華

1953 〈林爽文革命研究〉,《文獻專刊》4(3/4):27-36。

林 端

1981/01 〈美國社會人類學家孔邁隆教授談美濃今昔與社經變遷〉,《六堆》9:24-29。

林文正

2007/12 〈屏東區域史研究的回顧與展望(1945-2005)——兼論人類學與歷史學的對話〉,《臺灣史料研究》30:86-117。

林文龍

1991/06 〈客家移民與龍潭地區的開發〉,《史聯雜誌》18:136-155。

林正慧

2005/09 〈閩粵?福客?清代臺灣漢人族群關係新探——以屏東平原為起點〉,《國史館學術集刊》6:1-60。

2006/12 〈從客家族群之形塑看清代臺灣史志中之「客」——「客」之書寫與「客家」關係之探究〉,《國史館學術集刊》10:1-61。

林燈炎譯

1987/12 〈大庄「沿革」手寫文獻解說與摘譯〉,《臺灣風物》37(4):107-123。

施添福

1990/03 〈清代臺灣市街的分化與成長:行政、軍事和規模的相關分析〉(中),《臺灣風物》40(1):37-65。

1998/10 〈從臺灣歷史地理的研究經驗看客家研究〉,《客家文化研究通訊》1:12-16。

2001 〈國家與地域社會——以清代臺灣屏東平原為例〉,收入詹素娟、潘英海編,《平埔族群與臺灣歷史文化論文集》,頁33-112。臺北:中央研究院臺灣史研究所籌備處。

2003/12 〈客家研究:族群關係的再思考〉,《客家文化研究通訊》6:45-50。

唐 羽

1987/03 〈清代臺灣移民生活史之研究——從渡禁與白契文字所作四項慣習之探討〉(上),《臺灣文獻》38(1):1-87。

1988/03 〈清代臺灣移民生活史之研究——從渡禁與白契文字所作四項慣習之探討〉(中),《臺灣文獻》39(1):85-194。

1988/06 〈清代臺灣移民生活史之研究——從渡禁與白契文字所作四項慣習之探討〉（中續），《臺灣文獻》39(2)：55-112。

徐正光
1998/10 〈臺灣客家族群關係研究的回顧〉，《客家文化研究通訊》1：30-33。
2002/12 〈客家人在臺灣的拓墾：一些視角〉，收入賴澤涵主編，《客家文化學術研討會論文集》，頁 586-591。臺北：行政院客家委員會。

翁佳音
1984/03 〈平埔族漢化史考略〉，《臺灣風物》34(1)：1-27。
1987/06 〈日治時代平埔族的調查研究史〉，《臺灣風物》37(2)：55-80。

張　菼
1974/12 〈清代臺灣分類械鬥頻繁之主因〉，《臺灣風物》24(4)：75-85。

張雄潮
1964/12 〈清代臺灣民變迭起迅滅的因素〉，《臺灣文獻》15(4)：17-39。

張瑞津、石再添等
1995/10 〈高屏溪谷與潮州斷崖沖積扇的地形學研究〉，《國立臺灣師範大學地理研究報告》24：39-86。

張鎮炘
2005/04 〈臺灣地區學位論文中有關客家研究之概況（1982-2003）〉，《客家文化研究通訊》7：184-210。

莊吉發
1980/01 〈清初閩粵人口壓迫與偷渡臺灣〉，《大陸雜誌》60(1)：25-33。
2002/12 〈蓽路藍縷：從檔案資料看清代臺灣粵籍客民的拓墾過程與社區發展〉，收入賴澤涵主編，《客家文化學術研討會論文集》，頁 263-286。臺北：行政院客家委員會。
2006 〈從檔案資料看清代臺灣的客家移民與客家義民〉，收入賴澤涵、傅寶玉主編，《義民信仰與客家社會》，頁 13-38。臺北：南天書局。

莊金德
1964/09 〈清初嚴禁沿海人民偷渡來臺始末〉（上），《臺灣文獻》15(3)：1-20。
1964/12 〈清初嚴禁沿海人民偷渡來臺始末〉（下），《臺灣文獻》15(4)：40-62。

莊英章、周靈芝
1984/12 〈唐山到臺灣：一個客家宗族移民的研究〉，《中國海洋發展史論文集》1：297-334。臺北：中央研究院三民主義研究所。

莊英章、陳運棟
1982/06 〈清代頭份的宗族與社會發展史〉，《國立臺灣師範大學歷史學報》10：143-176。

莊英章

1973　〈臺灣漢人宗族發展的若干問題——寺廟宗祠與竹山的墾殖型態〉，《民族學研究集刊》36：113-140。

1978/06　〈臺灣漢人宗族發展的研究評述〉，《中華文化復興月刊》11(6)：49-58。

1989/06　〈新竹枋寮義民廟的建立及其社會文化意義〉，收入中央研究院第二屆漢學會議論文集編委會編，《中央研究院第二屆漢學會議論文集：民俗與文化組》，頁223-239。臺北：中央研究院。

1998/10　〈客家研究的人類學回顧〉，《客家文化研究通訊》1：22-29。

2003/12　〈客家研究之我見〉，《客家文化研究通訊》6：33-40。

許文雄著，李祖基譯

1989/05　〈十八至十九世紀臺灣社區組織〉，《臺灣研究集刊》1989(2)：42-50。

許雪姬、劉淑芬、方惠芳

1985/01　〈清代鳳山縣的研究（清康熙廿三年－清光緒廿一年）〉，《高雄文獻》20/21：1-154。

連文希

1971/09　〈客家入墾臺灣地區考略〉，《臺灣文獻》22(3)：1-25。

1972/12　〈客家之南遷東移及其人口的流佈〉，《臺灣文獻》23(4)：1-23。

郭維雄

2006　〈黃裦《邀功紀略》所載清代臺灣南路六堆義軍參與平定林爽文事件始末研究〉一文，收入賴澤涵、傅寶玉主編，《義民信仰與客家社會》，頁39-81。臺北：南天書局。

陳孔立

1985/03　〈論臺灣張丙起義與閩粵械鬥〉，《臺灣研究集刊》1985(1)：53-59。

1985/06　〈臺灣朱一貴起義與吳福生起義供詞的比較研究〉，《臺灣研究集刊》1985(2)：35-40。

1985/09　〈岡山考〉，《臺灣研究集刊》1985(3)：51-55。

1985/12　〈清代臺灣械鬥史事辨誤〉，《臺灣研究集刊》1985(4)：68-72。

1986/11　〈清代臺灣分類械鬥的若干問題〉，《臺灣研究集刊》1986(3)：16-26。

1987/03　〈清代臺灣的游民階層〉，《臺灣研究集刊》1987(1)：42-53。

1988/05　〈清代臺灣移民社會的特點——以《問俗錄》為中心的研究〉，《臺灣研究集刊》1988(2)：1-9。

1990/11　〈清代臺灣的義民問題〉，《臺灣研究集刊》1990(4)：92-100。

陳正祥

1956/03　〈臺灣之地理區域〉，《臺灣銀行季刊》8(1)：1-5。

陳其南

1991/12 〈漢人宗族制度的研究──弗里曼宗族理論的批判〉,《國立臺灣大學考古人類學刊》47：51-77。

陳季博編譯

1959/09 〈臺東移住民史〉,《臺灣文獻》10(3)：113-116。

陳春聲

2006 〈國家意識與清代臺灣移民社會──以「義民」的研究為中心〉,收入賴澤涵、傅寶玉主編,《義民信仰與客家社會》,頁 83-107。臺北：南天書局。

陳秋坤

2001 〈清初屏東平原土地佔墾、租佃關係與聚落社會秩序,1690-1770──以施世榜家族為中心〉,收入陳秋坤、洪麗完編,《契約文書與社會生活(1600-1900)》,頁 1-44。臺北：中央研究院臺灣史研究所籌備處。

2002/12 〈清代塔樓社人餉負擔與產權變遷(1710-1890)〉,《臺灣史研究》9(2)：69-102。

2004/10 〈清代臺灣地權分配與客家產權──以屏東平原為例(1700-1900)〉,《歷史人類學學刊》2(2)：1-26。

2007/09 〈土著地權、族群關係與客家公產：以屏東平原為中心,1700-1900〉,發表於行政院客家委員會主辦、屏東科技大學客家文化產業研究所協辦,「六堆歷史文化與前瞻學術討論會」,2007 年 9 月 20-21 日。

陳國棟

1981/06 〈林爽文、莊大田之役清廷籌措軍費的辦法──清代一個非常時期財政措施的個例〉,《臺灣風物》31(2)：5-16。

1981/06 〈臺灣林爽文、莊大田之役軍費的奏銷〉,《臺灣風物》31(2)：55-65。

陳祥雲

2002/12 〈清代臺灣南部的移墾社會──以荖濃溪中游客家聚落為中心〉,收入賴澤涵主編,《客家文化學術研討會論文集》,頁 57-99。臺北：行政院客家委員會。

陳喜齡

1953/12 〈張丙之役〉,《南瀛文獻》1(3/4)：9-14。

陳運棟

1991/06 〈三灣墾戶張肇基考〉,《苗栗文獻》6：127-152。

1998/06 〈五十年來的臺灣客家研究〉,《臺灣文獻》49(2)：171-189。

1998/10 〈客家研究的歷史課題〉,《客家文化研究通訊》1：7-11。

2000/12 〈臺灣客家研究的考察〉,收入徐正光主編,《第四屆國際客家研討會論文集：歷史與社會經濟》,頁 45-79。臺北：中央研究院民族學研究所。

陳漢光

　　1962/03　〈高雄縣荖濃村平埔族信仰調查〉，《臺灣文獻》13(1)：102-105。

　　1972/03　〈日據時期臺灣漢族祖籍調查〉，《臺灣文獻》23(1)：85-104。

陳碧笙

　　1981/07　〈十七世紀中葉臺灣平埔族社會經濟及其與漢族的關係初探〉，《社會科
　　　　　　　學戰線》1981(3)：166-71。

　　1987/09　〈清代臺灣大租的性質和作用——駁所謂「庄園說」〉，《臺灣研究集刊》
　　　　　　　1987(3)：52-61。

陳慧兒

　　1954/09　〈林爽文事變中之義民〉，《臺南文化》4(1)：3-19。

陳聰民

　　1991/06　〈清代臺灣地區客家教育略述〉，《史聯雜誌》18：156-170。

彭賢林

　　1976/09　〈林爽文事件後的清廷治臺措施〉，《臺灣文獻》27(3)：183-199。

曾秀氣

　　1979/01　〈抗日英雄邱鳳揚〉，《六堆》4：36-38。

　　1981/10　〈六堆俗諺〉，《六堆》11：60-61。

曾勤華

　　1979/04　〈「曾勤華回憶錄」選刊〉，《六堆》5：82-106。

華農生

　　1970/06　〈漫談西拉雅系平埔族的風俗〉，《臺南文化》9：248-257。

買威令（Myers, W. W.）著，林滿紅譯

　　1977/06　〈清末南部臺灣的蔗糖業〉，《臺灣文獻》28(2)：137-142。

馮明珠

　　1986/12　〈故宮檔案與臺灣史研究——從張丙一案談軍機月摺包〉，《史聯雜誌》9：
　　　　　　　62-73。

黃丁郎

　　1980/01　〈為「嗚呼忠義亭」編著者辯正三則〉，《六堆》8：88-90。

黃克武

　　1981/06　〈清代臺灣稻作之發展〉，《臺灣文獻》32(2)：151-163。

黃秀政

　　1979/12　〈清代臺灣的分類械鬥事件〉，《臺北文獻》直49/50：151-163。

黃典權

　　1956　　〈黃教之亂與臺南縣〉，《南瀛文獻》4。

　　1972　　〈清代林爽文之變中的義民首證〉，《臺南文化》9(3)。

黃富三、翁佳音

　　1986/12　〈清代臺灣墾戶階層初論〉，《近代中國區域史研討會論文集》（上），頁
　　　　　　117-152。臺北：中央研究院近代史研究所。

黃應貴

　　1984/06　〈光復後臺灣地區人類學研究的發展〉，《中央研究院民族學研究所集刊》
　　　　　　55：105-146。

楊　輝

　　1959/12　〈朱一貴革命史略考〉，《臺灣文獻》10(4)：47-50。

楊鴻謙、顏愛靜

　　2005/03　〈清代屏東平原鳳山八社地權制度變遷之研究〉，《國史館學術集刊》5：
　　　　　　33-83。

葉志如、葉秀雲編

　　1987/02　〈清代查勘臺灣官莊民地佃租史料〉，《歷史檔案》1987(1)：28-35。

葛文清

　　1995/11　〈汀江流域外向型經濟演變當議〉，《客家研究輯刊》1995(2)：188-204。

趙文榮

　　2001/12　〈清代屏東平原「鳳山八社」之困境與社會文化之變遷略探〉，《屏東文獻》
　　　　　　4：85-98。

劉秀美

　　2002/08　〈論六堆客家地區宗族組織及宗祠之地域性——以佳冬楊氏爲例〉，《臺灣
　　　　　　史蹟》40：19-34。

　　2002/05　〈六堆地區祠堂建築營建行爲初探〉，《屏東文獻》5：23-50。

　　2003/02　〈六堆客家傳統祠堂建築營建行爲初探〉，《客家文化研究通訊》5：
　　　　　　62-94。

劉妮玲

　　1982/03　〈游民與清代臺灣民變〉（上），《臺灣風物》32(1)：1-22。

　　1982/06　〈游民與清代臺灣民變〉（下），《臺灣風物》32(2)：15-44。

　　1982/09　〈清代臺灣民變事件中的義民問題〉，《臺灣風物》32(3)：3-21。

樊信源

　　1974/12　〈清代臺灣民間械鬥歷史之研究〉，《臺灣文獻》25(4)：90-111。

潘云東

　　1988/08　〈清代臺灣平埔族漢化原因試探〉，《臺灣研究集刊》1988(3)：71-76。

蔡采秀

　　2006　　〈以順稱義——論客家族群在清代臺灣成爲義民的歷史過程〉，收入賴澤涵、
　　　　　　傅寶玉主編，《義民信仰與客家社會》，頁109-157。臺北：南天書局。

蔡淵絜

1985/06 〈合股經營與清代臺灣的土地開發〉,《師大歷史學報》13:275-302。

諸　家

1989/12 〈尋根系列:臺灣的客家人專集〉,《漢聲》23。

鄭水萍

2002/12 〈古下淡水溪人文的變遷初探——從清朝以前文獻名稱看古下淡水溪人文變遷〉,《屏東文獻》6:47-85。

鄭振滿

1988/05 〈清代臺灣鄉族組織的共有經濟〉,《臺灣研究集刊》1988(2):10-19。

鄧孔昭

1990 〈清政府禁止沿海人民偷渡臺灣和禁止赴臺者攜眷的政策及其對臺灣人口的影響〉,收入陳孔立編,《臺灣研究十年》,頁250-268。廈門:廈門大學出版社。

賴澤涵

2003/12 〈臺灣客家的研究及未來展望〉,《客家文化研究通訊》6:101-105。

戴炎輝

1963 〈清代臺灣之大小租業〉,《臺北文獻》4(1):1-47。

鍾孝上

1979/09 〈臺灣史與客家〉,《六堆》6:62-78。

鍾秉光

1981/10 〈茄苳腳之戰〉,《六堆》11:67-74。

鍾國珍

1981/05 〈最早前來臺灣的客家人——劉國軒〉,《六堆》10:81-82。

鍾幹郎口述,鍾壬壽筆記

1979/01 〈鍾幹郎回憶錄〉,《六堆》4:62-89。

簡炯仁

1995/04 〈屏東縣林邊鄉「忠福宮」「新建明睨廟記」的碑文到底告訴我們些什麼?——兼談清據初期南臺灣移墾社會的族群關係〉,《高縣文獻》14:57-74。

1996/03 〈由屏東縣里港「雙慈宮」珍藏的兩塊石碑論里港的開發〉,《臺灣風物》46(1):15-38。

1996/08 〈由一塊墓碑論屏東平原平埔族的漢化——兼論崁頂鄉崁頂村的開發及其族群關係〉,《臺灣史料研究》8:145-157。

1997/06 〈由屏東市天后宮珍藏「義祠亭碑記」論清廷對屏東客家六堆態度的轉變〉,《臺灣風物》47(2):9-36。

1997/08 〈南臺灣屏東平原的開發與族群關係〉,《高苑學報》6(2):463-485。

1998/06 〈由一張地契論屏東縣竹田鄉的開發〉,《史聯雜誌》32:61-82。

1999/03 〈天主教道明會與赤山、萬金的平埔族〉,《臺灣文獻》50(1):103-121。

2000/12 〈屏東平原客家「六堆」聚落的形成及其社會變遷〉,收入徐正光主編,《第四屆國際客家研討會論文集:聚落、宗族與族群關係》,頁 1-66。臺北:中央研究院民族學研究所。

2001 〈《臺海使槎錄》記載「武洛社(一名大澤機,一名尖山仔)」初探〉,《臺灣史蹟》38:181-211。

2001/06 〈由《熱蘭遮城日誌》有關「塔加里揚」的記載試論高高屏地區的平埔族〉,《臺灣文獻》52(2):293-324。

2002/03 〈由《噶瑪蘭‧西拉雅古文書》所收錄有關茄藤社的古契字試論「鳳山八社」中茄藤社的社址及其勢力範圍〉,《臺灣文獻》53(1):81-134。

2002/12 〈再論屏東平原平埔族群分類問題〉,《高市文獻》15(4):1-59。

2003/06 〈就《熱蘭遮城日誌》第一、二冊有關的紀錄試論屏東平原的平埔族〉,《高市文獻》16(2):1-91。

2007/12 〈「下六根」地名考——兼論屏東平原客家「六堆」左堆佳冬鄉的開發與族群關係〉,《臺灣史料研究》30:86-117。

羅烈師

1999/06 〈臺灣地區客家博碩士論文述評(1966-1998)〉,《客家文化研究通訊》2:117-137。

二、日文資料

(一)史料、專書

《阿猴廳報》,明治 33-42 年(1900-1909)。

《臺南縣報》,明治 31-33 年(1898-1900)。

《蕃薯寮廳報》,明治 35-42 年(1902-1909)。

丸井圭次郎

1919 《臺灣宗教調查報告第一卷》。臺北:臺灣總督府。

大津麟平

1910 《熟蕃戶口及沿革調查綴》。臺北:臺灣總督府民政部蕃務本署。

山根幸夫

　　1916　《清代契約文書・書簡文類集》。東京：汲古書院。

內埔庄役場

　　1933　《潮州郡內埔庄勢一覽》。內埔：內埔庄役場。

田代安定

　　1900　《臺東殖民地豫察報文》。臺北：臺灣總督府民政部殖產課。

伊能嘉矩

　　1909　《大日本地名辭書臺灣の部》。東京：富山房。

伊藤良藏

　　1936　《枋寮庄案內》。枋寮庄。

安倍明義

　　1938　《臺灣地名研究》。臺北：蕃語研究會。

竹田庄役場

　　1940　《庄勢一覽》。竹田庄役場。

西村勘二

　　1939　《高樹庄要覽》。高樹庄役場。

志賀格

　　1924　《潮州郡勢要覽》。高雄州：潮州郡役所官舍。

村上玉吉

　　1934　《南部臺灣誌》。臺南：臺南州共榮會。

松崎仁三郎

　　1935　《嗚呼忠義亭》。高雄州：盛文社。

杵淵義房

　　1940　《臺灣社會事業史》。臺北：德友會。

金關丈夫

　　1977　《南方文化誌》。東京：法政大學出版局。

美濃庄役場

　　1938　《美濃庄要覽》。美濃庄役場。

草野安二

　　1936　《新埤庄要覽》。新埤庄役場。

高雄州

　　1930　《高雄州水利梗概》。高雄：臺南新報社。

高雄第二尋常高等小學校編

　　1985　《高雄州鄉土史》。臺北：成文出版社；1934 年原刊。

曾大目

　　1932　《枋寮庄案內》。枋寮庄。

臺南縣志編纂委員會

　　1985　《臺南縣志》。臺北：成文出版社；1899 年原刊。

臺南廳編

　　1902　《南部臺灣誌》。臺南：臺南廳。

臺灣鄉土地理研究會

　　1984　《最新臺灣地誌》。臺北：成文出版社；1934 年原刊。

國史館臺灣文獻館藏《臺灣總督府公文類纂》

　　123 冊，第 9 號，〈弁務署名稱位置〉，1897 年，甲種永久保存。

　　4411 冊，第 13 號，〈阿猴廳港東上里大租紛爭調書〉，1903 年，永久保存。

　　4415 冊，第 26 號，〈大租ニ関スル舊記書類（阿猴廳）〉，1903 年，永久保存。

　　4417 冊，第 26 號，〈阿猴廳港東中里黎添福申請取消ノ件〉，1903 年，永久保存。

　　4417 冊，第 39 號，〈阿猴廳港西中里許朝水申請取消ノ件〉，1903 年，永久保存。

　　4417 冊，第 40 號，〈阿猴廳港西中里顏貓江對顏元在和解ノ件〉，1903 年，永久
　　　　保存。

　　4417 冊，第 9 號，〈阿猴廳萬丹區陳乞食申請取消ノ件〉，1903 年，永久保存。

　　4420 冊，第 1 號，〈阿猴廳港西中里洪柱對簡柱申請取消ノ件〉，1903 年，永久保
　　　　存。

　　4420 冊，第 2 號，〈阿猴廳港西中里簡胡對簡石能和解ノ件〉，1903 年，永久保
　　　　存。

　　4420 冊，第 8 號，〈阿猴廳港西中里蔣登對郭龍生和解ノ件〉，1903 年，永久保
　　　　存。

　　9733 冊，第 22 號，〈廣東人種取調ノ件〉，1897 年，永久保存。

　　9774 冊，第 9 號，〈六堆費延滯處分ニ関スル件〉，1897 年，永久保存。

　　9785 冊，第 8 號，〈鳳山縣管內治政一斑（元臺南縣）〉，1897 年，永久保存。

　　9774 冊，第 10 號，〈北林囑託外一名六堆地方民情視察復命ノ件（元臺南縣）〉，
　　　　1897 年，永久保存。

增田福太郎

　　1939　《臺灣宗教》。東京：株式會社養賢堂。

潮州庄役場

　　1931　《潮州庄要覽》。潮州庄役場。

　　1933　《潮州庄要覽》。潮州庄役場。

臨時臺灣土地調查局

　　1905　《臺灣土地慣行一斑》。臺北：臨時臺灣土地調查局。

鍾幹郎

　　1936　《潮州郡內埔庄勢一覽》。屏東：內埔庄役場。

（二）期刊論文

不著撰著

    1899/04　〈下淡水沿岸の古今〉，《蕃情研究會誌》2：97-98。

田井輝雄

    1943　〈清代並に清代支那の村庄及ひ村庄廟〉，《臺灣文化論叢》1。

    1945　〈臺灣の家族制度と祖先祭祀團體〉，《臺灣文化論叢》2。

伊能嘉矩

    1908/9　〈臺灣に於ける恆春の熟番と呼ばる一群果して何なるか〉，《東京人類學會雜誌》271：6-10。

宮本延人

    1931　〈加走灣の熟番〉，《南方土俗》1(2)：135-136。

許淑眞

    1985/03　〈移民三禁與六堆〉，收入斯波義信主編，《華人の台湾遷住に関する總合調査》。大阪：大阪大學文學部。

鳥居龍藏

    1898/05　〈南部臺灣の諸蕃族〉，《東京人類學會雜誌》146。

    1899/04　〈東部臺灣に棲息する平埔種族〉，《蕃情研究會誌》2：26-31。

渡邊欣雄

    1981/01　〈客家人の正月習俗覺書：記述篇——台灣屏東縣竹田鄉頭崙村を中心として〉，《六堆》9：65-74。

坂義彥

    1936　〈祭祀公業基本問題〉，收入《政學科研究年報第三輯‧第一部‧法律、政治篇》，頁483-793。臺北：臺北帝國大學文政學部。

三、西文資料

（一）史料、專書

Ch'en, Ch'iu-K'un 1975　*Landlord and Tenant: Varieties of Land Tenure in Frontier Taiwan, 1680-1900*. Doctoral Dissertation of Stanford University.

Cohen, Myron L. 1975　*House United, House Divided: The Chinese Family in Taiwan*. New York: Columbia University Press.

Davidson, J. W., 蔡啓恆譯 1972　*The Island of Formosa: Past and Present*（《臺灣之過去與現在》）。研叢第 107 種。

Freedman, Maurice 1966　*Chinese Lineage and Society: Fukien and Kwangtung.*　New York: Humanities Press Inc.

Imbaul-Huart, C., 黎烈文譯 1958　*L'ile Formose, Histoire et Description*（《臺灣島之歷史與地誌》）。研叢第 56 種。

Pasternak, Burton 1972　*Kinship & Community in Two Chinese Villages.*　Stanford: Stanford University Press.

（二）期刊論文

Cohen, Myron L.　"The Hakka or 'Guest People': Dialect as a Social-cultural Variable in Southeastern China." *Ethnohistory* 15(3): 237-292.

Cohen, Myron L.

　　1993　"Shared Beliefs: Corporations, Community and Religin Among the South Taiwan Hakka during the Ching." *Late Imperial China* 14(1): 1-33.

Cohen, Myron L.

　　2000/12　"Social and Economic Differences among Minong Families during Qing: An Essay on the Historical Anthropology of a Hakka Community in Southern Taiwan." 收入徐正光主編，《第四屆國際客家研討會論文集：歷史與社會經濟》，259-292。臺北：中央研究院民族學研究所。

Pasternak, Burton

　　1968　"Atrophy of Patrilineal Bonds in a Chinese Village in Historical Perspective." *Ethnohistory* 15: 293-327.

Pasternak, Burton

　　1968　"Agnatic Atrophy in a Formosan Village." *American Anthropologist* 30: 93-96.

殖民地臺灣的近代學校 V4902
許佩賢◎著　定價 380 元

　　我們現在習以為常的學校，是日本統治臺灣以後，隨著殖民地統治被引進來的西方式近代學校。日本殖民政府透過學校教育塑造兵士型及產業型的新人種，其特徵是順從、勤勞、規律、且能有效生產。另一方面，對當時的臺灣人來說，近代學校是一個充滿魅力、新鮮的媒體樂園。這個樂園的入口雖然吸引人，裡面卻有二重、三重的迷宮。向學心旺盛的臺灣人，被吸引進入後，卻在迷宮中嚐到挫折，甚至引起認同危機。本書透過殖民地時代的教育，思考「教育」與「國家」、「社會」之間的關係，也思考殖民地教育下臺灣人的心性。

臺灣的山海經驗 V4903
陳國棟◎著　定價 450 元

　　臺灣四面被海包圍，幾乎所有居民的先人都曾渡海而來；臺灣平地面積不大，半數以上的土地都是丘陵與山地。然而亙古以來，直到百餘年前，居民對山與海的親近卻不算多。雖然不多，臺灣的歷史卻又與臺灣人的山海經驗有糾纏不清的關係。探索這種關係，有助於深層理解臺灣的歷史。

　　作者陳國棟的主要研究領域為經濟史與海洋史，但因機緣所致，也時而觸及臺灣的歷史研究，而這些研究所處理的問題也湊巧和山及海密切相關。本書收錄其以往二十餘多年間，針對臺灣歷史所發表的十八篇作品。

　　《臺灣的山海經驗》分為「總論」、「臺灣交通」、「淡水」、「十七世紀」與「清代臺灣」五大區塊。內容涉及對臺灣史的深入分析與通論性的看法。作者自認為臺灣史研究非其專精，但亦因非其專精，故能別出心裁。書中所收文章，分別在議題、論點以及資料的發掘與應用上，有其創新的看法，期能為臺灣史研究注入另類的思惟。

東亞海域一千年 V4904
陳國棟◎著　定價 480 元

　　亞洲海域的周邊孕育著幾個世界上最古老的文明。藉諸大海的聯繫，千百年來，沿海的居民斷斷續續地進行著種種形式的交往。

　　作者陳國棟的研究，在議題上側重於經濟與貿易；在時間軸上先以清代前期的十七、八世紀為重心，再往上、下延伸，嘗試在較寬廣的時空架構下，尋找中國人參與海事活動的軌跡。

　　本書共收錄論文十五篇，依內容的時間先後排序。有考證，有分析；在經濟、貿易之外，更涉及人員的互訪與文化的交流。有些議題，如鄭和下西洋，讀者可能早已耳熟能詳；另一些議題，如清代海洋貿易政策的形成與貿易所衍生的問題，則稍微需要費點精神才能掌握。翻開目錄、打開書頁，將可窺知過去一千年間發生在東亞海域的大小故事。

福爾摩沙如何變成臺灣府？ V4905
歐陽泰（Tonio Andrade）◎著 定價 480 元

　　十七世紀伊始，臺灣是個海盜出沒，獵首者橫行的島嶼。約百年之後，此地成為大清帝國所管轄的一個府，數以萬計的漢人移民以此為家。是什麼因素造成了這樣的變化？

　　《福爾摩沙如何變成臺灣府？》這本書，帶領我們追尋一六二三年起到一六六二年止，這段臺灣歷史上的關鍵時代──西班牙、荷蘭人治理時期的史事。我們瞭解了海盜如何對荷蘭殖民體系見縫插針、胡攪蠻纏的故事；日本武士又如何帶領原住民赴日，企圖說服幕府將軍發兵攻擊荷蘭人；原住民殺退漢人獵戶的經過；哭嚎著「殺！殺！殺！殺死紅毛狗」的草地農民；還有關於國姓爺，也是海商鄭成功率軍掃除荷蘭人，建立漢人王國等等事蹟。

　　荷據時期的臺灣人事物，就在這裡，讓我們回溯彼時的福爾摩沙歷史。

殖民地的邊區 V4906
林玉茹◎著 定價 400 元

　　臺灣東部在自然環境、族群，以及歷史經驗上，與西部有相當大的差異，邊陲性格顯著。這種特質也使得國家的政策與治理型態，對東臺灣的政治和經濟發展具有強大的支配性。

　　本書即透過國家對東臺灣行政空間的規劃、賦稅制度的施行、漁業移民的移入，以及近代化企業的改造等實例進行研究，論證不同型態的國家治理對於東臺灣政治、經濟發展上的影響。特別著力於日本殖民統治時期，殖民帝國如何面對殖民地的邊區，亦即如何制訂位於政治、經濟版圖邊緣的東臺灣的發展策略及其演變。

台灣人的抵抗與認同：一九二○～一九五○ V4907
陳翠蓮◎著 定價 400 元

　　台灣這塊土地上的人們，何時出現全台灣為規模的集體意識？何時開始以「台灣人」自我命名？又如何思考群體的處境與未來？以近代國家的概念來看，即是國族主義與國族認同問題，這在任何國家的政治史上都是最核心的議題之一。

　　一九二○年代日治中期以來，知識份子以「台灣是台灣人的台灣」為號召，對抗日本殖民帝國統治；二次大戰結束，迎來了祖國政府，卻在短短時間內爆發全面性抵抗，台灣人國族認同受到劇烈衝擊。從一九二○年代至一九五○年代，是台灣政治史上國族主義初始形成的重要階段，本書從政治與文化、情感與理性兩大主軸，分析此期間台灣人的國族主義與認同傾向，並探討菁英與群眾的、平時與戰時的、正式與非正式的反殖民抵抗行動。

臺灣史與海洋史 07

六堆客家與清代屏東平原

作　　　者	／林正慧
策　　　劃	／財團法人曹永和文教基金會
執 行 編 輯	／葉益青
校　　　對	／林正慧、葉益青、陳錦輝
繪　　　圖	／劉揚琦、林正慧
封 面 設 計	／翁翁
編　　　輯	／翁淑靜
主　　　編	／周惠玲

合 作 出 版	／財團法人曹永和文教基金會
	臺北市 106 羅斯福路 3 段 283 巷 19 弄 6 號 1 樓 (02)2363-9720
	遠流出版事業股份有限公司
	臺北市 100 南昌路 2 段 81 號 6 樓

發 　行 　人	／王榮文
發 行 單 位	／遠流出版事業股份有限公司
地　　　址	／臺北市 100 南昌路 2 段 81 號 6 樓
電　　　話	／ (02)2392-6899　傳真：(02)2392-6658　劃撥帳號：0189456-1
電　　　話	／ 2508-9048　傳真：2503-3258
著作權顧問	／蕭雄淋律師
法 律 顧 問	／董安丹律師

排 版 印 刷	／中原造像股份有限公司

一版一刷 ／ 2008 年 12 月 1 日

初版二刷 ／ 2013 年 3 月 15 日

行政院新聞局局版臺業字第 1295 號

訂價：新台幣 420 元

YLib 遠流博識網

http：//www.ylib.com　E-mail：ylib@ ylib.com

國家圖書館出版品預行編目資料

六堆客家與清代屏東平原 / 林正慧著 . -- 一版 . -- 臺北
市 : 遠流 , 曹永和文教基金會 , 2008.11
　　面 ;　公分 . -- (臺灣史與海洋史 ; 7)
參考書目 : 面
ISBN 978-957-32-6394-4 （精裝）

1. 客家 2. 歷史 3. 聚落 4. 屏東縣 5. 高雄縣

536.21109　　　　　　　　　　　　　97019630